股市晴雨表

[美]威廉·彼得·汉密尔顿　著

吕可嘉　译

山西出版传媒集团

山西人民出版社

图书在版编目(CIP)数据

股市晴雨表 /(美)威廉·彼得·汉密尔顿著；吕可嘉译.
—太原：山西人民出版社，2019.7
ISBN 978-7-203-10499-5

Ⅰ.①股… Ⅱ.①威…②吕… Ⅲ.①股票市场—研究 Ⅳ.①F830.91

中国版本图书馆 CIP 数据核字(2018)第 187120 号

股市晴雨表

著　　者：(美)威廉·彼得·汉密尔顿
译　　者：吕可嘉
责任编辑：崔人杰
复　　审：贺　权
终　　审：秦继华

出 版 者：山西出版传媒集团·山西人民出版社
地　　址：太原市建设南路 21 号
邮　　编：030012
发行营销：0351-492220 4955996 4956039 4922127（传真）
天猫官网：http://sxrmcbs.tmall.com　电话:0351-4922159
E-mail　：sxskcb@163.com　　发行部
　　　　　sxskcb@126.com　　总编室
网　　址：www.sxskcb.com

经 销 者：山西出版传媒集团　山西人民出版社
承 印 者：北京市兴星伟业印刷有限公司

开　　本：710mm×1000mm　1/16
印　　张：21
字　　数：269 千字
印　　次：1-5100 册
版　　次：2019 年 7 月第 1 版
印　　次：2019 年 7 月第 1 次印刷
书　　号：978-7-203-10499-5
定　　价：58.00

如果印装质量问题请与本社联系调换

序 言

我们现在所处的这个时代往往把所有的旧事物(不幸的是，还包括人)都看作是过时的、无用的，用最严重的形容词来讲就是陈腐的。我们的社会崇尚新事物，但新事物的寿命却往往只是昙花一现。

这种"漠视过去"的思潮同样也在我们的金融市场中蔓延开来。事实上，今天的共同基金的经理们没有几个人认为研究股市过去的情况是一件值得花费时间去做的事。毕竟，当今的股票市场是如此复杂多变，与五年或十年前的情况相比都没有多少相似之处，更不要说与世纪之交时的情形相比了。那为什么要花费时间去研究过去的情形，并寄希望于寻找出一种或许根本不适用于当今股票市场的工具呢？而如今只有能在电脑硬盘上使用的投资工具才是真正有用的，难道不是吗？

在近一百年以前，查尔斯·道与威廉·彼得·汉密尔顿所处的那个时代还没有电脑硬盘。然而，他们二人却创建并完善了一种市场预测的工具，而这种工具迄今为止仍然是我在华尔街见过的最好的预测工具。

15年前，我成为《道氏理论预测》投资新闻通讯的一名编辑，在此期间，我通过威廉·彼得·汉密尔顿在本书中的论述，首次接触到了被誉为"股市晴雨表"的道氏理论。这种理论的创建者是查尔斯·道(《华尔街日报》的创建者兼首席编辑)。当时我感到有些惊讶，因为我发现自己的新老板在进行市场预测时所使用的最主要的工具竟然创立于世纪之交的时代。我当时想当然地认为，这种只关注道·琼斯工业和运输业平均指数("运输业"在汉密尔顿所处的时代被统称为"铁路")运动的理论过于简单，在当今这种复杂多变的股票市场中的预测能力是微乎其微的。

但是，15年以后的今天我要在此对你说，"如果你只运用道氏理论来分析市场的走势，你将会比华尔街大部分'专家'干得更为出色。"被称为金融新闻通讯业的"西斯凯＆埃伯特"的《赫伯金融文摘》在评选1993年6月至1997年6月期间最佳市场预测机构时，将《道氏理论预测》排在前五名之列；

至于1997年6月以前15年的预测成绩，《道氏理论预测》在所有的市场预测机构中则位居第二。如果剔除那些依靠保证金账户提高收益率的机构，它的排名将高居首位。而《道氏理论预测》在进行市场预测时唯一使用的工具就是道氏理论，凭借它的非凡成绩就可以让你深深感受到这种理论的强大威力。

在《股市晴雨表》一书中，汉密尔顿非常清楚地说明了道氏理论所包含的基本原则：

市场体现了一切信息，所有的市场参与者所了解的信息以及他们的希望和预期都反映在市场之中。

市场中包含三种趋势——日常趋势、次级趋势和基本趋势——其中对长期投资者而言，真正有用的是基本趋势。

道氏工业和运输业平均指数的波动是研判市场未来趋势的关键。

但本书不仅仅是一本道氏理论教科书。汉密尔顿在许多问题的论证中融入了自己的思想，其中包括市场操纵行为(他主张"在一次重要的牛市或熊市当中，正常的市场驱动力将超过并压倒市场操纵行为")、投机行为(他主张"投机行为消亡之时也就是这个国家消亡之日")，甚至包括政府的管制行为("如果说过去的十年中有什么值得大家铭记于心的教训，那就是当政府干涉私人企业的时候，即使这个企业的业务方向是发展公用事业，也将会导致无法估量的损失而不会产生什么收益。")。尽管这本书写于几十年前，但其中的很多观点在今天看来仍然是那么新鲜而富有生命力，这或许会给你留下极其深刻的印象。

我相信汉密尔顿使用"晴雨表"一词作为本书的题目是经过深思熟虑的。想要准确地预测天气，仅仅使用晴雨表是有一定局限性的；与此类似，汉密尔顿也知道包括道氏理论在内的所有预测市场运动的工具也都有其自身的短板。汉密尔顿写道："上帝不允许我创建一个以誓死保卫'整个世界围绕平均数规律波动前进'这一理论为己任的经济学派。"

尽管如此，道氏理论却已经通过了最重要的检验——时间的检验。如果你是一位认真的投资研究者，那么就请让自己"回到未来"并阅读本书。

查尔斯·B．卡尔森
《道氏理论预测》市场评论编辑

目　录

第一章

周期与股市记录

英国经济学家威廉·斯坦利·杰文斯是个坦诚直率的人，这也使得他的作品具有极高的可读性，他曾经提出过一个理论，揭示了商业恐慌与太阳黑子之间的联系。他列出了17世纪初的一系列数据，这些数据显示，商业恐慌和太阳黑子这两种现象之间具有明显的相关性。由于当时缺乏关于太阳黑子的可靠数据，他不可避免地降低了二百年前那次极其严重的商业大萧条的重要性。1905年初，我在《纽约时报》上对杰文斯的理论发表评价时曾说道："虽然华尔街从内心深处里相信恐慌和繁荣都存在周期性，但是它并不在意太阳黑子的数目是否已经足够引起一次剧烈波动。人在年轻时往往是冲动的，不相信任何说教，或许我可以说得更客气一点：这种偶然的周期性联系没有什么意义，正如总统大选的时候正好赶上经济飞涨一样。"

周期与诗歌

许多经济学教师、谦虚的生意人士和学生们都深深地相信世界上存在着周期性，这种想法是合理的。我们无需理解爱因斯坦的相对论也能够知道，人类社会的发展历程是不可能以直线的方式前进的。这种运动至少应该类似于我们的星球围绕太阳公转时产生的轨迹那样，在众多行星的包围下逐渐向织女星系靠拢。诗人们显然也相信这种周期理论。拜伦的《恰尔德·哈罗德游记》中有一段精彩的描述，确切地说应该是从省字符直到"米特拉之塔"的这一段落。这段话体现了拜伦的周期论思想：

"人类所有的故事，都揭示了同一个主题，

不过是过去事情的再现而已；

起初是自由与荣誉；

当这些消失之后，

金钱、罪恶、腐败以及野蛮终于随之到来，

虽然历史的容量无边无涯，

但其中的内容却如出一辙。"

恐慌和繁荣似乎的确有各自的周期。任何对近代历史有所了解的人都可以列举出让我们经历了恐慌的年份——1837年、1857年、1866年（在伦敦发生的奥弗兰·戈尔尼恐慌）、1873年、1884年、1893年和1907年，也可以加上发生了通货紧缩的1920年。这些发生恐慌的年份至少表明了它们之间存在不同的间隔，间隔时间从10年到14年之间不等，而且明显地倾向于越来越长。我们将在下一章分析这种周期理论，并探讨其是否具有实用价值。

周期性

但是这种理论的基础，或者说使得这种理论有效的前提，在于人性本身。繁荣将促使人们变得狂热而极端，而这种狂热和极端的后果，就是随之而来的萧条。在极度恐慌的黑暗时光之后，工人们会为其得到的任何东西而心怀感恩，并从很微薄的收入中留出一部分节余，与此同时，资本也将满足于微薄的利润和快速的收益。此时将萌生一个重新调整的时期，正如美国大部分铁路公司在1893年恐慌之后的机构重组那样。现在我们已经察觉到自己的收入超过了支出，货币发生了贬值，四处都弥漫着冒险的气息。我们从一个毫无生机、经济萧条的时期走入了一个经济活跃的时期，而这个时期往往会逐渐滋生出泛滥的投机行为，此时社会上会伴随出现高利息率、过高的工资以及其他类似的经济症状。在经过一段美好时光之后，紧绷着的发展锁链已经运行到了它最脆弱的环节。1907年就发生了这样的一次崩溃，首先在股票市场和商品市场呈现出萧条即将来临的征兆，随后出现的是大范围的失业，此时储蓄银行的储蓄额通常会出现可观的增长，但是没有什么资金会流入投机市场。

对晴雨表的需求

请再读一遍拜伦的诗，看看这些诗句中是否存在一些暗示。如果我们在讨论商业的时候不带有一点诗歌般的想象力的话，那么这种讨论还有什么意义呢？然而遗憾的是，一次又一次的危机正是由过多的想象力造成的。我们所需要的是一种不带有主观色彩的晴雨表——价格指数和平均指数，通过它们来了解我们正在走向何处，以及未来会出现什么情况。在所有的晴雨表中，股票交易所记录的交易平均价格是最公正、最客观的，因此也是最好的。尽管指数的构成要素多年来不断变化，早期的证券种类也比较少，但是道·琼斯新闻机构三十多年来一直对指数进行记录而且从未间断。

阅读这些指数数据对股市投资有着极好的效果，尽管阅读指数有时会让乐观者和悲观者都感到不舒服。这就好像现在的天空中连一片云也没有，但晴雨表却预测说坏天气马上就要来临。可怜的布朗夫人的花园中的白菜马上就要被暴雨摧毁，此时再拿起斧子去收割已经毫无用处（此句比喻如果真的等到坏事来临时才采取行动，那一切都太迟了）。在过去的许多年里，我经常在各种刊物上讨论这些平均指数，以便验证由已故的《华尔街日报》的创建者查尔斯·H.道提出的理论。或许现在就断言这种分析价格运动的方法是如何有效还为时过早，但是任何敢于介入这种讨论、观看这种晴雨表的人，都会牢牢记住因为没有预测到布朗夫人的遭遇而产生的深深自责。

道氏理论

道氏理论的基本原理其实非常简单。他认为在股票市场的发展过程中同时存在着三种运动趋势。其中最重要的是主要趋势，例如从麦金利重新当选为总统的1900年直到1902年9月达到最高点的那一轮牛市，虽然这期间出现过1901年的北太平洋铁路公司股票抛售造成的股市恐慌，但股市并未因此停止上涨；又如那一轮从1919年10月开始，并在1921年6至8月间跌到最低点的熊市，也可以成为主要趋势。

通过历史经验我们可以发现，这种主要趋势通常会持续一年或更长的时间。伴随着主要趋势发生的，或者说在主要趋势过程之中发生的，是道氏理论中的次要趋势，这种次要趋势可以表现为主要趋势为熊市时的剧烈反弹或者主要趋势为牛市时的剧烈下跌。后者的一个典型例子就是在1901年5月9日的股市暴跌。在这种次要趋势中，工业板块可能比铁路板块恢复得更快，也有可能是铁路板块率先引领行情，甚至还可能在同一波主要趋势之中，20种活跃的铁路股票和20种工业股票都呈现出相同方向的波动趋势，但二者并不是严格对应着发生波动。在1919年10月熊市开始之前的很长一段时间里，铁路板块持续表现低迷，与工业板块相比极不活跃，受到了市场的忽视。这显然是因为铁路当时是由政府所持有并担保，这就使得铁路股独立于投机活动之外，从而无法对反映投机行为的晴雨表产生正常的影响。一旦这些铁路股重新被允许私有，它们势必将重新恢复从前那样的重要性。

道氏理论的含义

正如道氏所指出的那样，在股票市场的主要趋势和次级运动的过程中，一直都暗含着一种日常波动。因此我在这里必须说明，平均指数对于个股的投机活动而言具有欺骗性。如果一个投机者根据平均指数的指示做出判断，认为在1901年5月将出现一波次级下跌走势，并根据这一判断对北太平洋这只股票进行卖空，那么他会有怎样的遭遇呢？有些交易者的确是这样做的，如果他们能在65点时平仓就已经算是幸运了。

道氏理论在实际应用中发展出了很多规律，其中被证明是最正确的一个规律是：两种平均指数能够相互验证，当二者的表现不一致时，市场上不会出现主要趋势，也几乎不会出现次级趋势。仔细审视这些平均指数就可以发现，它们经常在许多个星期内都在一个狭小的区间内波动。例如在一段时间内，工业平均指数不会低于70点也不会超过74点，而铁路平均指数在73至77点之间运行。这种情况在技术上被称为"做线"。经验表明，"做线"通常意味着股票市场正处于筹码收集的建仓时期或出货时期。当两种平均指数突破了这条线的最高点时，这就表明此时做多力量十分强劲，可能意味着即将发生熊市中的次级反弹，也可能意味着主要趋势已然转为牛市，就像1921年到1922年之间的那波牛市那样。

然而，如果两种平均指数下跌到历史低点以下，那么这显然意味着股票市场已经达到气象学家所说的"饱和点"位置，暴风雨会随之来临——出现牛市中的次要下跌趋势，或者像1919年10月那样出现一波主要下跌趋势。在1914年股票交易所关闭以后，工业股票价格指数的构成股票从12只上升到20只，这似乎会使平均指数变得更为复杂，尤其是像通用电气这样的股票的加入，使得工业指数的波动幅度比铁路指数的波动幅度要剧烈得多。但是平均指数的研究者们对20只股票历史上的波动状况进行分析后，发现这20只股票的波动与最初那12只股票的波动状况基本一致，甚至每天的波动都非常一致。

道·琼斯平均指数的标准

尽管道·琼斯平均指数被广泛地模仿，但它仍然是业内最权威的标准。研读它的方法也是数不胜数，但是没有哪种方法可以像道氏理论这样经受得住考验。这些方法的弱点在于纳入了很多貌似与走势有关，但实际上毫不相干的因素。比如有人试图把成交量、商品指数引入平均指数的解读中，这是完全没必要的，因为平均指数很明显已经把这些因素都考虑在内，正如晴雨表会顾及所有影响天气变化的因素一样。价格的运动反映了华尔街所掌握的所有信息，最重要的是它代表着华尔街对未来事件的全部认知。

在华尔街没有人是无所不知的。据我所知，在亨利·H.罗杰斯的时代曾出现过一种被称为"标准石油板块"的组织，它在许多年里在股票市场上一直在犯错。拥有"内部信息"是一回事，了解股票将对这些信息做出怎样的反应则是另一回事。市场反映出了所有人所了解的信息，以及他们的希望和预期，而这一切都会像参议员多利弗在美国参议院发言时引用《华尔街日报》评论所说的那样："最终都变成了市场的无情判决。"

第二章

电影中的华尔街

通过缜密的分析论证，我们可以发现股市晴雨表在漫长的时间考验中所表现出来的准确性。我们可以在道氏理论的帮助下考察主要的上涨或下跌趋势，这些趋势持续的时间短则不足一年，长则三年以上；也可以用它来考察在实际情况中经常发生的股价下跌或反弹过程中的干扰因素；还可以用它来考察那些重要性相对较小却无时不在的日常波动。我们将会发现，所有这些价格走势都是基于华尔街对全国商业活动的整体理解与认知，它与伦理道德之间并无直接关系，而且股市中的操纵行为并不能对晴雨表的准确性产生本质性的影响。

电影和情节剧

但是，从我收到的很多信件中的观点来看，股价走势与伦理道德之间的关系这一问题貌似是毋庸置疑的，因为公众坚信华尔街的人不会平白无故地被召进法院。世界上所有的交易市场都会偶然地发生市场价格扭曲的丑闻，因此如果要说股市中那些没有感情的，甚至说不近人情的股价与这些丑闻无关，这种观点至少在过去是无法令人信服的。然而只凭感觉行事的人远远多于凭理性思维行事的人。前者的人数如此之多，以至于我不得不向他们作出让步，尽管我仍然坚持认为股市本身并无罪过。在这里我引用格罗弗·克利夫兰经常说的一句话："我们面对的是现实情况，而并非一种理论。"

华尔街在公众的印象当中是一个既可怕又神奇的地方——我们不妨将其称为电影中的华尔街。英语中的"电影"是我们祖父那一辈人所处时代中的传统的情节剧发展到现代的产物。它们之中的人物惊人地相似，剧中的反派角色和吸血鬼与现实生活中的情况毫无关联，但是他们必须一遍又一遍地重复反派角色和吸血鬼们"应该"做出的行为，以便迎合那些从未亲眼目睹过这种人的批评家们的胃口。很多年前，杰罗姆·K.杰罗姆曾著书介绍过舞台规则，他指出，在英国的话剧舞台上，如果丢了那张价值3镑6便士的结婚证书，就会使这段婚姻变为非法；当立遗嘱人死亡时，其财产将归于遗嘱上的指定继承人；如果这个富翁并未留下遗嘱，其财产将落入他最亲近的反派人物之手。在那个时候，舞台上的律师们表现得就像现实中真正的律师，侦探们也个个手段高超，但舞台上金融家们的形象却被刻意地丑化了。

小说中的金融家

出现在屏幕上的现代金融家们，尤其是特写镜头中的金融家们的形象就像上面说的那样，但这并非什么新的情况。记得在20年前我曾在杂志上读过一篇文章，介绍的是一位类似于詹姆斯·R.基恩的"市场操纵者"操纵股市的故事。它的插图画得很好，甚至算得上是引人入胜。在其中一幅图中，基恩(或他的原型)被绑在了联合股票交易所大钟的钟摆上！这幅图暗示他正在以数额巨大的股票冲击市场，只有基恩这类人，或者说只有电影中的基恩这类人，才有能力做成这种事情。文章的作者埃德温·莱夫勒先生当时供职于纽约的《环球》杂志，把自己的才智都消耗在那些含糊不清的金融文章之上，毫无疑问，他认为自己在文学艺术上的表现很糟糕，但也可能会对自己的某些杰作自鸣得意。以下是他本人对这种操纵股市行为的一段描述，这段描述出现在1901年出版的一篇小说《松节油的崩盘》中：

　　"现在，股票的操纵者诞生了，这是自发的而非凭空捏造。股票操纵的技巧极其复杂而巧妙，必须让股票看上去并未受到操纵。任何人都可以买卖股票，却并非每个人都能在卖出股票的同时使别人相信他正在买入股票，从而让股价不可避免地继续上涨。这要求操纵者具备冷静的头脑和完美的判断力，充分理解股票市场的技术条件，拥有高超的智慧和思维能力，对人性有准确的把握，对赌博这个奇怪的心理现象有过深入的研究，长期与华尔街公众相处并熟悉美国人民奇特的想象力。毫无疑问，还必须完全了解自己所需雇佣的形形色色的经纪人，包括他们的能力、不足、个人品质以及他们的薪酬。"

　　这是一部极具专业性的小说，它作为一部艺术作品，比一般的情节剧或屏幕更加真实可信。虽然一些深层次的商业价值和商业条件是操纵股市过程中的必要条件，但本书没有对这方面的内容做重点分析。它没有强调对价值和商业条件的深入了解，而这正是确保市场得以存在的必要条件，市场又使操纵行为成为可能。现实世界中的情况比小说更加曲折离奇，也更加难以写清楚，所以针对现实世界中情况的评论文章总是遭到反驳。

高顶礼帽和紧绷的面孔

　　一家畅销报纸在不久前曾收到一封读者来信，因其中充满了所谓的反华尔街言论而备受争议。这封信用了许多十分激烈的言辞表达了一位西方游客对华尔街的印象，其中的一大亮点就是"高顶礼帽和紧绷的面孔"。让我把它解释得更具体些吧。我曾经在华尔街见过一个戴高顶礼帽的人，1901年塞斯·洛市长为新建成的股票交易所开张剪彩的时候就戴了一顶高顶礼帽。我的速记员当时以十分虔诚的语气说："这才是真正时髦的打扮。"但是电影中的金融家们总是戴着高顶礼帽，正如情节剧中的英雄们即使虎落平阳也总是穿着经过专利注册的皮靴一样。如果屏幕上的金融家不戴大礼帽，就如同一只烹调时未加盐的鸡蛋一样少了点什么。虽然我们并不能因此下结论说它是一只不好的蛋。

如此追溯历史

几年前曾发生了一起影响力较为有限的丑闻——斯图茨汽车股票囤积垄断事件，因为这个名叫斯图茨汽车的股票还没能建立起真正意义上的交易市场。除了少数决定卖空的投机者之外，并没有任何人受到损失，而受到损失的人们也愿赌服输地缴清了股款。但是这件事却仿佛成了外界攻击华尔街的一道铁证。纽约的一家报纸认为，这件事与"都市运输部门的行贿者、纽黑文市的破坏者、洛克岛破坏者以及篡改历史的人寿保险的行贿者们"是联系在一起的。这是一家以售卖新闻为主营业务的报纸，它并未告诉读者都市街区铁路公司的最近一次融资活动发生在20年以前；即使是将纽约地面铁路公司的全部股本投入当时的区际都市公司这种愚蠢而自知理亏的资本筹集活动，也已经是15年前的事了。对人寿保险业的调查已经是早在16年前的事了，而且这一事件中既没有人被控告，也没能证实"腐败行为"的存在。被误判的纽黑文融资活动也已经是11年前的事情了，而且影响力非常有限。石岛事件发生于19年前。芝加哥＆埃尔顿公司资本重组事件是人们攻击华尔街的时候最喜欢用的证据，然而这件事终结于1899年，直到1907年以前并未出现任何问题。我或许把自己写得像一个义无反顾的申辩者，这是因为根据对事实的充分了解，我真的并不认为华尔街有什么值得谴责的地方。

寡妇和孤儿

北太平洋铁路公司股票抛售事件当时在股市造成了巨大的恐慌，然而即使是这种典型事件也不能被看作是市场操纵导致我们的晴雨表失灵的例子。那次恐慌出现在主要趋势为牛市的时期，只造成了一次比较剧烈的次级下跌走势，股市的上升势头随后得到恢复，并且在之后的第16个月达到顶峰。这件事发生在1901年，但是只要政治家们开始关注华尔街并对之加以谴责，这个事件就会重新变得活跃而引人注目。当时有一种令人震惊的说法，声称在过去这些事件中受到影响的股票都由寡妇和孤儿所持有。我本人倒是希望有人愿意和寡妇结婚并收养孤儿。这些政客们剥夺了那些相信他们的民众的最基本商业常识，因此也就没资格明目张胆地到处招摇、提醒我们曾经犯下的罪过了。而在另一个地方，他们可以找到一种获利丰厚的差事，那就是——在电影里。

道氏理论可应用于任何股票市场

让我们认真地回到本书的主题上来。我们在此讲述的支配股票市场走势的规则也同样适用于伦敦、巴黎乃至于柏林的股票交易所。我们说得更深入一点，即便是刚才提到的那些交易所和美国的证券交易所都不存在了，这些法则中所蕴含的道理也仍然正确。无论在哪个国家的首都，只要在任何一个大都市重新建立了自由的证券市场，这些法则将自发地、不可阻挡地重新发挥其作用。据我所知，迄今为止没有一家伦敦的金融出版机构记录了像道·琼斯价格平均指数这样的数据。但是如果能够得到类似的数据，那么道氏理论在伦敦股票市场中也将像在纽约市场中那样具有准确的预测效力。

我们可以从伦敦股票交易所的上市公司名单中选择两种或更多种有代表性的股票板块，并描述出这些股票在威坦豪尔股票名单和伦敦股票交易所的官方股票列表所涵盖的年份之内的主要趋势、次级趋势和日常波动。由英国铁路股票编制出的价格平均指数可以很好地验证我们的理论。伦敦股票交易所可以提供出一个历史更为悠久、范围更加广泛的工业股票名单以验证我们的理论。卡菲尔股市的南非矿业股票平均指数，是从1889年第一次德兰士瓦采金狂潮时开始精心编撰的，它具有独到的意义。这一指数显示了当其他行业停滞不前甚至陷入萧条的时候，采矿业却是多么兴旺发达。把这个矿业平均指数与那些固定收益债券的价格走势进行对比，对经济学家们而言具有很重要的意义。它能以最生动的方式显示出黄金的购买力与固定收益债券之间的关系，它将证明这样一个公理：固定收益债券的价格与生活成本之间存在反比关系，正如我们将在接下来的章节中看到的那样。

事情非真即伪

要想从内部来全面审视华尔街是很困难的，许多观察家也证明了这是不可能实现的。正如我们即将表明的那样，市场的力量远大于操纵者的力量，甚至比所有金融家的力量之和还要大，因此股市晴雨表所包含的内容在某种程度上超过了股票市场本身。近代作家G·K.切斯特顿曾经说过，"缺乏真实性的事件是无用的，甚至可以说是大错特错的。"在查尔斯·H.道提出自己的价格运动理论之前，没有人曾经尝试建立一套理论来解释股票市场所蕴含的真相。假如一个人的工作内容就是在轰鸣运转的机器上进行操作，那我们还能让他去弄明白这部机器的动力来源，乃至这种动力产生的方式吗？很明显，迄今为止出现在公众视野上的仅有的华尔街形象是被扭曲的，我们称之为"电影中的华尔街。"

罪恶向纯真致敬

推销石油股票的骗子总是在金融街区的某个值得信赖的地方寻找受害者，并且用尽一切办法使得一些有权威性的都市报纸在金融栏目中提到自己的股票，这是为什么呢？如果骗子所游说的公众、投资者和投机者们真的相信政治家们说的话，认为华尔街是个充满欺骗与罪恶的地方，那么他还会这样行骗吗？如果事实果真如此的话，这些阴险的推销者必然会选择其他地方行骗。但是他选择了金融区，因为他知道这里的信誉度和人们的诚实度是世界上最好的。伪善是罪恶对美德的赞美之辞。如果华尔街跟这些骗子一样肮脏的话，那么骗子将永远无法得逞。实际上，如果金融区哪怕有一点点像指责者所声称的腐败情况，这些人的指责也就变得无可厚非了，因为这样的话，美国的货币中心将会因为自己的腐败而分崩离析。所有这一切都是正确的，然而即便事实与此相反，关于股市运动的理论也仍然是有效的。

罗兹与摩根

如果作家的创作素材主要选材于金融区，那么恐怕没有人会指责他在创作时像染色工的手一样极尽浓墨重彩。华尔街的工作如此严肃缜密而又如此令人兴奋，以至于在华尔街既没有时间也没有必要来进行欺诈。正如我们所看到的那样，现实情况中没有人能知道在所有时间点影响股市走势的因素，然而也正如我们每个人在自己经历中所发现的那样，某些人的知识的确要远远超过常人。真正有智慧的人能使你摆脱那些狭隘的相互指责和混战，当他们富有以后，财富对他们而言仅仅是身外之物，是他们追求更长远目标的一种工具，而不是仅仅停留在金钱本身。

我在南非工作的25年间，曾经和塞瑟尔·约翰·罗兹有过接触。他这个人信念坚定、思想深远，追求的目标远不止金钱这么简单。在从开普敦到开罗的白人世界里，金钱是实现其思想的必备条件，而铁路则是他的思想内涵的有形的外在表现形式，甚至成了一种精神上的象征物。我只遇到过一个在聪明才智方面可以与塞瑟尔·约翰·罗兹相提并论的人——已故的J·P.摩根。一般人想跟上他们的思维速度几乎是不可能的，这是一种生理现象，就像一些数学天赋很高的孩子可以在几秒钟的心算后就给出一个千位数的平方根一样。按照一位记者的观点，其他著名人物的思维过程与一般人也都没有太大区别。我曾经接触过许多工业巨子，如詹姆斯·J.希尔、爱德华·H.哈里曼等，他们基本上都具备一流思想家的特质，能够在众多的干扰因素中很快把握住事物的重点，能够迅速提炼出一篇冗长文章的主旨思想。但是罗兹和摩根更胜一筹，他们通常能在你还没陈述完前提条件的时候，就分析得出令人震惊却又合情合理的结论。

并非无法形容

这些人貌似是很偶然地就成了富翁。他们胸怀理想、重任在肩，他们必须掌握取得金钱的手段才能完成这些理想。在过去的几年中我们经常听到许多关于"理念"的言论，却发现这些言论大都是泛泛而谈。但是的确存在一个理想中的华尔街，在通常情况下会有一个适当的人在适当的时机发表正确而客观的观点，我希望永远如此。不久以前我曾听到一位演员声称科罗拉多大峡谷的美丽景色是"无法形容的"。他花了足足一小时四十五分钟的时间，最终得出的结论就是这种美是无法用语言形容的，至少他自己是这样认为的。但如果是弥尔顿或者赞美诗诗人，就一定能够用语言表达出这种美。或许对于任何有理性、有才智的人而言，只要准确表达出眼前的现象所带给他们的心理感受，就可以把这种自然奇观用语言表达出来。

不变性

我记得自己以前曾表达过类似的观点，或许是在某一篇你今天看过明天就会忘记的评论文章中，现在我把这个观点重述一遍：人性的问题始终没有改变，因为人的本性仍然是如同刚刚出现历史记录时的那样。"周期"与人类社会一样历史悠久。我们所见到的变化只是很肤浅的，尤其是那些富于聪明才智的人们通过法律让我们的生活变得更加和平而美满之后。共处会使他们生活得更好。人类的心灵才是一切进步的源泉，变革更是从人的心灵开始的，而并非产生于立法机关之中。

三一教堂的钟声

三一教堂坐落在华尔街的最西部，在夕阳的余晖下，它投下一片长长的影子，笼罩住这个伟大国度中最不被人理解的地方——华尔街。我们常常可以听到这里的钟声响起，演奏着那熟悉而古老的圣诞赞歌，牧羊人再次看看自己的羊群，羊儿们正在地面上歇息。听到这些钟声的时候，伟大的上帝很可能正在以某种形式把他的光芒洒落到我们身旁。法律并不能使人变得更加快乐、富有和满足。过去并没有如今这种形式的政府，也没有能够行使政府职责的机构，更没有它的警示。在过去，推动一个国家前进的力量只有正义。华尔街跟那些批评华尔街的人们都有一个共同的认知：任何好的政府都是以善良、正义、奉献和爱作为基础的，因为只有在这种精神的主导下，一个民族才能够做自己的主人。

我们曾经说过，今天我们所研究的法律是基础性的、公理性的，是能够自我验证的。在法律这种更高层次的真理当中，一定存在某种永恒的东西：即使在很多年以后美国宪法中的词句已经成为供考古学家研究的史料、当时的文章变成古典文学的时候，这种永恒的东西也将继续存在下去。而且我们今天保存下来的著作将成为经典，这或许是它们的作者们从未想到的。这种基础是永恒的，因为真理之中蕴含着一些神圣的东西。

第三章

查尔斯·H.道及其理论

针对我以前关于道氏平均指数理论以及恐慌与繁荣的周期更迭等话题的讨论，许多读者纷纷来信，我发现大家认为这个理论无疑是一种在华尔街挣钱的绝佳方法。在此我可以义正词严地声明，道氏理论与任何赌博方法或骗取银行信贷的方法毫无相似之处。也有很多读者提出的问题比上面这种问题更加深刻，在此我将为这些问题给出更加详尽的回答。

报业人士及其他

"查尔斯·道是谁？在哪里可以读到他的理论？"查尔斯·H. 道是纽约道·琼斯金融通讯社的创始人，同时也是《华尔街日报》的创始人和首席编辑。他在1902年12月去世，享年52岁。他是一位经验丰富的新闻记者，早年曾师从于《斯普林菲尔德共和党日报》的杰出编辑萨缪尔·鲍尔斯。查尔斯·道是新英格兰人，睿智、自制力强并且极度保守，他对自己从事的工作了如指掌。无论公众的讨论带有多么强烈的主观性、多么沸沸扬扬，他都能保持冷静的头脑和出色的判断力。我从没有见过他发怒，甚至从没有见他激动过。他的极度诚实和留给他人的良好印象使他赢得了华尔街上每个人的信赖，当时能够胜任金融领域报道的记者寥寥无几，对金融领域有深入了解的人就更加少见了。

道还有一个优势就是他曾经在股票交易所大厅里工作过一段时间。他的这段经历颇为离奇。已故的爱尔兰人罗伯特·古德鲍蒂当时刚从都柏林来到美国，此人是贵格会教徒，也是华尔街的骄傲，由于纽约股票交易所要求每一位会员都必须是美国公民，查尔斯·H. 道成了他的合伙人。在罗伯特·古德鲍蒂等待加入美国国籍的这段时间里，道在股票交易所拥有一个席位并在大厅里负责执行交易指令。当古德鲍蒂正式成为美国公民以后，道退出了交易所，并重新回到更合他胃口的报业事业上来。

道的谨慎和他的理论

在查尔斯·H.道的人生最后几年里，我曾经和他一起工作过，我非常了解并且喜欢道，但是我也和他的许多朋友一样，时常对他的过分保守而感到懊恼。这种过分保守的作风在他为《华尔街日报》所写的评论员文章中表现得尤为突出，在此提到这些文章十分有必要，因为它们是有关道氏价格运动理论的唯一书面记载。他会针对一个影响金融业和商业的公众话题撰写一篇措辞激烈、通俗易懂并极具说服力的评论文章，然后在文章最后一段加上一些自我保护性的语句，不是对文章进行小修改，而是对其中言辞过激的部分加以剔除。用拳击的术语来说，他收回了自己的拳头。

查尔斯·H.道是个过于谨慎的人，所以无论他的理论是多么缜密而清晰，多么令人信服，他一般都不会直截了当地表达出自己的理论。在1901年和1902年上半年，他写过许多分析股票投机方法的评论文章。他的理论必须从这些评论文章中加以提炼，因为在这些文章中，他的理论只是一些偶然提及的说明性文字，并不是他的这些文章的主题所在。有趣的是，他在一篇早期撰写的讨论价格运动的文章中得出了一个不太准确的结论。这篇题为《运动中的运动》的文章发表在1902年1月《华尔街日报》的"回顾与展望"专栏中，他写道：

"市场中毫无疑问存在着三种运动走势，它们彼此相互协调、相互融合。首先是由局部性原因和特定时点的多空力量对比而产生的日常波动。次级运动所涵盖的时间从10天到60天不等，平均而言是30到40天。第三种运动是持续时间长达4到6年的大规模运动。"

道的这番话错在哪里

请注意道的这番话是在20年前写下的，当时并没有今天这种用于分析股票市场走势的记录。按照上述引文的说法，主要运动趋势将持续4到6年，但后来的经验表明他说的这个时间段太长了，而且我仔细地查阅了道写下这番话之前的市场走势记录，也从未发现过持续"4到6年"的大规模运动走势，很少有超过三年，更多的是两年以内。

但是道所说的话向来都是有理由的，而且他在学术方面的诚信足以让那些了解他的人们相信，他的话是有依据的，哪怕这个依据是值得商榷的。他坚定地相信金融危机会像金融历史所记录的那样，在经过一个10年左右的周期之后会再次出现，前面所说到的结论正是以此为基础。道认为在这个周期之中会有一个主要的牛市运动趋势和一个主要的熊市运动趋势，因此他把一个10年周期一分为二。这就像小孩子被要求列举出北极圈内的10种动物时作出的答案："五只海豹、五只北极熊。"

杰文斯记录的恐慌岁月

我们曾在本书的开篇章节中谈到历史上的一些恐慌事件，也谈到了斯坦利·杰文斯教授和他的理论，他认为这些恐慌事件与太阳黑子之间是有一定关系的，他还认定太阳黑子对天气和农作物有所影响。我也曾说过这种分析就像把总统大选和经济飞涨联系起来一样荒谬。但是杰文斯却准确记录下了英国历次商业危机发生的时间，客观地说这是非常令人称道的，它们分别是1701年、1711年、1712年、1731至1732年、1742年、1752年、1763年、1772至1773年、1783年、1793年、1804至1805年、1815年、1825年、1836年、1847年、1857年、1866年和1873年。

道曾在1902年7月9日的《华尔街日报》上发表了一篇评论文章，他在文中引用了这些日期数据并写道："这非常有力地证明了十年是一个周期的理论，而且美国在过去的一个世纪中发生的事件也在很大程度上支持了这一观点。"

道对美国发生的一连串危机的评论是十分精彩而有趣的，非常值得在此引用，道本人经历了这些危机中的三次——1873年、1884年和1893年。就杰文斯记录的日期而言，他在其列表的开头遗漏了一次重要的危机，这令人十分不解。这次危机发生于1715年，这一年苏格兰人入侵英格兰试图扶持斯图亚特王朝复辟，使得这次危机大大加剧。如果我没猜错的话，一定是因为那一年太阳黑子的数量并不足以满足他的理论，所以杰文斯情有可原地故意遗漏了这次危机。

道对美国经济危机的评论

以下是道对美国经济危机的评论：

"美国在十九世纪的第一次危机发生于1814年，这次危机是由英国人在这一年8月24日占领华盛顿而引发，它迫使费城和纽约的银行停止了对外支付，危机逐渐恶化起来。造成这段时间困难局面的原因是1808年的禁运和贸易封锁政策导致对外贸易额大幅下降，公共开支多于公共收入，同时这段时间建立了大量的州立银行以取代旧有的美国银行，而许多这种州立银行缺少足够的资本金，发行了很多没有足够担保的货币。"

1819、1825和1837年

"由于银行货币流通量的大幅紧缩，1819年出现了近乎危机的事件。在此之前银行大幅增加信贷加剧了投机行为，而这次的通货紧缩又促使商品和房地产价格急剧下跌。然而从其影响力上来说，这只能说是一次货币恐慌。"

"1825年的欧洲危机使得欧洲当地市场对美国产品的需求减少，进而导致1826年出现的价格下跌和货币紧张的局势。然而这并不十分严重，性质上更像是前进过程中的一次短期干扰，而不是整个形势的逆转。"

"1837年爆发了一次巨大的商业恐慌，造成这次恐慌的原因很多。当时工业和商业的发展非常迅速，很多企业都走在了时代的前沿。同时发生了农作物歉收，面包原料只能依赖进口。政府拒绝延长美国银行营业许可证，使全国银行业发生了根本性的变化，此时公众争相取走他们在州立银行的存款和担保物，这一切都促使了不正常的疯狂投机活动的萌生。"

1847、1857和1866年

"1847年的欧洲恐慌波及了美国，但影响力比较有限，尽管我们因此损失了大量的硬通货。同时墨西哥战争也对采用支票结算的企业造成了一定的影响。之后这些负面影响因为谷物的大量出口以及1848到1849年金矿的发现而在一定程度得以缓和。"

"第一次大规模恐慌发生在1857年，以8月份俄亥俄人寿保险和信托公司宣布破产为起点。虽然之前物价已经持续下跌了几个月，但这次的恐慌仍出乎人们的意料。铁路建设的规模十分庞大，而银行所持有的硬通货数额与它们的贷款和存款数额相比只是很小的一部分。这段时期的一个显著特点就是大量的企业宣告破产，而银行大都在十月份开始停止对外信贷。"

"奥弗兰·戈尔尼公司的破产引发了1866年伦敦的恐慌事件，使纽约股票交易所的股票随之发生了剧烈下跌。在4月份出现了密歇根南方公司股票的垄断事件，投机活动从此故态萌生，进而演变为远超正常程度的泛滥和猖獗。"

1873、1884和1893年

"1873年9月的那次恐慌既是一次商业恐慌也是一次大规模的股灾。它是巨额的流动资金转化为固定资产而导致的。在此之前商业扩张的规模极为迅速，货币供给变得无法满足商业扩张的需求，信用体系因此崩溃，之后出现了非常严重的萧条期。"

"1884年发生的恐慌只是一次股市崩盘，而没有形成商业危机。海军银行、都市银行和格兰特&沃德公司都在5月份破产，伴随而来的是股价的大幅下跌和整体市值的回调，全年之中都可以感受到这种情况。持续数年之久的铁路干线之争是引发这次危机的因素之一。"

"1893年恐慌是一系列因素共同作用的结果——货币环境的不确定性、外国投资的撤回，以及对激进性关税立法的担忧。对于维持金本位的不安情绪无疑是其中的一个主要因素，就像在其他的多次恐慌中那样。"

一次谨慎的预测

道在做预测时表现出的谨慎不是新英格兰式的，而是接近于苏格兰式的，他的一篇文章的结尾段体现了他的典型风格，他写道：

"根据历史情况和近6年的发展来看，我们可以合理地推断出在未来几年中遇到至少一次股市波动。"

的确，这个预测是有充足理由的，甚至算不上是一次大胆的预测。五年以后的1907年，当纽约的各家银行纷纷使用票据交易所的票据时，股市在短短5分钟之内陷入了恐慌，此时的股市已经不能仅仅用"动荡"来形容了。但是这个预测是在一次上升的主要趋势中作出的，这一波趋势结束于1902年9月，距离道的去世仅有三个月。

接下来的情况证明了道将10年的周期一分为二，认为主要趋势为期5年的观点是错误的。1902年9月开始的熊市大约仅持续了1年，1903年9月就出现了牛市的萌芽，1904年6月，牛市最终确立并在1907年1月达到顶峰——持续了三年零四个月；而随后出现的包括1907年危机在内的熊市持续到了第二年12月份——历时11个月。

纳尔逊关于投机活动的著作

　　道的所有作品都发表在《华尔街日报》上，只有在这些对华尔街而言如同《圣经》般珍贵的史料中仔细查找才能重建起他的关于股市价格运动的理论。但是已故的S·A.纳尔逊在1902年底写成并出版了一本毫不矫揉造作的书，名为《股票投机的基础知识》。如今这本书已经绝版，但或许可以在二手书贩那里找到。他曾试图说服道来写这本书，但道却没有答应，于是他将自己能在《华尔街日报》找到的道关于股票投机活动的所有论述都编进了这本书。全书总共有三十五章，其中有十五章（第五章到第十九章）是《华尔街日报》上的评论文章，有些经过少量地删节，其中包括"科学的投机""读懂市场的方法""交易的方法"以及市场的总体波动——这些都非常有趣，但并不适于在此全部转载，但是我在以后的章节中会经常引用它们。

　　纳尔逊的书是一部写得很认真的、有真知灼见的小册子，纳尔逊本人也是个做事认真的、脚踏实地的小个子——我们都很喜欢他，也爱跟他开玩笑，因为年轻的记者们常常无法像他本人那样很严肃地与他相处。当我写这本书的时候，他亲笔签名的《股票投机的基础知识》就放在我面前；当我读到他对投机的道德问题的那些过于传统的评论时，我仿佛仍可以看到他那可怜的身影和那他张真诚但有些扭曲了的脸（他死于肺结核）。他不久就去世了，远离了他深爱的华尔街，但是他首先提出了"道氏理论"这个名字，这给了道很高的荣誉，而道也是当之无愧的；因为虽然许多人都声称发现股市的运动轨迹是有迹可寻的，但是伟大而实用的交易晴雨表，却是道第一个以一种实用的方式将这些思想表达出来的。

第四章

道氏理论：应用于投机

我们从之前对道氏股票市场价格运动理论的讨论中可以发现，它的核心思想可以用三句话来概括。道在1900年12月19日的《华尔街日报》评论文章中这样写道：

"市场中始终存在着三种运动趋势。第一种是日复一日的窄幅日常运动；第二种是短期运动，持续时间从两周到一个月或更长一些；第三种是主要运动，它的周期持续时间至少是四年。"

前文已经说过，道所描述的第三种运动形式，或者说主要趋势所持续的时间可以远远少于他所说的四年，而且试图将10年的恐慌周期一分为二，得出牛市和熊市大体上各用五年的说法也显得比较夸张。不过这些已经不重要了。道已经成功地归纳出了最有价值的股市运动理论，并且指出这些运动方式是同时发生的，这就为后继者建立股市晴雨表构建了坚实的基础。

投机活动背后的真理

这就是道氏理论的核心所在，我们不能说他没有发现或者说他在有生之年没有发现这其中的全部含义。他从来没有单独写文章阐述过这个理论，但是在探讨股市投机活动，以及比投机活动含义更广的市场运动背后所暗含的事实与道理时，他又会回到这个理论上并用它阐明自己的观点。

《华尔街日报》经常会以道氏理论的基本前提为基础作出一些假设，读者也经常会来信对这些假设加以质询。1902年1月4日，道回答了其中一个相关的问题，其实任何读过这篇文章并深入思考过的人都能独立地对此问题作出回答。这个读者问道："最近这段时间你在你的文章中一直坚持认为现在的市场处于牛市行情，但是从更广的范围来看却更偏向于熊市。请问你怎么解释这个自相矛盾的说法?"道做出了这样的回答,在一波次级运动之后他更偏向于看多,但是从股票收益记录来看,当时的牛市已经持续了16个月,他并不认为这种势头能够继续下去。顺便提一句,有趣的是道的这番回答其实与他自己"主要趋势会至少持续4年"的论断是相悖的,但是这次上升的主要趋势实际上的确只持续到第二年的9月。这种运动总是要偏离其价值的,最后阶段它往往呈现出被忽略的情况。

一个有用的定义

在同一篇文章中,道还给出了一个很有用的定义,我们可以从中作出一些推论。他这样说:

"只要平均指数的运行到一个高点并且超过了前期的最高点,股市就处于牛市时期;当它运行到了一个低点并低于前期的最低点时,股市就处于熊市时期。通常很难判断涨势是否已经结束,因为主要趋势一旦发生变化,价格的变化也将随之出现。但这也可能只是一个次要运动趋势。"

这段文字中其实包含了"双重顶"和"双重低"的概念(坦白地说,我并没有发现这两个概念有多大的用处)以及"线"的概念,后者正如平均指数在某些时期内的小幅波动所显示的那样,是判断股票建仓或者出货的一个重要指标。事实证明,这一曲线能够有效揭示主要趋势是否会进一步延续,以及次级运动趋势是否会终止。这种判断是一项微妙而复杂的工作,以至于有人把它误以为是新一轮主要趋势的开始。这一曲线的概念产生于1914年的股票市场,我将在后面的章节对这种曲线加以分析。

成功的预测

在接下来的讨论中，我们将从1902年以来的各种对价格运动的研究，以及《华尔街日报》上各个专栏目中的记录中发现，道氏理论显然是一种极为有效的预测市场主要趋势并正确地将其与次级运动趋势区别开来的方法，它在实际应用当中有极强的准确性。预言家的命运都是掌握在自己的手中，在华尔街更是这样。如果他的预言总是乐观的，那么不管真实情况如何，他最多不过是被人称为傻瓜。但是他在牛市已经临近结束时这样说了，那么他面临的指责将会严重得多。如果他持悲观的看法并且事实证明他是对的，那么人们往往会认为他动机不良，人们甚至会认为他的预言对市场的衰退起到了推波助澜的作用，哪怕他的动机十分纯正而且他本人也可能与市场没有任何利益瓜葛。

"召回"预言家

难道美国公众真的对麦凯亚和卡珊德拉们(希腊神话中特洛伊国王之女，有预知未来的能力)是如此不屑一顾吗？是的，的确如此，甚至更加严重。这并不是什么令人沮丧的事实。在1912年，美国工程师汤森上校被委任为密西西比河管理局局长，他是一位有着优秀业绩的军人。当时，他根据上游水位预测到密西西比河将会发生一次大洪水，他向新奥尔良市发出警报，说洪水可能会在一个月以后出现，要求他们立即采取积极的防御举措来最大化地减少损失。但新奥尔良的市民对他心怀感激吗？市民们愤怒地召开集会，要求塔夫托先生将这个"呼唤灾难的人"和"危险的蛊惑人心者"撤职。塔夫托先生在此时保持了清醒的头脑，汤森上校没有被撤职。但是密西西比河流域的大量财产却损失掉了，无须多说，新奥尔良自然也是在劫难逃。那些位于危险区域、容易受到影响的铁路公司和大型工业公司则听取了汤森上校的警告，也因此保护住了自身的利益。新奥尔良的市长最后撤销了罢免汤森上校的决定并且进行了道歉。如果你了解美国军队里那些最能干却默默无闻的工程师的行事作风，你就会知道，汤森对市长的表态和之前的公众集会都是不会放在心上的。

把价格运动同步化

我以前就曾经表示过，道氏理论绝对不是一套让赌徒赢得赌博的方法。但几乎所有交易者都甘冒风险而对此置若罔闻，但是从我和道之间多次讨论的情况来看，道本人从未认为道氏理论是赌徒赢得赌博的方法。当时我正在为道·琼斯新闻服务机构以及《华尔街日报》撰写一些关于股市的文章，所以有必要全面地了解这种把市场运动同步化的科学方法。华尔街上的许多人都认识道，并且他们的经历与道的服务密不可分。道做事非常谨慎，几乎从不出错，同时他的思维逻辑性很强，具有知识分子的实事求是态度。我并不总是和他的观点一致，但是他对的时候要比我多。当他出现错误时，完全是缺少如今这样的正确资料而造成的，而不是他的方法有错误。

必要的知识

或许我应该在这里指出，任何大型企业如果想在发行证券时获得成功，了解股票市场的主要趋势是上升还是下降的知识是非常必要的。在以后的讨论中，我们通过当事人基恩的许可，将在方便的时候向大家讲述一个非常有趣的故事。当时久负盛名的《波士顿新闻通讯》向新英格兰的投资者们发出了警告，说不要以任何形式与联合铜业公司的股票资产发生任何关系，也不要被它1.5%的季度红利和0.5%的额外股息所蒙蔽，但詹姆斯·R.基恩仍然把联合铜业公司的股票卖给了过于乐观的美国民众。《华尔街日报》在这个股利率公布出来的时候就公开把这家公司称作"无底洞"，并且像《波士顿新闻通讯》一样，指出无论是铜矿贸易的行业状况还是公司本身的资本状况都不足以支持它现行的发行价格。此时正好赶上了一次主要趋势为上升的大牛市，不然的话基恩根本就无法发售出这些股票。在发行美国钢铁公司的股票时，基恩又故技重演，同样是凭着多头市场状况，完成了这个更为艰难、更令人叹为观止的巨额资本募集任务。如果是在随后的1903年的熊市期间，这种股票必然是无法出售的，投资者甚至根本不会考虑这样的股票。

一篇独具慧眼的评论

　　查尔斯·道曾写过很多评论文章，正如我之前所说，这些文章主要是探讨股票投机活动，只是偶然说到一些研究市场的方法。如果读者没有机会亲自阅读道的这些文章并对道将其理论付诸实践的方式加以提炼，那么真是有负于道的努力。下面是一篇发表于1901年7月20日的文章，我对此文基本上做了全文的摘录，此时距离北太平洋铁路公司股票抛售事件引发的恐慌仅有十个星期。当他写这篇文章时，他并没有清楚地意识到这不是一次主要趋势的结束，而只是主要趋势为牛市时出现的一次非常强烈的次级趋势。他是先从个股谈起的：

　　　"有一种所谓的'记账法'。把价格的变化记录下来，价格每发生一次变化就记为一个点，由此就可以得出一条大体上呈水平状，但又随着市场的上下波动出现倾斜的曲线。一只股性活跃的股票的价格有时也会停留在很狭窄的区间内，比如说两个点之间，直到这些价格连接成一条很长的水平线为止。这条线的形成有时会表明这只股票目前正处于建仓期或者出货期，这又会引诱其他人在同一时间买进或者卖出。从过去15年的记录来看，我们常常可以通过这种方法观察出一只股票上是否存在着操纵行为。"

　　　"另一种查出股票操纵行为的方法是所谓的双重顶点理论。从交易记录可以看出，在大多数情况下，当一只股票的价格到达顶点时将出现温和下跌，然后重新涨到最高点左右的价位。在此之后价格将再次下跌，此时的下跌幅度往往会加大。"

　　　"然而，许多试图仅仅凭借这个理论进行交易的人都发现，市场上存在着很多例外情况，并且在很多情况下市场根本不会显现出做交易决策时所需的信号。"

以平均指数为依据进行交易

有些人会以平均指数理论为依据进行交易。事实上，市场在一个相当长的时间段内上涨和下跌的天数大体上是相当的。如果在一个时间段内出现了连续的上涨，几乎必然会出现一段时间的连续下跌期，从而形成平衡。

"这个系统的问题在于小波动总是蕴含于大波动之中，上涨或下跌的趋势发生的机会基本上是均等的，趋势之间的各种组合也都可能出现。市场中还经常存在着长期的运动趋势，或者说在股票交易中连续很多天的上涨或下跌，从长期的情况来看这些情况是符合此理论的，但是如果希望从一系列短期波动中获利的话，所有以此为基础进行的交易都会遭受失败。"

"另一个实用性更强的理论是以作用力和反作用力的法则为基础而建立的。市场中似乎有这么一个惯例：在市场中的一波主要趋势之中通常会包含一波与之方向相反的次级运动走势并且这波次级走势的幅度至少会达到主要趋势的3/8。如果一只股票上涨了10点，接下来它很可能会再下跌4个点以上。无论股票上涨的幅度有多大，这个法则似乎非常有效。20点的上涨往往会带来8个点以上的下跌。"

"事先预测出任何一波主要趋势的长度是不可能的，但是它运行得越远，结束时遇到的反作用力就越大，因此，利用这种反作用力进行交易的成功把握也就越大。"

"有一种被经验丰富的交易者们广泛使用的方法，可以称为'呼应法'，这一理论的内涵在于：市场总是或多或少地受到操纵。希望拉动股票上涨的大型机构投资者不会买入所有的股票，而只是通过正当途径，或者通过操纵手段买进两三种龙头股，之后观察其他股票会受到什么影响。如果此时的市场情绪偏向于看多，那么人们就会持股观望，而那些看到这两三种股票上涨的人就会立即开始买入其他股票，从而把整个市场推向一个新的高度。这就是公众的反应，这一现象预示着龙头股将会继续上涨到新的高度，而整个市场也将紧随其后。"

"然而，如果龙头股上涨之后其他股票并没有随之一起上涨，这就说明公众没有买进的意愿。一旦看清了这种情况之后，推动股价上涨的计划往往就会被搁置。这种方法尤其适用于那些经常盯盘观察股价变化的交易者，但是我们也可以在每天交易结束后再研究交易记录，以便发现哪只股票在特定的时间点上被拉升，以及整个市场有没有随之上涨。分析市场的最好方法就是以股价为出发点。市场并不像一只在风中飘忽不定的气球。从总体上看，股市反映出那些有远见、信息充分的人们所做出的严肃而深思熟虑的努力，他们致力于将股票的价格调整得与股票价值或股票在不久以后的价值相适应。优秀的操盘手所考虑的并不是股价是否能被抬高，而是他想购买的股票资产的价值能否对投资者和投机者们形成足够的吸引力，是否他们在半年以后愿意以高于现行价格10到20个百分点的价格买进这只股票。"

"因此，分析股票市场时最重要的就是要判断出一只股票三个月之后的价值，并且要观察股票操纵者或投资者们是否正在让价格向你判断出的那个数值的方向发展。运用这种方法通常将市场走势分析得很清楚。了解了价值，也就明白了市场走势的内在机理。"

这篇文章中有些假设是可以修改的，但是没有这个必要。我们不可能去证明股市中上涨和下跌的天数是一样多的，除非我们去研究涵盖至少半个世纪以上的交易价格记录。即使我们证明了这一点，这种结论也是毫无价值的，这就好像是说，如果我们抛硬币的次数足够多，那么硬币出现正面和出现反面的概率将会一样。

但是我们必须称赞的是道的清晰思维及其十分出色的判断力。他只写值得写的内容，说完之后立即停止，毫无冗余，这在评论文章中是极为难得的优点。他对重要事实及其包含的道理(没有这些道理，事实将是空洞而无用的)的观点是让人刮目相看的。他将投机活动当成一种很正常的事件来探讨，但是他并未使用无谓的道德说教，也没有将它等同于赌博，而是揭示了其中的道理。我们将在以后的讨论中，效仿他的观点来探讨他的理论以及股票市场中的一些重要概念。

第五章

市场大势

查尔斯·H. 道在《华尔街日报》专栏中讲述了一种以股价平均指数为核心的关于股票价格运动的著名理论，在继续讨论的同时，我们必须在此强调一下，他有意地创造出了一种兼具科学性和实用性的晴雨表。请注意温度计与晴雨表之间的区别。温度计能够记录下某一时刻的实际温度，正如股票价格收报机记录的是实际股票价格，但是晴雨表的核心功能是预测。这正是它的价值所在，同时也是道氏理论的价值所在。股票市场是一个国家，甚至是世界的商业状况晴雨表，而道氏理论则能告诉你如何分析股票市场。

平均指数本身就足够了

我们有充分的理由可以证明只运用道氏理论就能完成股市分析这一任务。华尔街一度被人称作"国家繁荣的肮脏根源"，但我们并不需要去关心这些容易引起争议的形容词。股票交易所中的所有交易及其趋势代表着华尔街对过去、现在和将来的全部认知，并且我们可以根据这些情况判断未来。不必像一些统计专家们那样，在平均指数之外又将商品价格指数、银行票据结算额、汇率波动、国内和国外贸易额等其他指标添加到分析体系中来。华尔街早已把这一切因素都考虑到了，把这些因素适当地视为可用于预测未来的先前经验。如果将股市比作天气的话，它们只是引起未来天气变化的一些原因而已。

有一种迷信的说法认为华尔街上存在着"强大的利益集团"，他们垄断了信息，并将这些信息作为谋取私利的工具，普约委员会曾专门调查控制银行和金融业的大型势力集团就是一个例子。股票市场本身的力量，即这些所谓利益集团的力量，也很少联合起来行动，除非是像1907年市场恐慌时那样暂时联合起来以便将恐慌结束。这些利益集团单独行动时，甚至是他们暂时结成联盟时，在预测股票市场时也经常会出错。在亨利·H.罗杰斯和标准石油集团显赫一时的那段时间，我了解到这个集团在股票市场上所犯的错误判断竟然长达数月甚至数年之久。亨利·H.罗杰斯在研判大型企业所面临的商业环境方面可以说是最精明的，但是我曾听到他本人义正词严地宣称，犯错误的不是他，而是股票市场以及任性的股民们。

比任何操纵行为更加强力

道准确地看出，在股价的波动过程中，华尔街所得到的所有零碎信息都会被富有远见卓识的华尔街所消化，并且在价格波动中反映出来。市场所反映的不是目前的商业状况如何，而是几个月以后的状况如何。即使市场真的存在操纵行为，并且影响到了不止一种的龙头股，市场仍然会显现出同样的状况，这种来自市场的力量比任何操纵的力量都更强大。操纵者只能预见到他预期和希望出现的、而公众投资者只能在这时候才意识到的价值，而有时操纵者的判断还是错的。在市场主要趋势为熊市的时候，试图推动市场上涨的操纵行为是不可能奏效的。所有成功了的、精心策划的操纵行为都出现在主要趋势为牛市的时期，而且数量并不多，之所以如此是因为市场比这些操纵者们容纳更多的信息。我个人对华尔街以及其他各个市场的经验表明，操纵行为在主要趋势为空头的市场中基本上是不存在的。因为在熊市中强行进行市场操纵完全是自讨苦吃。主要趋势为熊市的走势都会在未来的事件中得到合理的解释。但也会有极少数例外，比如在1917年时出现的情况，当时市场人士对未来的不确定性有所担忧。

写于牛市期间

在1900年6月末，也就是麦金利重新当选为总统前的4个月，当时股市的交易量少得可怜，也正是从这个时候开始了一次长达26个月的大牛市。这波牛市因1901年5月北太平洋铁路公司股票抛售事件引发的恐慌而暂时中断，但这次恐慌只是一次比较剧烈的次级运动。在这一波牛市行情期间，道在《华尔街日报》发表了那些经常被本文所引用的评论文章，这些文章包含着道氏理论的核心思想。他创造出一种实用性很高的晴雨表，并且将这种晴雨表在现实之中付诸应用，以验证它是否真的具有准确预测的能力。令人遗憾的是他过早地逝世了，没能在随后长达12个月的熊市中将晴雨表加以应用。后来市场中的所有波动，无论是上升或者下降，都证实了道氏理论的巨大价值。

如果是预测股票市场的整体状况而不是预测各股或个别板块的情况，道的预测在那一波牛市中自始至终都是非常准确的。他的预测之所以是准确的，是因为他抓住了价格向价值调整这一实质性问题。他的那些总结性文章发表于1902年7月，不久之后他就去世了。他在那些文章中预言道："价格正在超过价值，几个月之后市场就会逐渐预期到铁路收益的下滑，大型工业集团的发展就算不停滞也至少会减慢，其他行业板块的交易量也将萎缩。"

主要趋势

我有必要在此给出从道开始写评论文章到1921年牛市末期这段时间的股市主要趋势情况，它们如下所示：

1. 上涨　1900年6月—1902年9月

2. 下跌　1902年9月—1903年9月

3. 上涨　1903年9月—1907年1月

4. 下跌　1907年1月—1907年12月

5. 上涨　1907年12月—1909年8月

6. 下跌　1909年8月—1910年7月

7. 上涨　1910年7月—1912年10月

8. 下跌　1912年10月—1914年12月

9. 上涨　1914年12月—1916年10月

10. 下跌　1916年10月—1917年12月

11. 上涨　1917年12月—1919年10到11月

12. 下跌　1919年11月—1921年6到8月

13. 上涨　1921年8月—1923年5月

14. 下跌　1923年5月—1923年10月

15. 上涨　1923年10月—

如果已故的J·P.摩根声称他"推动了美国的牛市"，这张表则能够证明了他的观点是正确的。在这23年的时间里，牛市的时间长度几乎是熊市的两倍。七次牛市的平均时长是25个月，而七次熊市的平均长度只有15个月。

从上表可以看出，最长的一波上涨趋势是从1903年9月22日到1907年1月5日。平均指数的最高点事实上出现在1906年1月22日，之后在1906年出现了长达数月的不规则的下跌走势以及不规则的反弹，这些反弹往往会重新回到前次的最高点。因此这个时候应该被看成主要趋势的终结点，尽管1906年随后出现了有史以来持续时间最长的一波次级趋势。1906年是个特别的年份，这一年发生了旧金山大地震即说明了这一年的非同寻常，我们将在以后的章节对此进行讨论。其他五次牛市所持续的时间长度从19个月以上到临近27个月不等。

惊人的预言

上文中提到的6次空头趋势中最长的一次持续了将近27个月，这期间经历了第一次世界大战的爆发以及股票交易所一百天的关闭，这波空头趋势到1914年圣诞节前结束。有些人可能仍然记得，那是一个黑色圣诞节，但是接下来的1915年出现了军工用品生产的极度繁荣（美国当时还没有参战）——在美国的工商界人士还没有意识到这场繁荣的意义之时，股票市场就已经非常准确地预测到了这场繁荣的到来。

这六次熊市行情中有两次的时间不满一年，其中的一次只有大约11个月，另一次则持续了不足15个月。从这些材料中似乎可以看出熊市的期间似乎都比牛市短。或许这就像在主要上涨趋势中出现的次级下跌趋势一样，都是短暂而剧烈的，而迟缓的反弹比下跌要耗费更多的时间。

市场永远是正确的

从后市的股市表现情况来看，在所有这些大级别的市场趋势运行的时间段内，股市晴雨表足以用来预测国家经济与商业在未来一段时间内的发展状态。如果我们的这些讨论不能让金融门外汉们（有生之年从未买过一只股票的人）弄清楚其内容的话，那么这些讨论就没有达到目的。晴雨表是任何航海船的必备工具，不论是最小的近海帆船还是像"艾奎塔尼亚"号那样的大型轮船。也许晴雨表对基普林诗歌中的"博利瓦"具有更大意义，诗歌中的博利瓦"淹没在茫茫大海中，绝望地看着那些闪着灯光的航轮从身边经过，就像一座气势恢宏的酒店"，但晴雨表对他的作用和对航轮驾驶室的作用是完全相同的，甚至他的需要更为迫切。没有哪一笔交易的规模小到可以忽视股市晴雨表作用的地步，同时也没有哪笔交易的规模大到这种地步。事实上，在管理大规模交易时中所犯的最严重错误就是，当铁面无私的股市晴雨表提醒商海中驾驶航轮的人们注意恶劣天气即将降临的时候，他们却没有足够地重视这一提醒。

人们从不感谢市场

已故的参议员多利弗在美国参议院阅读《华尔街日报》上的一篇评论文章时曾说，"让我们听从市场的无情判决吧"，他发现这份判决是非常准确的。因为市场的判决必然是以所有的事实为基础的，尽管有时证人在提供证据时是无意识的或者被迫的。

毫无疑问，乡村政治家们可以很轻松地让华尔街成为造成经济萧条的替罪羊，这是毫不奇怪的，用此来拉拢他的那些农民选民们。华尔街在他们眼中是个充满罪恶的地方，因为这些人很乐于让华尔街为那些仅仅是华尔街预测到而并未实际发生的情况负责。前文曾说过，预言灾难即将发生的人总是会招人怨恨的，如果他的预言成为现实，这种怨恨就会更甚。但是华尔街的预言确实成真了。华尔街对繁荣的预言是显而易见的，却被人遗忘了，但是它对不利局面的预言却被人们所记住了，这些忽视了预言的人，往往更希望把本该自己承担的责任推给别人。

华尔街是农民的朋友

政治家和一些怀有忌妒心理的人们把华尔街这个不可或缺的国家金融中心称为"地方性的"。尽管《联邦储备法案》的制定者给华尔街添加了浓重的地方政治色彩，并且力图要建立12个这样的中心，但实际上美国只能有一个这样的金融中心。农民们，或者是他们的政治发言人们常说："华尔街对农业有多少了解呢？"华尔街知道的事比全体农民知道的事情的总和还要多，包括农民们已经忘记的事情。并且华尔街还能在任何时候将自己的记忆库进行更新。华尔街雇佣最能干的农民，这里的专家甚至比我们敬佩的那些农业部的专家更为优秀，当农业部的出版物被农民视而不见的时候，华尔街却仍在研读它们。

在1919年10月末和11月初，农民们不理智地以每蒲式耳3美元的小麦价格，和每磅40美分的棉花价格囤积小麦和棉花之时，股市已经开始下跌了，股市比农民们更清楚小麦和棉花的状况。这个晴雨表告诉农民应该立即清仓，在时间还算充裕的时候以市价卖掉手上的所有货物以便保护自己。但是农民们在灾难来临时诅咒华尔街、联邦储备银行系统以及任何人，唯独不埋怨愚昧而罪有应得的自己。他们认为只要让他们支持的国会议员们用斧头劈碎这块股市晴雨表就可以改变一切，他们试图击碎芝加哥、明尼阿波利斯的谷物交易的晴雨表，以及新奥尔良和纽约棉花交易的晴雨表。在20年前，德国在农民的强烈要求下，以毁灭性的立法取消了谷物交易晴雨表。但是结果如何？德国不得已只好按照原先的方式重新建立晴雨表，而农民们也为此付出了代价。德国人这才明白了市场自由运行的道理，而英国人从来就没有对这个道理产生过怀疑，也正因为如此，他们才建立起一个广阔的帝国，拥有全世界规模最大的商业贸易。

第六章

独一无二的预测功能

世界上有两个华尔街。一个是现实中的华尔街，人们对它的理解正在逐步从无数凌乱而错误的认识中脱离出来；另一个是虚构的华尔街，也就是喜欢搬弄是非的报纸和蛊惑人心的政客们所描述的华尔街，这个被错误而离奇的笔调描述出来的华尔街，里边的人物并不比50年前老式情景剧中的人物更真实——看到这种描绘就好像看到这些被丑化的形象在屏幕上重新复活了一般，让人感觉吃惊而愚蠢。我们在第二章中已经介绍过了这种普遍的错误观念——电影中的华尔街。

主要趋势是不可能被操纵的

股市中总是流传着一些质疑股市晴雨表有效性的误解，在这些误解中最为流行的一种就是认为，操纵行为能使那些主导性的、富于指向性的股市运动趋势偏离正常轨道。笔者在此不敢称自己是权威性人物，但我毕竟在华尔街打拼了26年，之前还曾对伦敦股票交易所、巴黎股票交易所，乃至1895年约翰内斯堡投机活动猖獗的，近乎"刀口舔血"的黄金市场有切身地了解。但是在所有的这些经历中，我不记得有哪一次的市场主要趋势是由操纵行为推动或者引发的。所有的主要牛市趋势和主要熊市趋势的形成、发展与终结都是由整个商业经济运行状况所决定的，即便这个过程中存在着牛市末期常见的疯狂投机行为或清仓出货行为。如果我们的这番讨论无法让读者明白这个道理，那就完全是白费工夫。

金融运作中一种不可能的事

接下来讲的是一个波澜壮阔的故事，但是我相信其中所蕴含的道理。詹姆斯·R. 基恩接受过一个项目，项目的工作内容是为那些完成了联合铜业公司的兼并但没有发行此公司股票的企业经营者们售出22万股联合铜业公司的股票。人们估计他在此过程中一定至少卖出了70万股这个公司的股票。他把价格抬高到了票面价格以上，并且为他的雇主实现了90至96美元的净发行收入。这是一次规模相对较小的股票筹资活动，但我们不妨假设一下，如果市场中存在着一些辛迪加组织，他们的规模空前庞大，他们与所有大型银行机构合作，并制造出了这一波牛市行情。离开了这波牛市行情，基恩的境遇就会差很多，甚至所有的努力都会付之东流。我们可以再进一步假设，这个超级辛迪加强大到足以忽视构成铁路和工业平均指数的40 种股票以外的大量活跃股票，并能够拒绝任何专业的公众舆论。我们除此之外还假设，它为了造成股价上升，打破了先前经营方式与理念的限制，在没有引起公众怀疑的情况下，囤积了不只22万股，而是百倍于此的股票。

任何在小学里学过二加二等于四的人都会发现，我们假设的情况在数学上是不可能的。这个辛迪加必然不会满足于40点以下的净利润，当股市在成为一个像基恩发售联合铜业公司股票时那样的大牛市之前，股票的实际交易量就达到了接近于1.2亿股的规模，即使按股票的票面价格来算，这也是一笔多达几十亿美元的融资活动。数额如此巨大的融资实际上将迫使相关的银行放弃其他所有业务，集中精力为辛迪加的这次运作服务。但是在美国现存的银行系统下，这个辛迪加任何时候都无法完成这项工作，甚至不能完成其中的一小部分。还会有人认为只要有联邦储备系统的帮助会使这种酝酿恐慌的市场操纵活动成真吗？

可能存在操纵的地方

讨论完故意做多市场的操纵行为，如果相应地说到故意做空市场的操纵行为，这就更不可能发生了，因为这样一个辛迪加中的每位富有的成员一定已经拥有大量的股票、债券、房地产和工业企业股份，他们不可能做出做空市场让自己资产贬值的荒唐行为，我自己甚至连想都没这样想过。当基恩在一波大牛市中发行了美国钢铁公司1/25的普通股时，在他背后支持他的是强大的标准石油集团的所有权贵和重要人物。当他发行美国钢铁公司普通股和优先股的时候，在他背后支持他的不仅包括实力雄厚的摩根银行，更包括加入这个钢铁联盟中的所有集团。除此以外，公众普遍认识到钢铁生产和交易将会有一波精彩而史无前例的扩张，这种来自公众的正确判断也构成了对他的支持。但是即便是有了所有这些支持，基恩能把自己的业绩再放大一百倍吗？研究过股市晴雨表并以此观察股市主要趋势的商人、银行家和生产商都不会相信他们自己是被操纵行为误导了。

罗杰·W.巴布森的理论

但是这种相信市场操纵的观念被广泛认可。我在此不想引起或鼓励争端，如果我以罗杰·W.巴布森及其著作《商业晴雨表》为例，我相信他非常能够理解这不是为了批评或贬低他的工作成果。为了公正起见，我还必须指出此处摘录的文字出自巴布森先生发表于1909年的文章：

"缓慢下滑的市场通常意味着最精明的投机者们认为，在不久的将来经济商业总体状况将出现一个萧条期；而缓慢上升的市场通常说明他们预期一个繁荣时期将会到来，除非这种上升或下跌是人为的，是由市场操纵行为造成的。事实上，如果市场上不存在操纵行为，商人们完全可以把股票市场视作一个晴雨表，让那些大的股市操纵者们承担收集那些用以决定市场基本情况所需数据的费用。然而不幸的是，通过研究股票市场本身来将人为操纵和股市自然运动区别开来是不可能的。因此，虽然银行家和商人们也许会把股票市场视作一种晴雨表，但他们只会给这个晴雨表一个比较有限的权重。"

——《商业晴雨表》罗杰·W.巴布森；1910年第二版

巴布森先生的图表

液体晴雨表的水银柱往往比较短，但无液晴雨表的总体精准性和灵敏性都比较差，如果必须在二者之间进行选择，我们会选择哪一个呢？股市晴雨表并不是尽善尽美的，更准确地说，研读股市晴雨表的技术还正在发展中，远没有达到完美的地步。但是它并不是巴布森先生在上文所设想的那么不准确。从任何一个合理的时间长度来看，股市晴雨表确实很好地发挥了他的预测功能，其准确性几乎是无可挑剔的。让我们从巴布森先生自己的图表中举一些例子，在他绘制的图表里有一些"斑点"分布在一条连续上升的线的上方或下方，而这条线代表着国家财富的不断增加。巴布森先生必须先取得相关材料才能在他那张引人注目而又具有指导性意义的图表中的方格中记录下相应的预测结果，但我们却可以看到股票市场是如何每次都抢在巴布森先生之前就预测到了结果。对于那些不熟悉巴布森先生的这一本有趣图书的人来说，可以这样理解他的表格：这个表格纵向分为12栏，每栏代表一个月，然后再横向划出有编号的直线，这样就形成了他的表格，其中的这些方格代表着所有商业因素所覆盖的范围，其中还有一条贯穿整个表格、逐渐上升的线，就是前文提到的代表国家财富不断增加的那条线。

股市是如何进行预测的

我们可以看到，当这些方格区域的颜色很浅的时候，这些方格同时也在逐渐变宽；而走完这个方格所用的时间越短，就代表经济萧条或经济增长的态势越猛烈。那条线上方和下方两部分的黑色区域是彼此平衡的，至少大体如此。巴布森图表中有一块代表经济萧条的黑色区域始于1903年，在1903年的后期才发展成一块较为明显的区域，接下来它在1904年继续发展，最后在1905年初上升到了代表财富增长的曲线之上。股市同样预测到这次的经济萧条，因为一波主要空头趋势在1902年9月就开始了，并一直持续到1903年9月。当巴布森先生图表中的萧条区域仍然占主导的时候，市场在1903年9月就开始逐渐走牛，并在1904年6月转化为大牛市，直到1904年末才结束。巴布森的图表直到1906年才表露出大幅度经济增长的迹象，但股票市场早在1905年9月就已经通过一波牛市预测到了这种态势，这一波长期牛市直到1907年1月才结束——牛市和熊市最终都是会结束的。

真正的晴雨表

巴布森先生图表中的扩张区域在1907年达到了最高点，但此时股市中的熊市已然形成，并持续了11个月，直到1907年12月初才结束，它又一次赶在巴布森先生精心计算出的萧条区域之前预测到了萧条的来临，这次萧条很严重，但时间却不长久，在1908年底结束。巴布森先生在此之后得出的位于财富增长线之上的扩张区域直到1908年7月末才在市场上有所表现，但股市晴雨表再次提前预言到了这次即将来临的繁荣局面，这次牛市诞生于1907年12月，在1909年8月达到最高峰，并从此时起一如既往地正确地提前预测到了巴布森先生图表中的下一个萧条期。

这些事实确切地表明，股票市场才是晴雨表，而巴布森的图表则更像是记录器。当然，与此图表的编撰者巴布森具有同等才智的人们依然能从中获得一些宝贵的预测性指导意见。用个很通俗的词来形容的话，我们可以说股市晴雨表是独一无二的。我们要知道，"独一无二"这个词是不需任何刻意修饰的。我们的晴雨表不是"比较独一无二"或"几乎独一无二"或"大体上独一无二"的，股市晴雨表只有一个，它就是独一无二、无法复制的。就像前面的简单介绍所表明的，它的确能够提前若干个月预测到商业的未来发展状况，没有其他任何指标或指标组合能够具备这项功能。我们的气象局具有很高的科技手段，也很能干，但也经常由于天气情况的异常变化而做出错误判断。这并不是说我们将回到冰川时代，只是说我们以前曾经历过大旱以及寒冬这样的灾难性天气状况，这些状况之间的间隔是无法确定，也无法计算出来的。当气象局试图做出某种具体预测时，也就是预测出无数种天气情况中的一种时，那就只能靠猜了。当年塔夫托总统宣布就职时正好身在华盛顿的人们，还记得当时天气预报中说"明天会有温和的好天气"吗？第二天我经过宾尼法尼亚铁路时发现，暴风雨已经淹没了纽约至费城沿线的所有电线杆。我甚至还听说有几辆专列因为没能及时赶到华盛顿而错过了总统检阅。根据大气压强理论，即使是准确性较高的无液晴雨表，也只能预测到有限的几小时之后的情况。

被高估的周期性

关于经济预测，还有很多其他的出版物，我将在后文更合适的地方阐述哈佛大学的相关研究成果。但我认为所有这些研究结论都太过于强调周期理论的作用了，就像我们前文提到的那样，查尔斯·H. 道所做的那样，他把自己所偏好的十年周期划分为实际上并不存在的一个五年牛市和一个五年熊市。但是通过巴布森先生的图表我们可以看出，他图中的扩张与通货膨胀区域的持续时间不是5年而只是2 年或临近3年，我们也可以看出经济不一定会在上升趋势的最后一个激增阶段达到最高点，而且经济的最低点也未必不会出现在图表中的萧条区域以外。一次股市危机可能出现一轮牛市的中期，比如1901 年的北太平洋恐慌。近似于恐慌的事件也可能会发生在熊市之中，如果这样的话其恶化会更加快速而严重，就像1907年时那样。巴布森先生正确地指出，后一种情况之后将出现一次经济萧条，但股票市场中的下降趋势早就预见到了这一点。

如果说所有恐慌和工业危机都是由同样的原因造成，并且可以通过其节奏性和确定性将其预测出来，那么这些恐慌和危机就不可能发生了，因为人们总能事先预见到它们并采取措施。这听起来有点像"爱尔兰牛"的故事，但它也许表明了事实真相。不是有一个爱尔兰人说爱尔兰公牛与其他公牛的区别在于它是可以怀孕的吗？我不想在此深入讨论有关周期性的问题，因为现在我们已经很清楚，股票市场的发展并不是主要由这种理论推动的。

秩序是世界的第一法则

如果说华尔街是个收纳着全国每一条细小的资本流的蓄水池，那么它同时也是个处理全国经济与商业信息的结算中心。我们有必要再三地强调，股票市场的运动是随着所有这些商业信息的积累和演变而变化的，这些商业信息的范围涵盖了建筑、房地产、银行结算、企业破产、货币流通状况、对外贸易、黄金价格波动、商品价格、投资市场状况、农作物状况、铁路盈利情况、政治因素以及社会因素，还包括在此没有列举出来的很多其他因素，这些因素都会对股市产生一些细小的影响。

在前面的讨论中我们曾说过，在华尔街没有人能了解全部的信息，更不要说完全了解这些信息背后的含义了，在此可以看出我们提出的这个论断是多么正确。但是公正而客观的股市晴雨表就像水银柱晴雨表记录大气压那样，可以准确地记录下来所有的信息。股票市场的波动从来就不是偶然的，而且我曾经指出，试图歪曲股市的运动趋势、进行欺骗的行为是不可能得逞的。股市的波动一定是受到某种规律制约的，我们现在的目的就是要试图将此规律有效地归纳出来并将其付诸实践。多年以前乔治·W.凯布尔曾经说过："一些我们认为是偶然的事情，或许是受着某种规律的支配，这种定律玄奥而广博，以至于我们一生中只能一两次探寻到它的踪迹。"

我们不必让自己迷失在宿命论以及先验论的迷宫中；也不必把威斯敏斯特大教堂中的忏悔看成是荒唐的行为，认为忏悔是把人生看成一件接一件糟糕的事。但是我们应该意识到，秩序是世界的第一规则，即使个人的智慧不足以掌握这种秩序，但股票交易所或一些别的地方总倾向于遵守这种秩序。

第七章

操纵行为和专业性交易

读者们看完以上的章节后或许现在可以停下来想一想，我们此前基于著名的道氏理论提出过多少种推论，我们又证明了多少种推论。我们很欣慰地看到，查尔斯·道正确地指出了在股市中的确同时存在着三种运动趋势——上涨或下跌的主要趋势；经常暂时打断主要趋势的次级下跌或反弹趋势（视具体情况而定）；以及数不胜数的日常波动（出于本书的研究目的，我们通常将其忽略）。我们通过一些事实同样很欣慰地发现，一定时间段内的交易价格往往集中于一个狭窄的区间内——我们称之为"线"，它随着交易天数的日益增加而日益显现出其重要性，因为它意味着股票的建仓或出货行为，而结合随后的价格走势就可以看出市场中的股票是处于稀缺状态还是处于供给过度而导致的饱和状态。

事实的形成

但是我们还可以做出进一步的推导。仅从前面章节的描述中也可以发现，股市上每一次主要运动趋势都会被随后的整体经济商业状况所解释。它不需要被操纵，也不会被操纵。因此市场好像总是会与真实的商业状况相悖，但这都是因为只有这样才能把它在预测方面的功能表现得淋漓尽致。股市晴雨表一直履行着它在预测方面的功能，它的作用不在于告诉我们今天的商业情况如何，而是未来的商业情况会怎样。已经广为人知的新闻是没有价值的，所有人都知道的信息不能作为股票市场的驱动因素，除非是在发生恐慌的极端情况下，因为此时股市中的交易者都已经被突发事件搞昏了头。

当这些文章发表在全国性金融周刊《巴伦周刊》上以后，我在研究晴雨表的基础上于1921年9月18日做出了下文中的推论，下边摘录的这段话就是在这一天写的，它发表于1921年11月5日。这不是猜测，而是从正确的前提条件得出的科学推断，它准确地宣告出了市场主要趋势的变化。

"有一个相关案例能够用来检验目前股票市场运动的表现。一直以来都有人要求我用证据证明股市晴雨表的预测价值。就目前的经济形势而言，欧洲金融状况处于低迷状态之中、棉花的生产遇到了自然灾难、通货紧缩给整个经济造成了不确定性、立法者和征税者毫无原则地奉行投机主义，战争之后的通货膨胀也造成了一系列严峻后果——失业、开采业和铁路业的低廉的工资——这些都为国家的经济形势蒙上了一层阴影。但此时的股市却表现出积极向上的态势，这预示着经济状况将有所好转。我曾说过始于1919年10月末和11月初的熊市在1921年6月20日跌到了最低点，那时候20种工业股票的平均指数是64.90，20种铁路股票的平均指数是65.52。"

当前的一个例子

从1921年8月最后一周伊始，两种平均指数再次创出新低，这似乎意味着熊市再次来袭。但是我们要记住在两种指数必须保持一致的情况下才能确认市场状况，所以《华尔街日报》在8月25日指出：

"就现在的平均指数而言，市场状况还远不能发展为牛市，但是它们也没有共同表明主要熊市趋势将再度持续。"

当时的铁路板块股票正在形成"线"，在底部出现了一次不到1个点的技术性中断之后，这条线重新得以延续，并且没有创出新低点，这就说明主要熊市趋势无法再持续下去了。9月21日，铁路股票的这条线的持续延伸，则表明此类股票处于建仓期，工业股票也出现了确定的反弹，因此《华尔街日报》发表了一篇名为《股价波动研究》的文章指出：

"认为我们正面临严冬般经济态势的说法是有失偏颇的。如果我们不能高瞻远瞩地超越暂时的情景而看得更远一些的话，那股票市场岂不是毫无意义的吗？股市晴雨表似乎正预示整个经济状况将会迎来好转，主要牛市趋势的萌芽正在形成之中。"

那个时候的工业和铁路板块股票都已走出了一条发展趋势良好的曲线，这意味着正处于建仓期，而且工业板块股票还出现了明显高于上次反弹的高点。《华尔街日报》在10月4日发表了评论：

"根据久经考验的股市平均指数分析法，只有当工业平均指数下降8个点，铁路平均指数下降9个点，或者指数低于主要熊市趋势于6月20日创出的低点值时，才能表明熊市趋势将会继续。另一方面，铁路板块股票的平均指数目前只需再上升1个点，那么两种指数就都创出了新高，那就意味着一波主要牛市趋势即将到来。工业股票早就达到了这个水平，而且两种指数都走出了非常清晰明显的、表示市场正在建仓的曲线，这就说明市场中的股票极有可能处于缺乏浮动供给的状态。"

这篇分析缜密的文章在最后一段指出：

"目前股价之所以很低，是因为批评家们所说的各种利空因素都已经体现在了价格之中。当市场遭遇突发性事件时就会出现恐慌，而从历史情况来看这种情况是极少发生的。如今的所有利空因素都已为人所知晓，并且这些因素真的是很严重。但股票市场交易不是根据今天大家都知道的事情来进行的，根据的是所有的用以预测数月之后状况的专业信息。"

亨利·H.罗杰斯及其批评者们

以上是我们对道氏理论的实际应用，读者可以从随后的市场发展情况中体会到股市晴雨表的价值。读者甚至可以在同样的基本前提下进行仔细推导，独立地进行同样的分析。

专业投机者总是能让人们相信他们是刀枪不入、所向无敌的；不明真相的公众只能看到一堆扑克牌堆在一起的时候，这些专业人士却能同时看到牌的正面和反面。已故的亨利·H.罗杰斯并不支持出版界，许多年前他曾对我说："那些过于敏感的报纸媒体总是攻讦约翰·D.洛克菲勒和他的合伙人们的财富过多，但他们为标准石油公司带来的财富多达数百万。你我都明白自己并非无所不知、无所不能，但是在批评文章和讽刺漫画之中，我们却被塑造成了这种形象，使我们处于被公众嫉妒和憎恨的位置。当每一个需要和我们打交道的人都事先认定我们能够掌握一切的时候，我们就拥有了一种宝贵的无形资产。"正是这些攻讦行为使得标准石油公司分裂成了33个小公司，而这种情况又让标准石油公司的股价涨了两倍，并同时提高了汽油的价格。可能这些报纸的经营者都持有这只股票吧。这件事发生在福特汽车得到普及以前，他们也可能认为，让富有的车主们花更多的钱买汽油是一项公益性的工作。

投机者的推理

很多人认为专业交易人士拥有不正当的优势，这种观念是毫无根据的。像杰西·利弗莫尔这样的专业交易人士，其对投机的研究方法也不过是从整体经济局势出发，运用前文中所谈到的研究方法。他曾于1921年10月3日说他一直在买进股票，我们出于礼貌暂且相信他这番话是真实的。很明显，他一直在试图了解在他可以预见的时间里，公众投资者和投机者的想法到底是什么。

这种做法不能算是操纵行为。这些投机者并没有像赌场外招徕顾客的人那样，制造虚假的市场或在市场活动中采取欺骗手段以吸引公众参与赌博。《巴伦周刊》杂志专栏曾在10月3日引用杰西·利弗莫尔的话说："任何市场运动都有其合理的原因。除非一个人可以预知未来，否则他进行成功投机的能力终究是有限的。"随后他又补充说："投机是一项事业，既非猜测，亦非赌博，而是一项艰苦的工作，一项饱含艰辛的工作。"

道的明确定义

我们不妨把这番话与查尔斯·H. 道20年前在《华尔街日报》上发表的一番言论进行一下对比。他在1901年7月20日的这篇评论文章中说：

"市场并不是一只在风中漂浮不定的气球。"

请注意利弗莫尔的巧妙表述中蕴含的思想与道的这番公正而更加完善的定义是多么地相似。伯纳德·M.巴鲁曾在战后的一次市场操作中获利颇丰，他曾就此向国会委员会提出证据，证明自己只是分析了一些大家都知道的信息，并且据此准确地预测出了对市场走势可能产生的影响。他证明自己并没有所谓的"内部消息"，也没有任何一位华盛顿政府部门的工作人员向他出售过什么秘密，任何了解他做派的人都不会怀疑这一点。华尔街一向认为这种所谓的内部消息没有什么价值。这些消息可能会给交易者在个股操作上带来一定优势，但是如果忽视它们也不会带来什么损失，虽然这些消息并非像出卖这些消息的人那样毫无价值。

好的失败者

詹姆斯·R.基恩、杰伊·古尔德以及爱迪生·卡麦克这些伟大的市场交易者在过去做过些什么呢？他们所做的事在股市上都有过辉煌的表现，他们达到的成就是那些与他们具有同等才智并愿意花精力学习知识的人们所无法达到的。那么这些成功的交易者到底在市场中做过些什么呢？杰西·利弗莫尔或伯纳德·M.巴鲁又因为什么而受到攻讦呢？他们在市场上向卖股票的人按市场价格支付，但他们绝不购买"有条件"出售的股票。股票的卖主们出售股票时会考虑到自己出售的理由，也会考虑到卖主们之所以愿意买入的理由。一名羊毛交易的经纪人在出售他持有的美国羊毛股票时，或者一名银行家，预见到美国钢铁公司将会面临来自国外的激烈竞争而意图出售此公司的普通股票时，他们都认为自己的信息来源远比投机者的信息来源要更好。投机者和卖主承担了同样的风险。投机商们也会出现错误，但是他们不会因此怨天尤人。我认识许多这样的投机者，他们都具备"胜不骄，败不馁"的良好交易素质。

糟糕的失败者

但是一些小赌徒们却全盘承接了华尔街流传的一些错误观念，试图以自己的小聪明对抗华尔街上训练有素的优秀交易思维。拥有这种优秀交易思维的人不仅包括专业投机者、股票交易所大厅中的职业操盘手，还包括那些因生意需要而经常研究商业态势的人。这种小赌徒往往是糟糕的失败者，谈论问题时经常是口若悬河、滔滔不绝。如果他能在第一次投资冒险中就得到教训，从而与华尔街划清界限，并把华尔街看成地狱般的赌场，那么他和那些依仗他的人就是非常幸运的了。如果股票市场上全是这种人，那么华尔街就真的会变成一个赌场。但从国家长期以来的信誉而言，我们可以很自信地认为事实并非如此。

拒绝成为杰伊·古尔德的合伙人

查尔斯·H.道对杰伊·古尔德非常了解，并且同当时的很多新闻界人士一样，十分欣赏他身上那种由独立精神而带来的自信心。他曾在一篇评论文章中说道，"古尔德之所以能在股市中取得今时今日之地位，主要因为他关注价值。他通过买进大量的股票来考验市场，观察散户们的反应，看看散户们是否会认可他所看好的那些股票的价值。如果散户们的反应跟他所希望的结果不一样，他将毫不犹豫地在损失了大概1个点之后卖出，从而让自己能站在客观的立场重新考虑自己的处境。几年前，在一个名为新街的令人讨厌的投机市场，有一个可怜的流浪汉，他会告诉你一个真实的情况，那就是杰伊·古尔德曾经邀请他成为自己的合伙人。我现在已经有点忘记了他的长相了，但就在几年以前，他还是股票交易所中一名大有前途的年轻人。他负责场内执行交易指令的工作，并且做得极为出色。这是一项困难而要求很高精准度的工作，要求敏锐的瞬时判断力，还要求像棒球大联赛的明星那样具有执行力。

　　杰伊·古尔德的很多交易指令都是这个经纪人操作完成的。但是毫无疑问，任何经纪人都没机会看到他的所有指令。古尔德对这个经纪人的工作感到非常满意，并且邀请他成为自己的有限合伙人。令古尔德先生诧异的是，这个年轻人拒绝了他，这个年轻的经纪人说道：'古尔德先生，我执行过你的许多交易指令，但我发现你是输多赢少。我可不想参与到这样一门生意中。'他没有意识到自己的工作只是古尔德多面活动中的九牛一毛而已。机会来敲他的门，甚至可以说是破门而入，但是这个年轻人证明了他仅能做好交易执行的工作。然而后来发生的事情证明，他那些在执行上的判断力也是无用的，因为他从华尔街证券交易所流落到了新街，我估计在那里销声匿迹了。的确有很多人都被机会垂青过，却很少有人真正能把握住机会。"

精明的交易者

任何领域的人才都会因其稀缺性而得到可观的报酬。那些把股市看成是赌场的门外汉们从一开始是错的。当蒙受损失时，他们会继续持有股票，而当市场如他所愿地上涨时，却急于抛售赚取蝇头小利，以至于让自己懊悔不已。他们嫉恨投机者，认为他们使用了类似赌场中给骰子做手脚或在纸牌上做记号的作弊手段，但实际上投机商使用的是与此正好相反的方法。无论他们对自己的判断是多么自信，一旦市场表现没有支持他们的意见或者说与他们的推断相反，他们会马上从市场中撤出。他们表现得就像古尔德那样，总是能够走在市场的前边。我在华尔街遇到的最有才华的人之一在不久前刚刚过世，他曾经是一名教师，也是一位古典式的学者，他的爱好是收集古币，但他的职业是投机。他并不通过与股票交易所大厅的合伙关系而收取作为经纪人的佣金，他是个纯粹的投机者，坐在股票报价牌之前或者股票报价器的旁边。然而这个人凭借着自己的研究、决策、谨慎的思维，以及最重要的一点——迅速纠正自身错误的做派，每年在股票上取得的收益不下3万美元。他享寿很长，并且留下了一笔可观的财富和他收集的很多古币，这些古币现在也值很多钱。

他根据自己分析出来的股票价值以及对市场波动的分析来挑选股票。他总会根据自己的意愿满怀自信地买入股票，如果市场运动没有按他预期的方向运行，他会毫不犹豫地以赔2个点的价格卖出所持有的上千股股票。他说在发生这种情况的时候，只有退出股市并站在客观的立场上思考，才能形成正确的判断。他最初的本钱只够支付一名医生或律师的教育费用，或者是让他们取得执业资格的费用。他十分专注于自己的投机事业，但绝不自私自利：他在牛市的初期总是会长线持有股票，在牛市结束后他通常会到欧洲旅行并收集一些古币。他并不是个案，我还能列举出很多他这样的人，但是我不鼓励任何人从事投机活动，即使他的精神与毅力完全满足成功从事投机活动的要求。如果你拥有一份自己喜欢的事业，而且这份事业足以让你从容应对未来的不可预料事件，那么为什么还要从事股票投机呢？至少我是不会这么做的。

锅炉的仪表

本书讨论到现在，已经涉及了一些富于才智的问题和许多不相关问题，其中一个问题兼具这两种性质，即经济发展是否需要专业投机商的问题。我不打算在此把它变成经济学术上的争论，更不想让其成为抽象的道德伦理问题。我只是想如实地介绍股市晴雨表并彰显它巨大的实用效能，因此有必要解释一下它那并不复杂的构造机理。它既不像简陋的三脚水银柱那么粗糙，也不像高度精密的无液晴雨表那么复杂。至于我本人愿不愿意成为一名专业投机商这个问题就是题外话了，因为我们不需要运用2400年前的古希腊式逻辑推理也能明白，浪费时间的事情是不值得讨论的。

"分配"的重要性等同于"生产"，而华尔街的最主要功能就是配置资本。专业投机者的作用就如同你家地下室锅炉上的压强显示器一样。华尔街是美国金融业强力的动力车间，必须知道气体的压强会在什么时候超过锅炉的承受力。不要混淆我们在此时使用的比喻，安全阀门是所有人都需要的，但股票市场的作用还不仅限于安全阀门；对于专业投机者而言，不管他的动机是如何不高尚、如何拜金，他也都是这个机制中不可或缺的组成部分。在金融体系运行过程中，他可能会变得很富有，但这并不是问题重点。还有一种教条的观点：认为财富及其带来的权力只会引发妒忌而不是竞争；如果我们不能通过立法把每个人都富裕起来，那立法就只能让每个人都贫穷。简单地说就是要取缔所有的股票交易所。然而，只要股票交易所还存在，我们就应该去了解它。也许在这个了解的过程中，我们可以找到可行的方法来改进我们的晴雨表，并增加它的实用性。

第八章

市场的结构

我们曾经谈到过，从实际情况来看，操纵行为对股市的主要趋势不会产生也不可能产生实质性的影响，就像平均指数所反映的那样。在主要趋势为牛市或熊市的运动中，真正推动股市前进的力量是操纵行为无法改变的。但在道氏理论中的其他类型的运动趋势中，比如熊市中的次级反弹以及牛市中的次级下跌，或者时刻都在发生的第三种运动形式——日常波动中，操纵行为是可以造成一定影响的；然而即便如此，也只是针对个别的领涨股或领涨板块。对石油板块的股票，特别是墨西哥石油公司这样的股票进行突然的大量买入或者突然做空，可能会立即造成某种惊人的效果。这样可以清洗出一些持股意愿不坚定的股东，也可能造成一些下跌的态势。当外部条件合适的时候，这种专业的"投机倒把行为"经常可以在次级运动趋势上造成显著的影响。

交易者与赌徒

市场上每一波主要趋势，无论牛市还是熊市，往往都会发展得过了头。正如很多交易者所说，牛市中总是有太多的公司都在做多；与此相反，有时融券数据又表明有太多的空头在借进股票进行卖空。出借股票甚至可以获得一些溢价收入，这就是伦敦市场上所说的"延期交割费"。这些情况往往为行家们提供了获利的机会，行家们要么在超卖的市场买进股票，要么在大量疯狂买进的市场中不失时机地出售股票以测试市场的承压能力。凭借"小道消息"和"第六感"交易的小投机者，尤其是小赌徒们此时会被专业投机人士玩得团团转。他们并不会仔细地研究自己的投资标的，不假思索地接受二手信息，缺乏辨别其优劣的能力。这样的交易者在市场中没有任何影响力，市场中没有了他们也会运转得很好。如果认为股票交易所得依赖他们这些人才能运转那就错了。所有的经纪人都会告诉你，他的客户们总是在试图不断地获取更多信息。按理说如果愚昧的人要在一场专业性很高的比赛中对抗那些非常资深的玩家，那他只能把造成损失的责任归咎于自己。然而事实上他们却强烈谴责华尔街。大多数经纪人都要花费大量的时间来保护客户们免受自己的原因带来的伤害。这是一项吃力不讨好的工作，傻瓜会迅速地赔掉自己的金钱。

给狗起个坏名字

但是我们要明白以上所说并不是当前投机活动的主流。以上所说的现象与主流投机活动之间的关系就像日常波动与市场的主要趋势的关系一样。虽然人们对股市的理解各不相同，但是如果认为股票投机（至少在市场上涨阶段）是一种赌博，有人赚钱就一定有人会赔钱，那这绝对是错误的。在牛市中不必一定有人要输钱。在次级下跌中被清洗出去的持股意愿不坚定的股东只是失去了一部分利润；而且在牛市的见顶期间，很多人失去了判断价值的眼光，只根据猜测来购买，在潜意识中认为自己可以把风险转嫁于比他们更加贪婪的人，这样更容易蒙受损失。

指责华尔街的这一举动，就像是给狗起个坏名字，然后再绞死它。债务违约的银行雇员就经常这么做。他的所有交易和合同都已经登记在案，但是法庭却很少要求他披露自己的交易账户。他对自己在女色、马车及其他挥霍别人钱财的方式闭口不提，只是声称是华尔街抢走了他的财产，于是富于同情心的人们在心里原谅了他，却把华尔街定位成了一个可怕而罪恶的金融区，而根本不愿花心思去了解它最基本的功能。

那些不成功的小投机者们经常感慨自己没有能力在股票市场赚取利润，但又不知道真正的原因，他们常常会使用一些专业性词汇去欺骗那些比他本人更不懂股市的人。他总喜欢谴责"专家"和"场内交易员"，并把这类人与赌场中收账的人视为同类，甚至觉着他们的品行还不如赌场收账者，因为这些股市专业人士的交易机会要更多。先拿场内交易员来说，他们相对于那些意图在活跃的股市中仅仅凭借猜测而赚快钱的新手们而言，的确具有一定的优势，但实际上没有哪个称职的经纪人会建议门外汉们这么做，而且我在华尔街上认识的经纪人们都尽力摆脱这种客户，因为这种客户不是他们的资产，而是永远的累赘。

场内交易员和市场价差

我并不打算把本书写成介绍华尔街和股票交易所业务实操的教材，这方面已经有很多优秀的专著。我在此想做的是弄清股市晴雨表的结构，尤其是那些被人认为会对股市晴雨表产生影响的因素。所谓"场内交易员"一定是股票交易所的成员，通常是某家股票经纪公司的合伙人。他不受任何外界影响而独立地展开工作，一般也不接受佣金，他们与外部投机者相比的优势就在于市场价差方面。市场价差指的是市场中买价与卖价之间的差额。股票交易越活跃，市场价差也就越小，平均值大约在0.25%。假设美国钢铁公司普通股的买入价是90.25美元、卖出价是90.5美元，那么希望卖出股票的客户就不能指望以90.25美元之上的价格卖出，如果想买进则必须支付

90.5美元的价格。场内交易员通常可以给他自己全部或部分保留这种价差——当然是在不损害客户利益的前提下。他也许能以90.375美元的价格买入，甚至可以按客户所出的卖价卖出。他的行为会对股价日常波动产生影响，这在实际操作中意味着场内交易员能根据转瞬即逝的买卖价差进行交易，而场外人员就无法做到这一点。交易员每天都习惯于在下班时结清账面，即便偶尔出现亏损也会毫不犹豫地卖出，如果账面恰好是盈亏平衡的，他也会感到高兴。

用客户的资金投机

如此看来，场内交易员如果能够获得1％左右的价差，那就具有了一种优势。如果客户想要得到0.25％的价差，就必须依法向买卖双方的经纪人各支付0.125％的佣金；这就像一场"出现偶数就赢钱"的赌博中把赌注都押在了单数上一样。而一些非法的经纪人公司会建议客户这样做，因为经营这种公司的人总是从新客户身上下手，用尽一切机会骗取他们的钱财，他们根本没有真正在股票市场上执行客户们的指令，而是利用这种特殊的机会为自己牟利。但是，我们仍然把股票交易所与股票投机市场视为交易的晴雨表，利用客户的钱来投机的行为并不是股票交易中的合理现象，警察们如果愿意的话，完全可以彻查这种行为。

满意的老客户

如果客户拥有充足的保证金，并且根据价值来买入股票；或者他有能力立即付款，并且坚定地认为自己买进的股票在比买入价格上涨了很多之后仍然具有上升的空间，那么双重交易佣金和市场价差对他而言就是微不足道的了。这种客户也是经纪公司极力想要维系的客户。有一家从1870年经营至今的经纪公司最近改了名字，这家公司至少拥有一位超过50年的老客户，还有许多20年以上的客户。这似乎说明了外部人士在华尔街并非都是输钱，经纪公司也不是非得让客户赔钱才能让自己赚到钱。

经纪人公司也跟其他任何公司一样，也总是在发展新客户，就像报纸、杂志希望有新的订阅用户。但是有经验的经纪人会告诉你，尽管广告的确能招来新客户，但促使这些客户留下来的却只有公正的服务。我惊奇地发现真正在华尔街成功的人通常都不怎么健谈的。经验教会了他要把舌头放在牙齿之间，所以通常他们表现得就像不擅交际一样。而那些不成功的人似乎不能对自己的亏损保持沉默，大多数情况下你会发现他们因为性格上的这种缺陷而表现得比较健谈。他们习惯于说得太多但是想得太少。

不需要也不提供辩护

我们并不是要为股票市场进行辩解。我们的老朋友大不列颠国王乔治三世并非以聪明而著称，但是他在收到沃特森主教的著作《为圣经辩护》时却睿智地问道："《圣经》需要辩护吗？"因此我们应该有满足感，因为我们在此所做的仅是解释清楚股票市场的一部分机制，这将有助于我们对美国商业晴雨表的本质和实用性产生全面的了解。

特定股票的"专营者"有点类似于"股票经纪人"或者更类似于伦敦股票交易所中的"交易员"，他们在场内进行交易，但仅交易一两种活跃的股票，并且会接受并执行其他经纪公司在这些股票上的交易指令。他们不被大众所理解并遭到了许多的谴责。公众们往往错误地认为这些人经常地，至少是偶尔地会滥用自己的特殊地位。经纪人为了在市场出现意外下跌的时候把客户的损失减到最小，经常向这些专营者们发出用以止损的卖出指令，这些止损指令通常以大约低于市价1个百分点的价格卖出股票。人们认为这种下跌是专营者们为了自身利益而故意造成的，但是实际上，只要人们怀疑他们涉嫌这种交易就足以让他们丧失工作并且名誉扫地了。最近有个专营者就是因此而失去了他在股票交易所的交易席位，但在我的印象中仅此一例。

场内交易是通过口头来传递信息的，没有落实到文字的合约，甚至也没有见证人。交易双方绝对信守契约，我印象中没有在这方面出现问题的事例。偶尔出现一些误会是难免的，但是误会总能通过惯例被调整过来。如果专营者从雇用他的经纪人那里取得的利润没有从其他类似中介机构那里得到的多的话，就像任何类似的中间人那样，那么他就会放弃这项业务了。他的个人生活和工作立场都是以利润为基础的。

职业交易员有限的影响力

活跃的空头交易员会对平均指数造成什么影响呢？这种影响在主要趋势中是微不足道的，在次级运动中稍微有些作用，而在最不被人重视的日常波动中有时对特定股票能产生极为重要的影响。总体而言，这些空头交易员的行为对股市晴雨表不会产生什么重大的影响。请记住平均指数所选取的20种铁路股票以及20种工业股票的特点。这些股票都必须符合纽约股票交易所中严格的上市条件，每家公司都必须定期披露关于自身经营状况的详细数据。所以根本不存在什么具有市场价值的，可能会对40种股票中的两只以上股票产生影响的"内部消息"。

这些公司中的某一家可能会突然地取消或增加股利。即使这种现象真能对这只股票产生重大影响（这很值得怀疑），那么当波及构成指数的其他19种股票时，来自这只股票的影响也就变得微乎其微了。我不记得真实情况中有这样的案例，但是我们在此可以假设这种意外的股利变化造成了股价10个点的波动，这只能使平均指数在这一天出现0.5个点的变化，如果这种股利变化并不意味着公司业务经营状况发生了变化，那么这种日常变化将会马上得以修正。如果存在这种公司基本面上的变化，我们可以十分肯定地说，这种变动早就会在股票市场中显现出来，而且市场要比公司董事会的成员更加了解这一变化。

卖空是必要的，也是有用的

在此处没有必要讨论关于卖空的伦理道德问题。事实上对于做空者而言，他必须以其他人的损失为代价而获得利润，而做多者至少可以赚取另一些人由于不够专注于交易而损失的潜在利润。但是在任何自由交易的市场之中，卖空交易者带来的益处都远胜于造成的损害。如果真的完全不存在做空行为，市场就会变得十分危险，在其发展中的任何阶段都可能出现出乎意料的恐慌。伏尔泰说过，"即使没有上帝，我们也要创造出来一个。"卖空行为的历史已经很悠久了，当伦敦股票交易所的前身还只是在思考希尔的乔丹咖啡屋开业的一个小市场的时候，卖空行为就已经开始了。

卖空行为产生后很快就成了一种公开的必要行为。有意思的是，伦敦市场中几次最严重的崩盘都不是出现在投机性很强的股票上，而偏偏出现在英国法律明令禁止卖空的银行股票上。正是来自某些银行股的毫无承接的压力使得1890年的巴林银行危机变得这么严重，在一个下跌的市场中，没有什么能比空头账户更能为市场提供支持了。当没有这种支持的时候，在这种特例中就只能由东拼西凑起来的银行联盟来为下跌造成的损失买单。1922年，伦敦股票交易所在原有基础上重组，在政府没有过多地进行干预和管制的情况下，议会取消了禁止卖空银行股的法律，取而代之的是要求公开披露信息的立法。完善而经常性的信息披露才是保护银行股和公众利益的最佳措施。

上市要求的保护作用

当查尔斯·H. 道在20年前撰写评论文章探讨投机行为，并随之提出自己关于市场运动的理论时，目前在股票交易所大厅中自由交易的一些工业股票，包括构成平均指数的一些股票，在当时还处于我们现在所说的"未上市证券部"之中。我们很难想象《华尔街日报》如今会把构成道·琼斯平均指数中的某个上市公司定义为盲资公司，但是在亨利·O. 哈沃梅耶所处的那个年代，报刊文章会毫不犹豫地给美国糖业公司冠以这一称号。纽约股票交易所废除未上市证券部是最值得称道的内部改革措施之一，但这一行动在当时受到了一些守旧的交易所会员的强烈反对，反对者主要是那些卑劣的既得利益者。一位离任的交易所主席，现已去世，曾因为我赞扬这次非常必要的改革而当着他客户的面大声指责我，他说我们这些煽动者正在毁掉华尔街上让他们赖以谋生的业务。他将我为当时和现在所任职的公司所提供的报纸、金融新闻服务通讯统统扔出了办公室。

但是他自己的客户们让他毫无颜面地捡回了那些报纸和通讯。美国糖业公司和联合铜业公司以及其他一些之前未上市的股票现在已经在交易所大厅之中挂牌交易了。这些公司已经体会到如果它们拒绝遵守同样适用于著名公司的公开披露条款，那么他们的管理层已经面临公众最大程度的质疑。股票交易所对外部人员提出的改革建议抱有一种怀疑的态度，这是很自然的，但是我从未听他们自己提出过恢复未上市证券部的建议。

联邦政府的介入

　　在之前的讨论中我们说过，为了保护公众利益，未来我们必须采取进一步的措施，而不是实施那种只能妨碍诚实的公司却无法有效阻止诈骗的"蓝天法规"。在此我会简要地介绍一下英国在保护投机者和投资者利益方面所使用的合理而成功的措施。根据1908年的《公司法总则》，证券只要在伦敦的萨默塞特事务所办理了登记，就可以在伦敦股票交易所中进行交易。公司只有在详细地披露了公司的目的、合同、委托责任等所有相关事项后才算完成登记，这样一来，不管公司创立之时冒着多大的风险，投资者从一开始就可以对此公司的情况有全面的了解。完成这些工作之后，《公司法总则》正式生效的同时，固有的"敬告买者"普通法仍然适用。一般情况下，当投资者能以1先令的花费在萨默塞特事务所了解到有关股票过去和现状的全部信息时，他就足以保护自身利益了。

　　联邦政府通过传达限制指令的邮件来保护公众利益，这种做法一定会面临各种无知的反对意见。但是我相信它可以，也应该在一种与党派无关的精神下得到良好的执行。纽约股票交易所的核心职责是保护它的会员与客户，但是纽约街边市场联合会实质上是一个管理未上市证券的部门。我没有理由认为它的管理是无效和不真实的，也不反对它的会员制度，然而迟早有一天它会爆发出危机和丑闻。如果这个机构的会员认为对外披露他们交易的真实原始资料会使自己蒙受损失，那他们就和纽约股票交易所的那些愚蠢的会员们犯了同样的错误，这些纽交所会员曾经拒绝履行强制上市公司遵守上市规定的义务，不愿意责令不符合要求的公司退市。

真正的内部改革

但是我也并不赞同近年来发生的一些代价昂贵的、表面哗众取宠实则极为愚蠢的"改革"倾向。依我看来，股票交易所对上市公司的要求一直在逐步提高，有益于保护投资者和小投机者，小投机者其实未来也会成为投资者。在道所处的那个年代的一些交易惯例在今天看来是无法忍受的。未来的任何一波牛市行情中，都不可能再出现詹姆斯·R. 基恩在承销联合铜业公司股票时做出的那种大规模操纵行为，因为在股票交易所目前实行的信息披露机制下，公司的账目是公开而透明的，即使最鲁莽的个人投机者也不会相信，新的联合铜业公司的前景十分光明，其股票的价值将达到票面价值的四倍。即使在那个年代，"虚假交易"大部分时候也只是公众的一种想象，任何信誉良好的经纪公司如果发现一些交易指令有"同价指令"的嫌疑，它都会拒绝执行指令。股票交易所关于反对虚假交易的规则如今在口头上和行动上都得到了良好执行，但即使是在40年前美国工业巨头们刚刚兴起并崭露头角的时候，它也绝对不会仅仅是一纸空文。

第九章

股市晴雨表中的"水分"

我一直尽力精简我们的讨论，并尽量地排除不相关的话题。我的这一系列文章引来了许多批评和评论，其中有些观点是很有建设性的，但是也依然存在一些旧的偏见和先入为主的观点。其中一位批评者只是泛泛地了解我们谈论的话题，或许他只读过其中的一两篇文章，他问道：

"如果我们根本无法信任股票交易所中交易的股票，那么我们又怎能相信你的股市晴雨表呢？你对过度集资这一问题缄口不提，其中的水分又该如何看待呢？"

掺杂水分的劳动

水分在美国是不受欢迎的，如今更是如此。但是美国的金融中心在审视全国经济状态时，对掺水劳动的关心远超过对掺水资本的关心——花费100万美元建成的工厂或公寓的真正价值只有50万美元。挤出这些水分的方法只有一种，就是破产。纽约在世界大战之前那个"高工资并且怠工"的年代里建成的写字楼，绝大多数都在房租提价之前进行了某种形式的金融重组，就是因为在工程建设过程中存在着大量的掺水劳动。股票市场有一种迅速而有效的方法来处理股票中的水分，它的存在为的就是挤出这些水分，而这个过程并不需要有破产管理人参与进来。

使用"水分"这个词本身就回避了问题的实质。你可能是因为没有发现出现这么一家伟大而具有创新性的公司所蕴含的巨大价值，而认为这家公司的股票集资活动是"有水分的"，但是已故的J．P．摩根却可能公正地、更明智地把这次的集资活动视为其未来预期成长性的体现。接下来我将用美国钢铁公司集资活动这一知名度最高的案例向读者说明，无论在什么情况下，股票市场总是能够把价格调整到与价值相匹配的水平，从而迅速挤出其中的水分。

挤出水分

概括而言，我们目前研究的是股市晴雨表，并且已经通过分析了解到股市中有三种有规律的运动趋势——长期的主要趋势、次级下跌或反弹趋势以及日常波动；为完成这项分析，我们讨论了两个行业板块中的股票构成的平均指数——20种工业股票和20种铁路股票。这些股票的价格调整都一定是围绕其价值而进行的。股票交易所是一个开放的市场，这个市场的作用就根据一个普遍的基准来调节各种矛盾，这个基准就表现为价格。在二十年以前，詹姆斯·R.基恩通过其操纵行为把联合铜业公司的股价拉升得高达130美元，而那些想要按照票面价格发行却没能成功的金融家们，显然认为这只股票的价值只有100美元。股票市场的调整不可能在一日之内完成，但是事后回顾起来，在并不很长的时间内，联合铜业公司的股价从牛市中达到的最高点算起下跌了100多点。

这就是股票市场的作用，它既考虑到了基本价值因素，也考虑到了未来发展预期的因素。在一段主要趋势为熊市的时期临近结束之时，股票价格往往会下降到其价值以下。此时人们变现抛售的动机极为强烈，以至于不得不在低于股票正常价值的价位上出售自己所持有的股票；这个价格甚至还要低于账面价值，也就是不包括生产能力和商誉价值的公司资产价值。交易所中标准股票的价格还会因场外市场中低价交易的投机性股票而受到负面影响，任何银行都会拒绝将这种场外低价股票作为其贷款抵押品。当银行强制收回它以股票交易所中交易的股票作为抵押的贷款时，那些价值确定的、有优秀管理层的公司的股票将首先受到冲击，因为它们被用作银行贷款的抵押品。场外交易市场的股票种类总是层出不穷，而且具有很高的投机性，但是这种市场的交易量终归是比较小的，而且场外市场交易需要比较高额的保证金，所以这个市场的交易也是有保障的。

股票收益和所得税

与此相对应地，牛市初期时的股票价格往往会远低于其实际价值，而股票市场会预期到全国商业状况会发生大幅度改善并考虑其影响，这必然会大大提升对股市的乐观预期。在长期的上涨过程中，股票价值将逐渐地被高估，当上涨将要结束时，当初没有把握住这次赚钱机会的公众，反而会在高位时仅凭乐观的预期而买入股票。经验丰富的华尔街交易者说过，"当电梯服务员和擦鞋人都因为牛市而开始向顾客索要小费时，就应该将股票卖出然后去钓鱼了。"1919年10月初，我乘船到欧洲去报道英国与德国的金融状况，当时的股票市场正处于一波长期牛市的最后拉升时期。当时的一番关于牛市暴涨的讨论是非常有意思的，它认为在牛市中获利很多的人不会卖出，也不可能卖出股票，因为他们把账面浮盈落袋为安之后就会使当年的个人收入大大提高，这样一来，其中很大一部分利润就会被收税人收走。我们在毛里塔尼亚号轮船上一间烟雾缭绕的餐厅中分析了这种观点，最终至少有一部分商人决定卖出股票，与美国政府分享他们的收益。这种观点本身很荒谬，因为它所描述的这种牛市中大赚的账户本身是很脆弱的，很容易受到袭击，它就像一个引人注目的靶子，即便是最拙劣的射击手也能把它射得千疮百孔。波涛汹涌的海浪冲走了毛里塔尼亚号上的五只救生艇，并在那次航行的最后三天中摧毁了无线电装置，当我们抵达法国瑟堡时才获知，股票市场已经开始下跌，也开始让人们从支付超额个人所得税的问题中解脱出来。而到了年底，人们已经不再需要为此问题担心，因为账面利润已经迅速地消失殆尽了。

所有权分散的股票

在一个超买的市场中产生的虚高价格绝不会永远上涨下去。对公众而言，保护自己的一个重要手段就是持有那种所有权比较分散的股票。当某只股票的流通股几乎完全被华尔街上的某个机构所控制时，它就可以任意妄为地决定股票的价格了，斯图兹汽车公司的股票就是个例子。但这并不能算是"市场价格"，因为这样的话已经不存在真正的市场了。亚伯拉罕·林肯很久以前就曾指出，"你不能把狗的尾巴说成是一条腿，然后说狗是五条腿的动物。"所有构成平均指数的股票，其所有权都是很分散并且很合理的。以平均指数中股本最大的铁路股票——宾州铁路公司或总量达550万股的美国钢铁公司普通股为例，平均每名股东的持股量还不到100股。对公众投资者而言，这个数字意味着买入这种股票是安全的。

"估值价格"和市场价格

我在本章伊始曾引用了一位读者的问题："其中的水分又该如何看待呢?"我们现在可以做出这样的回答，他并不能向我们证明平均指数中真的含有水分，我们还可以进一步地告诉他，他也无法向我们证实股票交易所中股票的价格中含有任何水分。以铁路股票为例，在正常年度的正常月份中，股票市场中真实的价格要优于任何由国会制定并由州际贸易委员会按照价值评估方法算出的价格。这里的股票市场真实价格指的是既没有因为乐观预期而被高估，也没有因为保护性条款带来的变现压力而下降的稳定价格。

股票市场价格的调整过程体现了所有未受操纵行为影响的认知和信息，哪怕再细微的信息也被囊括其中。再生产价值、不动产价值、特许经营权、路权、商誉等一切因素，在自由市场的价值评估中都会被体现出来，这种价值评估的方式是任何由国会任命的评估委员会都无法比拟的。州际贸易委员会对铁路板块股票的估值只能体现其历史价值。作为对资产价值的真实估值，即使使用的方法是正确的，它在公布的时候也已经过时了，甚至在公布之前的几个月就已经过时了。但是股票交易所中的股市实时价格却一直记录着这个价值从未中断，日复一日、月复一月、年复一年，从牛市到熊市、从杰文斯周期理论中的一个周期到下一个周期；而美国和任何文明国家的银行家们也都认可这种评估方法，并按照这种方法真金白银地注入资金操作，而不是按照考虑州际贸易委员会那种武断的估值方法。

股票掺水的迷信观点

　　股票掺水的迷信观点愚弄了许多美国人，其影响程度之深可以说是触目惊心。按照均摊到每公里的资本量来计算，美国铁路股票、债券的总体资本量还不到英国的1/5，甚至不及任何欧洲国家或英属殖民地上的政府或私人所有的铁路的资本量，但仍然很多人觉得美国股票是掺水的典型。我在此义正词严地主张，就其真正价值而言，美国铁路的资本化程度严重不足，这是个非常不经济的现象。指责工业股票掺水的说法也很荒谬：就1921年证券交易所的股票价格而言，股票市场不是从资本金中挤出了水分，而是挤出了血。

　　就在我写到这里的时候，美国钢铁公司普通股的价格在每股80美元以下，这家公司提供了世界上最全面的公司数据，如果我们认真地分析这家工业公司所提供的这些数据，可以发现它的普通股账面价值应该达到每股261美元。在成立之后的20年时间里，美国钢铁公司共计新增投资10亿美元，而且其中的水分非常少，而其资产账户从收益结转而来的新增投资仅有2.75亿美元。公司的速动资产主要由现金构成，其数额超过了6亿美元，仅这一项就足以支撑其股价达到每股120美元，水分又从何而来呢？5.5亿美元的普通股股本看上去数额庞大，但是这只是相对而言。摩根睿智地将其称为预期增长难道有问题吗？如果他的灵魂能再次光临这个世界，看到如今的黯淡，那他一定会对自己曾经的保守而感到惊讶。

　　然而美国钢铁公司普通股和优先股的发行是在主要趋势为大牛市的时候，通过已故的詹姆斯·R.基恩所主导的一次史上空前惊人的操纵行为来完成的。这次操纵行为的结果又是如何呢？结果是把普通股价格抬高到了50美元，优先股则按票面价值出售，如果当时有人以这个价格买入美国钢铁的股票，买入后即持仓不动、长线持有，那么即使是在漫长的熊市之后，股价于1921年8月达到最低点的时候，他也不会后悔自己的买入行为。

根据价值进行购买

也许会又有人会指责我在讨论美国钢铁公司股票的估值时过于乐观，因为我只在公众面前做了极为简单的分析。我们在此再次遇到了对华尔街根深蒂固的偏见。我所说的都是事实，也都有据可查，任何人都可以去亲自考证，至少那些在1921年卖出美国钢铁公司股票的人对此是非常了解的。但是这些人当初卖出股票仅仅是因为他们需要现金，当时几乎人人都需要现金。在滑铁卢战役出最终结果的前一个星期，罗斯柴尔德就开始以54英镑的价格购买英国公债。他的一位朋友曾问他，"为什么在战争结果不明朗的情况下还能信心满满地购买呢？"他回答说，"如果结局确定了，公债的价格就可能是54英镑了。"他明白在不确定的情况下，价格必然是在价值之下的，那个时候人人都需要现金，他又恰好是当时数不多的有钱人之一，有能力大量购买英国公债。我想没有人能够了解鲁塞尔·塞奇究竟是如何办到的，但是他的确能在恐慌期间比华尔街的其他任何人都更准确地抓住发财机会。他喜欢持有速动资产和流动性资产、可随时兑现的短期票据、无条件贷款和存款，以及一切可以迅速转化为现金的资产，他不是为了囤积居奇，而是为了在人们丧失价值判断力而大量抛售股票的时候，可以有充足的资金随心所欲地买进股票。

鲁塞尔·塞奇的一个故事

有很多故事都表明了鲁塞尔·塞奇那出奇的节俭，但用这个词并不是我的本意，我也不想称其为吝啬，因为他绝不是个小气的吝啬鬼。我记得我最后一次见他的时候，我还是个年轻的记者，至少比其他记者稍微年轻些。当时我正在试图探寻一家铁路公司的情况，而他和另一位在全国臭名远扬的、也可以说是声名赫赫的金融家控制着这家公司的股票。"谎言"这个词在华尔街很少被人使用，或者说不需要使用，因此我不妨坦白地说，那个金融家向我透露了一些信息，如果不是我保持清醒的话就被他给骗了。于是我找到了从来不会拒绝新闻界人士的塞奇先生，想看看塞奇先生所说的话是否与他搭档所说的话有什么不同，或许能从两人话语的不符之处中发现一些有价值的东西。

他用最友好的方式接待了我，不过任何人只要不带着跟金钱有关的目的来找他，他都会热情相待。我提出了我的问题，可是他却迅速岔开了话题。他问道："你对吊带裤有了解吗？"我当时很恼火，却仍然诚实地告诉他，我对此了解一般，不比其他穿吊带裤的人多。"那你认为这一条怎么样？"他说完后递给我一条吊带裤，档次显然要比当时记者们所穿的档次要低。"它怎么了？"我问道。"嗯，你认为它如何？我花了35美分买到的。"塞奇说道。我当时因为没得到任何我想要的信息，或许带着一点报复心理对他说："你上当了，你在海斯特街花25美分就可以买到一条更好的。"塞奇一脸怀疑地看着我说："我不相信。"但是他真的很把这当回事。这并不仅是多花10美分的问题，我也没有穿过从海斯特街买的裤子，对他

93

而言这是一个原则性问题——他对价值的判断受到了驳斥。

价格与平均指数

　　现在你应该认识到了，鲁塞尔·塞奇所交易的股票都是具备价值的，他致力于了解交易对象的价值，特别是当其他人还不了解这种价值的时候。正因为如此，他才会在去世时留下了7千万美元的巨额遗产。股市晴雨表显示的是股票目前的以及未来的价值，通过阅读晴雨表，能够正确地判断出一波长期趋势是把平均价格拉高到价值线之上还是压低到价值线之下。回顾1902年末查尔斯·H.道去世后到现在，《华尔街日报》发表过很多评论文章，这些文章都把股票市场作为透析整体商业状况的指南。在这些文章中我发现了平均指数的一种典型应用方法，可能对读者有所帮助，尽管我认为它只是一个常识性问题而已。如果一人总是对你说他"早就告诉过你会这样了"，那么这个人一定是不太受欢迎的，但预先告诉你情况将会如何，正是股市晴雨表的一种客观功能。

一次谨慎但正确的预测

　　在从牛市到熊市转换的过渡时期，平均指数的阐述作用所受到的检验是最严格的。始于1902年9月的熊市走势在第二年的9月达到最低点，此时距离主要运动趋势的方向发生明确变化还有几周甚至几个月的时间。但是《华尔街日报》在回顾了近几年商业的基本趋势之后，在1903年12月5日写道：

"考虑到那段时间美国国民财富的惊人增长，同时考虑到铁路里程的增长远低于利润盈余的增长比率，最后考虑到可用于发放股利的利润盈余的增长率一直都超过市场价格的上涨幅度，而且这个差额目前已经达到了自上次繁荣出现以来的最大值，我们也许应该问这样一个问题：股市的下跌是不是即将达到了最低点？至少目前有一些证据倾向于对这个问题给出肯定的答案。"

一波被证实了的牛市

也许有人会说，即便是没有平均指数的帮助，我们也能够得出这样的结论，但是当时重新出现主要熊市趋势的可能性依然很大，在此情况下，上述观点却非常清晰地表述了价格的走势。这个观点正确地预测到了牛市的到来，同时保持了必要的谨慎性，因为毕竟当时分析股市走势的方法还只是处于萌芽阶段。它预测到的牛市开始于1904年，直到1907年1月才结束。在这篇运用平均指数分析商业状况的文章发表之后的9个多月后，《华尔街日报》又一次解决了一个几乎与此同样有难度的问题，这个问题就是"这波历时漫长且已经进入高位震荡的牛市"是否还能继续下去，我们应注意到当时的市场已经温和上涨了12个月，而且其力度仍在不断加强，此时至少应该对价值进行一定程度的折算。《华尔街日报》于1904年9月17日说道：

"目前还没有任何确凿的证据可以让人相信这一点，但我们确定铁路股票的价值整体上还没有达到其最高点，而且价格将随着时间而进一步升高。具体情况很大程度上将取决于即将来临的这个冬天里的情况，那时候的市场状况会清楚地表明价值的整体趋势。从长期来看，价格由价值决定，所以我们很有把握地说，如果维持现在的价值水平的话，那么现在的价格则还没有达到其应有的高度。"

"我们还要记得，黄金产量的持续增长是一个推动股价上涨的重要因素，它在将来肯定会抬高非固定收益证券的价格。"

理论的证明

请注意上文中的最后一段。我们已经发现，当生活成本提高的时候，为取得固定收入而持有的债券的价格就会随之下跌，而且黄金的增多意味着与黄金挂钩的美元的购买力将会下降，因为黄金是世界普遍接受的价值标准。但是这种情况会激发投机，虽然发售债券的机构认为任何影响其业务发展的言论都是"不友好的"，但股票市场仍然在1904年，也就是上述文章发表的那一年见证了这一事实。当然，上文引用的这番话并不是说教，因为当时道氏理论才刚刚开始被人理解。我们不难看到，随着时间的前进，道氏理论对市场中的情况及其前景也给出了更加明确清晰的论述。这足以说明，当道创立了分析股市晴雨表的合理方法之后，股市晴雨表很快就证明了自身的实用价值。

第十章

"海面飘来一片云，就像人的一只手"——1906年

在进行本书里这样的讨论时，我们必须预料可能存在的不同意见，并把这些异议解释清楚。没有什么能比结构严谨的假说更具有欺骗性、更吸引人的东西了，这些理论可以引申出很多顽固的教条，而那些理论被时间证明并不合理之后，其引申出的这些教条似乎仍然能存在下去。我们已经建立了用以阐述股票价格运动的道氏理论，这说明了股价运动可分为主要趋势、次级反弹或下跌趋势以及日常波动，并从道氏理论中引申出一种分析股市晴雨表的有效方法。但是我们也不能盲目自信，要知道任何规则都有一些意外情况，但同时任何例外情况也都能用来检验规则的有效性。

旧金山地震

1906年就出现了这样一个"意外"问题。因为观察的角度不同，它既可以被看成是一次受到阻碍的主要牛市趋势，也可以看成一波比较强烈的次级下跌趋势。前文曾经说过，主要牛市趋势或熊市趋势都有过度发展的倾向。如果股票市场是无所不知的，它肯定会让自己免受这种超买或超卖的情况，就像它保护自己免受发生任何可以预见的负面事件的影响一样。但是我们必须承认，即使我们考虑到股票市场反映了所有可得的关于商业状况及其影响因素的信息，股市也无法对自己无法预料到的事情形成防范。比如它无法预料到发生于1906年4月18日的旧金山大地震，或者震后发生的毁灭性火灾。

委婉地称之为火灾

如果你想让言语阴损的加利福尼亚本地人喜欢自己，那么最好别在他们面前提到旧金山大地震这件事，这在加利福尼亚会被认为是没有修养的。他们只愿意承认发生了一场火灾而已。但是基于本文的目的，我们必须坦白地承认发生了地震，但是那些热爱加利福尼亚的人们却不允许人们抱有加利福尼亚还将发生地震这种观念。火灾可能发生在任何一个城市、任何一个地方，它不会对加利福尼亚的优越气候以及其他引以为自豪之处有任何损害。没什么比洛杉矶人的纯朴更有趣的了，他们常说："如果我对自己说天气很好，那它就是个好天气。"但是地震却不一样，它独断专行地改变了太平洋海岸的模样，变成了当地居民不喜欢的样子。20世纪初的英国有一个著名的花花公子名叫博布鲁麦尔，他曾说："衣服上的洞可能是某次意外造成的，任何绅士都可能遇到这种情况，但是补丁却是贫穷的象征。"

对股票市场的影响

旧金山的大地震犹如晴天霹雳，让原本已经处于下跌态势的股票市场备受震惊。你应该还记得劳埃德船舶的保险单把"上帝做的事和国王敌人做的事"排除在理赔范围之外，这次的自然灾害就是一个例外，而它有助于解释股市晴雨表是如何对例外年度进行记录的。从1903年9月开始，股市上出现了一波明确的牛市趋势，并且在

1906年1月达到最高点。但市场并没有守住这个点位，我们可以说，当牛市达到顶点时，通常不会自动出现一条明显的警戒线，尤其是在牛市后期，市场出现超买行情的时候，例如1919年的时候。股票市场在1906年的春天开始下跌，"但是此时的下跌并不能表示牛市将就此结束并且不再恢复，甚至还可能出现地震影响过后出现超买的现象。我们一定还记得这次的损失有多么严重。这场地震之后，在已经倒塌或摇摇欲坠的房屋废墟上又发生了一场大火，火势很快发展到了保险公司所定义的"火灾"的程度。美国和英国的保险公司无一例外地迅速支付了赔偿金以帮助灾难中的受害者，虽然它们完全可以将这场地震作为拒绝赔付的理由。我们也许可以从汉堡保险公司的做法中见识到一些德国人的处理方法，他们使用了相反的方针，拒绝履行自己的义务。这件事也许可以让我们了解到德国人在战争和外交中的手段，以及他们对合约和体育精神的理解。至少从那以后汉堡火险公司就几乎不到美国来开展业务了。

困难条件下的合理预测

股票市场因这场突然袭击而大吃一惊之后，又出现了一次类似于恐慌的剧烈下跌。说到这次恐慌的核心原因，仔细分析起来其实就是因为这场地震太过突然。在1906年4月末的时候，虽然不能说股票市场此时已失去了控制，但是下跌的幅度也已经很大了。1906年1月22日的20种铁路股票的平均指数是138.36点，到5月3日的时候已经下跌了18点，而当时的12种工业股票的平均指数则从1月19日的103点，下跌到了5月3日的86.45点。这样的下跌似乎都有一些相似之处。经验表明，在恐慌之后的反弹阶段，都会出现比以前缓慢得多的下跌，作为对市场承受能力的考验。事实上，《华尔街日报》通过分析平均指数预测到一波大规模的反弹即将来临，并在1906年7月6日提醒人们的注意，它写道：

"自从这种平均指数记录问世以来，所有经验一致表明，恐慌性下跌之后常常会紧跟着一波幅度可达到40%到60%的反弹，随后又会出现不规则的下跌，最终把价格带回到原来的低点。貌似只有这样的深幅洗盘才能把那些助长了恐慌的持股意愿不坚定者清洗出局。我们不能把旧金山震灾造成的下跌认为是一次真正意义上的恐慌，铁路股票平均指数通过反弹恢复到了131.05点，仅比地震前的价格低1.61个点。这次反弹的深度又的确大概等于1月22日下跌以来跌幅的60%，而此后这段时间的市场表现也跟那些恐慌之后的反弹非常类似。我们似乎可以由此合理地进行推断，认为恐慌之后的抛售行为是有必要的。"

灾难的严重程度

经过了这么长的时间，我们可能很容易遗忘旧金山灾难有多么严重。据估计，它造成的直接损失可达6亿美元，伊特纳火灾保险公司宣称，为了支付这场大火的理赔资金，它耗尽了40年来的积蓄。如果说作为美国乃至全世界最强大的火灾保险公司之一的伊特纳火灾保险公司都受到了如此重挫，那么对其他公司的影响就更是可想而知了。一些浅薄的、一知半解的乐天派可能会认为，窗户上的玻璃受到损坏，正好能给装玻璃的工人和玻璃生产商带来新的工作。但是重新安装一个窗户是需要花费金钱的，正如巴斯第亚所说，"如果窗户没有损坏，花费在重装窗户上的钱就可以用来做其他的事情。"如果这些乐天派们的说法是对的，那么让美国迅速繁荣起来的捷径就是把所有的城市都夷为平地。

我们可以看出，铁路股票的损失要比工业股票更加严重，而且我们应该明白无论相对而言还是绝对而言，铁路股票的质地都要更好一些。当出现一次突然而猛烈的下跌时，人们通常习惯于卖出那些有销路可以卖出的股票，以此来保护那些没有销路卖出的股票。就像《华尔街日报》当时所写："在恐慌中出现的第一次下跌是由于人们的恐惧心理，第二次缓慢的下跌则说明投资者的整体信心已经受到打击。"在谈到7月2日的市场行情时，本文继续写道："当价格大幅低于价值的时候，就是牛市即将来临的征兆。"

牛市期间下跌后的反弹

以上推断被证明是对的。在我们接下来的讨论中，我们都认为上文提到的那波在1903年9月开始的牛市，不是在1906年1月结束，而是在1906年12月结束并逐渐转为熊市的。就在上文说的那篇预测牛市出现的文章发表的时候，市场形成了一条表明市场正在建仓的线，就像分析家推断的那样。这次的预测很快得到了证实，而后《华尔街日报》又在8月21日以平均指数为分析工具再度探讨市场走势。当时的市场极为活跃，这也说明了那种认为某个利益集团能在周六短短两小时的交易时间内操纵160万股交易的观点是多么荒谬。这是一个非常有用的论断，绝对过硬，我们根据以往15年以来的市场情况讨论市场操纵行为的无用性时也证实过这个结论。《华尔街日报》在这篇文章中继续谈道："我们只能认为从1月22日到7月2日的这一波长期下跌走势是牛市中出现的一波较强的下跌走势。"

根据平均指数做出的推断一贯正确

请注意，《华尔街日报》做出的这个正确推断是在当时就做出来的，而不是马后炮。我们可以轻松地通过回顾道氏理论创立20多年以来的情况来证明，这样做出的推断是多么地令人信服。但是如果有人认为道氏理论可以绝对精确地指示出主要趋势之间的转折点，那这种观点是荒谬的，用它预测意外事件就更不现实了。但是这些对股价运动趋势的研究，对于那些每天都使用晴雨表的人而言的确是非常实用的：这一理论对主要趋势形成过程的分析和判断向来都是正确的，甚至在欺骗性极强的次级趋势让那些一知半解的观察家们误把牛市当成熊市，或把熊市当作牛市的时候也仍然正确。

有这样一个也许并不真实的说法，詹姆斯·R.基恩曾说过，只要判断的正确率能够达到51%他就已经心满意足了。我不认为他会说这样的话。他心目中的成功比例肯定比这个值要高很多，因为如果仅是这个比率的话，他根本无法达到收支平衡，更不必说饲养一个赛马场了。所有的记录都可以证明，根据股价格运动趋势得出的推断在绝大多数时候都是正确的。在核查了历史记录以及我个人的经历之后，我没有发现股市晴雨表在预测中出现严重误判的案例。以晴雨表为工具做出的分析，总是能在公众意识到自己对经济的看法之前就预测到他们所想。如果偶尔出现过什么错误的话，那也主要是因为市场上的次级运动趋势基本上是不可能预测到的。预测次级运动趋势要比预测主要趋势困难得多，这就好比气象当局比较容易预测出一个广阔区域的天气状况，而很难预测出纽约市明早是否会下雨。

熊市的萌芽

正当这波牛市即将到达最高点的时候，《华尔街日报》发出了警告。它于1906年12月15日指出，平均指数已经形成了一条"线"，尤其是20种活跃铁路股票的平均指数，一旦这条线的底部边缘被跌破，这就成为下跌趋势即将来临的信号。这个预测只是说，这一场已经持续长达三年的牛市中可能出现一波次级下跌，此时将其称为主要趋势的转折点还为时过早。在1907年之前，铁路公司往往能够取得巨额的利润，哈里曼铁路公司在1906年宣布的惊人的股利分配就是一个例子，而1907年年初开始，这种巨额利润受到货币的高利率的冲击，这种现象已经开始提醒股票市场以及商业界注意即将在本年年底出现的严重危机了；当旧有联邦银行体系中的储备基本上被瓜分完毕的时候，实际上是无法获得高利率贷款的，而且银行也从1893年恐慌以后首次求助于票据结算中心的流通券。

在1907年整个1月份里，那些活跃的专业交易员们都在忙着卖出股票。来自政治的干预也让投资者们倍感担忧，在1907年年底的时候甚至出现了"资本罢工"的现象。此时股票市场的下跌已然开始了，熊市已经取代了长期以来的牛市，但有趣的是这一事实过了很长时间才被人们所接受。一月份出现的价格下跌扰乱了整个股票市场，因为一年中的这个月份通常而言应该是上涨的，因为这个时候的货币成本低，同时前一年的利润开始转化为新增投资。另外这个时候也非常不适合在华尔街发表不乐观的观点。正如我前文所说，预测到灾难的人在美国这个地方总是不受人们欢迎的。

繁荣时期和下降的晴雨表

在这一次长期的牛市之中，很多的新证券得以发行，数量也极其惊人；这个时期，已故的J.P.摩根提出了"不可消化的证券"这一全新概念。美国喜欢优美的词语，而摩根的这个词很符合这一标准。工业企业，特别是美国钢铁公司的利润状况一直很好，而铁路公司的总利润和净利润也都极为出色。但是1月份平均指数的剧烈下跌使评论者们变得极为谨慎，在预测下跌过程中是否会出现反弹这一问题上更是格外地谨言慎行，更不敢说目前的情况只是一波次级下跌趋势。这一切来得如此之快，让人无法认定这是一波主要趋势。实际上，猛烈的下跌使得每个人都在猜测。但是从历史记录来看，公众在五月初的时候终于接受这是一波主要熊市趋势的事实，而且《华尔街日报》以及其他所有报纸当时都在竭尽全力地写出乐观而令人满意的评论文章以振奋鼓励投资者的信心。

一些导致熊市行情的原因

但是市场会关注着所有的事实，其中一些有着深远影响的事实会在股票中得到体现。这些探讨熊市诱发因素的讨论发表于1907年3月15日，现在读起来非常有趣：

1. 过度繁荣。
2. 生活成本过高，主要受到巨额黄金产量对商品价格的影响。
3. 将股票价值调整到与高利率相适应的水平。

4．土地投机交易占用了原本可投资于商业企业的流动资本。

5．罗斯福及其政府对公司的管制政策。

6．在多个州发生的反对铁路公司事件。

7．哈里曼调查事件揭露了高层金融运作中的丑闻。

8．大型金融集团之间的利益纷争。

9．证券的过度发行。

10．旧金山大地震的影响。

这次讨论还列举了其他一些只具有暂时性影响的原因，而熊市中的人为操纵行为排在最后一位。我们总是在强调，任何一波熊市都会被事后披露的事件证明是事出有因的。我们也有必要指出，其中某些事件的影响是永久的，尽管我们承认市场也无法判断出这种永久性的影响究竟会有多远，但是至少从理论角度而言，市场的视角比我们任何人都更加广阔、更加深远。就像后来的事实所证实的那样，对铁路公司的过度管制本身就为投资者保护自身利益的行为做出了合理的解释，不论此举会对股票市场产生什么影响。

一个异常的货币市场

现在回忆起来，1907年也许是我在华尔街度过的最有趣，也最受启迪的一年。这一年给了我们很多教训和警告。但是由于篇幅所限，我们不能在此讨论其中的具体细节。对于想了解这一年具体情况的人而言，最好的读物亚莫过于亚历山大·戴纳·诺伊斯所写的《美国金融四十年》一书。那时候他是《邮政晚报》的金融编辑。我记得那年年初的时候工业非常繁荣，铁路公司的总利润和净利润都创下了历史上的最好纪录，股票市场经历了三年的增长之后也只是略有下滑，至少就账面情况而言，股票价格还没有超过其价值，但是这时他跟我一样，对异常的货币市场感到颇为担心。在一年当中的这个时候，货币应该是非常宽松的，但是在2月份时却发生了货币的严重短缺。而股票市场比我们更早地预见到了这一现象的意义，正如1907年的熊市所表现的那样。

比人的手掌还小

当时有一位股票经纪人，现在已经去世，写到这里我不禁想起了他的样子。他喜欢从华尔街的角度说话，所用的语言总是生动而形象，他的才华也比一般人要高。他是个受过专门训练的音乐爱好者，对音乐十分虔诚。有一次他对我讲起了他听过的一场门德尔松演出的《伊利亚》，此剧主角的扮演者是最伟大的宗教剧艺术家——已故的杰尔斯·桑特利。这部歌剧的情节深深地吸引了我的这位朋友，他说道，"太阳神的传教士们'被伊利亚控制的熊市逼空，他们正竭尽一切努力来弥补自己的损失'。"伊利亚的手段给他留下了深刻的印象。当他想描述1907年初的情况时，他记起了一句台词："看呐！ 海面飘来一片云，就像人的一只手。"接下来在1907年秋天出现了"倾盆大雨"。

这次崩溃不仅是经济上的巨幅下挫，而且还以令人窒息的速度迅速蔓延着。在那年年底的时候，我和萨缪尔·瑞先生一同乘火车沿宾夕法尼亚铁路旅行，他当时是这家公司的第一副总，现已成为总裁。宾夕法尼亚铁路运送的货物运输量不论是当时还是现在都占全美铁路总运输量的1／10。萨缪尔·瑞先生对我说，"就在他们的货运量达到顶点的1个月之后，匹兹堡地区的农作物和工业运输业务貌似发展得很好的时候，他们的业务却像一把折刀突然合上一样突然停滞了，几乎是在一夜之间。我们可以看到从匹兹堡到费城的铁路沿线和停车场中，到处都停放着无货可运的车辆，而往年这个时候铁路公司除了维修厂里的车辆外，会调用所有车辆以满足紧张的业务需求。"

致命的政治干预

自从1893年的股市崩溃以来，还一直未出现过类似的情况，那一年美国国会通过了《谢尔曼白银收购法》，这是一部表现了在经济上的无知并带有愚蠢的地方保护主义色彩的法案，造成了史上最令人绝望、影响时间最长的恐慌。这对我们的立法者而言的是个教训。在这次恐慌之后的萧条时期中，大多数铁路公司宣告破产，雇员们大批失业，使得政治家们感到了恐惧。在1907年之前的十年繁荣时期内，他们停止了对经济的不适当干预。但是就在1907年，他们又重新玩起了这项"花费巨大的运动"，于是在这一年年底的时候又出现了资本罢工。所有可能因为受到损失的人都为此感到非常担心，任何一个稍有见识的人都能预见到政治体制对经济的干预，以及不明智的管制将会给国家经济造成什么样的危害。似乎现在的内容有点跑题了，但是依我看来，无论是否发生战争，我国目前的经济状况都会受到重大影响，而且股票市场早在两年前就已经发现了这种愚蠢的政治政策的深层次影响。或许在经济的持续发展过程中，虽然国会目前的表现并不令人满意，但股票市场也呈现出了一些回归理性的趋势，这一点已被平均指数和以债券为代表的潜在投资需求所证实。

第十一章

严格的周期性

到现在为止，我们已经详细地研究了股市晴雨表的历史记录，但是接下来我们还要对从1910年熊市结束到世界大战爆发之间，这段有趣却鲜为人知的历史做出进一步分析。迄今为止，我们还很少注意到人类生活中的"周期性理论"，特别是商业界之中的周期理论。在本书的开头部分，我曾介绍了杰文斯所记录的18和19世纪的时候发生恐慌的日期，以及道对美国20世纪所发生的恐慌的简要描述。但是除此之外，我们还必须建立一种周期理论来描述股票市场上出现的这些不规则周期，这个周期理论中不一定包含恐慌，如果有也只是偶然而已，因为我们已经不止一次地看到，恐慌只不过是晴雨表主要运动趋势中的一个小插曲而已。

我们自己的周期理论

我们可以发现，根据查尔斯·道关于股票市场价格运动理论建立了某种关于不规则循环的理论——正如平均指数所反映的那样，股价变化包括主要的上升或下降趋势，或者下跌或者反弹的次级趋势，以及日常波动。但是有些周期理论认为周期是长期而富于规律和节奏的，这种周期性理论也很有市场，我的很多读者和批评者们都对这样的理论情有独钟，但他们没有人通过仔细地研究来证实一下自己的这种信条。在他们的印象中，这个理论好像"有些道理"，即便是不经过验证也应该是对的。他们认为世界上各种恐慌发生的日期本身就显现了高度一致的周期性，根据过去显现出的这些周期性，可以认为未来还会出现这样的周期性。他们还认为，根据历史记录，人类在将来处理自己的事情时将永远像以前一样那么愚蠢。

周期性理论的基础

按照杰文斯的记录，18世纪恰好发生了十次值得关注的恐慌，每次恐慌之间的平均间隔为十年，或许正是这种规律性让人们觉得已经无须再对周期性理论进行进一步分析了。但我要指出杰文斯忽视了一次恐慌，即1715年苏格兰人入侵英格兰时造成的那次恐慌，因为这一年的太阳黑子数量不足以支撑他所建立的那种描述二者之间关系的大胆理论。我们可以注意到，杰文斯把1793年和1804至1805年当成恐慌年份，而从历史记录看来，美国在19世纪出现的第一次恐慌是在1814年，恐慌是由英国人占领华盛顿而引发的，这是周期性理论所无法预测到的，除非我们认为这种周期理论可以预见到后来发生的那次战争。然而如果算上1814年和被道称作"近似于恐慌"的1819年，美国在十九世纪一共也发生了十次恐慌。

让我们看看周期理论的支持者是怎样解释这个问题的。首先，1804至1805年之间的英国恐慌和我国的1814年恐慌之间恰好间隔了10年，这或许能让周期理论支持者感到振奋；接下来1837年和1857年间那次极为严重的全国性恐慌将使他们信心倍增。他们此时会想起杰文斯所说的十年间隔，发现到1837年为止已经发生了4次危机，刚好是40年的时间。1847年欧洲所发生的恐慌并没有对美国产生什么重大影响，虽然欧洲当时的情况很凄惨并且给美国人留下了很深印象；当周期理论者发现1857年真的出现恐慌后，他会惊呼道："我们已经发现了恐慌周期的秘密！一个完整周期的时间段是20年，两周期两端各有一次大的恐慌，中间会有一次程度较轻的恐慌。现在我们可以信心满满地将事实与这个美妙的理论结合在一起了！"

错位的日期

根据这种周期性理论，1877年应该发生一次波及全国的最大规模恐慌，但是这种理论的作用机制显然出了问题，因为这场恐慌在1873年就提前发生了，当时基于美元的超额贸易给经济带来了致命的打击。如果不是因为美国获得了意外的小麦大丰收，而同时俄国农业却发生歉收从而使得世界农产品价格大幅上涨，这次恐慌将提前到1872年。这样一来，两次大规模恐慌的间隔就被缩短了，这个理论主张的20年一个周期变成了16年一个周期，虽然在这两次严重恐慌之间又发生过1866年伦敦恐慌，从而构成了理论中两次严重恐慌之间的小规模恐慌，但并不能完全弥补此理论的缺陷。1866年的伦敦恐慌发生之后，美国股票交易所也出现了股价的大幅下跌。这一年的4月又出现了密歇根南方铁路公司股票的做庄炒作事件，此时的投机行为十分猖獗。务实而谨慎的查尔斯·道指出，此时出现下跌行情是再正常不过的事情了。

1873年、1884年以及1893年间的三次恐慌又给坚持10年和20年理论的人增添了一些信心。这20年开头与结尾的两次恐慌的范围是波及全球的，造成的影响非常深远。这些周期理论的拥护者又说道："1857年和1873年两次恐慌之间的间隔减少到16年只是偶然性的，顶多是我们将周期理论中有关周期长度的说法稍加修改，还是能对此做出令人满意的解释的。"坚持20年理论的周期主义者做出了预言："从1873年到1893年相隔了20年时间。我们的晴雨表的雏形已经建立起来了。1903年左右将出现一次小规模的恐慌，预计在1913年将出现一次大规模恐慌，最迟也不会超过1914年。"

迷失在不断的变化之中

除非周期理论能够成为做出上文中那种预言的基础，不然它又有什么价值呢？但是1893年到1907年之间的间隔有14年的时间。这到底是因为20年的周期缩短了，还是因为10年的周期延长到了14年呢？是否真的存在一个用得上的周期呢？我们发现在1903年或1913年根本没有任何理由可以导致周期理论者所预言的恐慌，实际上在那些年，世界范围内的投机活动总和也不足以导致一次恐慌。我们有理由认为，除非投机活动的大厦已经建造得足够高，以至于在倒塌时发出巨大的声响，不然的话崩溃是不可能发生的。

这种理论在经济预测上有什么价值吗？我看不出它有任何价值。这个理论必须做出很多的让步，还要根据事实做出修改，实际上它的价值仅限于记录事实而已。我们可以看出这些根据周期性理论得出的笼统结论需要一次又一次的修改，这样一来它还有什么真正的价值吗？我不是个怀疑论者，但是整个周期性理论的推理方法在我看来就像你玩单扑克时作弊一样荒谬。我能够接受任何游戏中苛刻的、独断的或不合理的游戏规则的存在，但我不能理解在游戏的进行过程中不断修改的规则。

它们相等吗？

"作用力与反作用力相等"是个著名的命题，它真的正确吗？我们几乎无法在人类历史记载上为这个假设发现有力的证据。支持这种观点的人也许会反驳道："即使它们不相等，它们也应该是相等的。"我不能明白它们为什么应该相等。当然了，我作为一名相信人性完美的基督徒，我也不明白为什么恐慌和危机不能被彻底消除。我们很容易发现两次恐慌之间的间隔至少看起来是逐渐延长的。从1893年到1907年历时14年时间，而14年后的1920年并没发生任何恐慌事件。

除非我们故意歪曲恐慌的构成条件，否则很难把1920年的股票抛售行为看作一次典型的恐慌事件。它造成的影响无法与1893年、1873年、1857年和1837年恐慌的破坏性后果相比，也不具备恐慌年份的特征。我在此断定，如果在五年之内出现了剧烈的经济衰退与股市下跌，那对我们将是最好的结果，因为它其实抵消了未来可能出现的麻烦。

必要的商业病理学

世上一定存在一种科学而严谨的商业病理学，也许称之为病态心理学更为适当。我在之前的章节已经说过，使用历史记录来研究重要的商业问题及其成因是完全没有准确性可言的。但是我们正在逐步了解一些困扰商业发展的"疾病"的症状，我们在近25年当中在这方面取得的成就，或许已经超过了自迦太基人把提尔港卖给罗马以来取得的所有成就。我们有理由相信，我们正在探索出一种诊断商业疾病的科学方法。在1893年的时候还没有这种方法，因为当时还没有如今的这种股市记录。

但是我们为什么要假设那些最精明的人也会每隔10年、20年或其他时间段就丧失理智并忘记从前的所有教训呢？关于恐慌，有一件事是肯定的，那就是如果人们能够预测到恐慌，那恐慌就根本不会发生。我们的工作目标不就是积累足够的知识并进行正确的分析，从而成功地预测到除了"自然的力量和国王的敌人所做之事"（不可抗力造成的风险）之外的未来风险吗？

联邦储备体系的保障

我可以发现，联邦银行体系中存在着太多的政治因素，也存在着许多缺陷。然而在这个体系之下，我们很难想象会发生一些不利情况，使得全国在1907年和1893年时被迫重新采用票据结算中心的流通券。设计出一种完善的银行体系需要人类大量的智慧，而在一个人看来是完美的东西在其他人眼中可能是不适宜的。但是从旧有的国民银行体系向联邦储备体系的转变，代表着美国经济史上最伟大的进步。对周期理论者而言，难道美国联邦银行体系本身不就是一个值得考虑的全新因素吗？

但我们绝不能认为有了这样的进步就认为未来不可能再发生恐慌了。相反，恐慌是肯定会出现的。但是随着我们自身知识的增加，我们至少可以部分地预测出这些危险，并且尽可能迅速而有效地遏制住其危害。

教育老师

如果我们的这些研究可以让一个哪怕与华尔街没有利益往来的聪明人明白，知识能帮助他在华尔街得到的保护，就像在其他任何地方一样，那么我们的教育目标就基本上达到了。当然，我也希望能在为他人提供教益的同时，看看还有多少有关股市运动的问题还没有被我以实用的方式归纳出来。如果想了解这些问题的本质，就必须使用实用主义的方法——日复一日地对其进行研究。根据道氏理论，股票市场的本质是大道至简的，只要你的老师不是个怪人、骗子或赌徒，他就应该能从一个非常实际的角度将这个问题阐释清楚。哈佛大学正在进行一项目前极为需要的工作，即出版描述基本经济状况的图表和指数图表，其真实性是毋庸置疑的。负责这项工作的编撰者们将自己束缚于那些危险的假设条件，但也没有禁锢于那条假想中的国民财富"平均曲线"，这条假设的曲线在萧条时期和繁荣时期始终保持同等速度的上升趋势，直到出现无情的战争才会改变原有的前进路线。

物理学定律适用于此吗？

哈佛大学的这套体系并不认为在人类社会当中"作用力和反作用力是相等的"这一定律依然适用。这是一个很合理的命题，但是如果要说服我们将这样一个物理定律应用到既不稳定又难以捉摸的人类社会中来，还需要更多证据来支持。在股市平均指数所证实的诸多事实之中，有一件事是显而易见的：就目前的股市价格运动而言，作用力和反作用力并不完全相等。我们找不出任何一个牛市中的上涨幅度恰好等于熊市中的下跌幅度的例子。如果事实真的表明任何既定的主要趋势波动幅度都是如此，那么形成趋势所需的时间也需要重点关注。我们已经发现，市场处于牛市的时间通常远远多于处于熊市的时间，这就像一条规律一样。二者之间并不存在一个绝对平衡的恒等式，而且我也不认为人类社会中的任何地方会存在这样一个恒等式，历史上当然也没有这种记录。我常常会用到别人编撰的一些数据，也不想虚伪地说自己曾用剃须刀做过剪贴图表的工作，但是当我在工作中研究这些数据的时候，从来没发现过在股市里有作用力与反作用力完全平衡的情况。

难以计算的股价波动幅度和持续时间

当然，股市晴雨表中也没有过这样的记录。不管是从股价的波动幅度还是速度来说，它都不可能出现类似钟摆运动那样的精确规律。我们常常可以发现市场在熊市当中下跌了40个点，在牛市中又用了两倍的时间上升了50个点，然后在熊市中下跌了近60点，又在牛市中又反弹40个点，在熊市中再下跌大概30点，然后又上升20多点，接着又是一波牛市，在工业平均指数上涨近60点的同时铁路指数的上涨却不足30点，每一波主要趋势所消耗的时间都不尽相同。近25年来的股价历史记录基本就是这样。这些股价运动中显然存在一种粗略的周期性，但是如果我们生搬硬套地将周期套入数学计算公式，想要算出下次主要趋势何时会重现，是上涨还是下跌，那将只能令我们不知所措，只剩下一种空洞无物的理论和一只干瘪的钱包。

骗人的把戏

尽管通常情况下说教会很受欢迎，但我不想把自己所讲的内容弄得很教条化，而是一直尽量把一些极具科学性的内容讲得富于趣味又通俗易懂。所有教育工作中的一个问题，同时也是每个教师都面临的道德危险就是，教师们为了维持他们的权威，往往把自己教授的学科蒙上一种神秘色彩，他的潜意识里希望减少那些令人尴尬的竞争，所以总是故意夸大了在获得真知过程中会遇到的困难。这是人类的一种本性，在短期内他会把原本简单的问题加以夸大，使其看起来更加复杂。英国普通法以及教会法规都会把某些手工工艺视为秘密。到你家来修理管道的工人总希望你能够看到他精心的准备工作和他维修时的混乱局面，从而向你证明了他的工作是很有难度的，这样一来他就找到了向你开出高额账单的借口，而你作为外行根本无法去评价其难度。

泄密者和知情人士

我认识一些很可爱的人，他们供职的地方坦白而言就是一些提供股票投资建议的机构。他们提供的服务非常有市场，而且这些人都很善于洞察人心。他们从来不对股票市场表示利空的看法，他们往往能在牛市期间取得很大的成功，赚到很多的钱，我想他们在好年份所取得的积蓄足以满足他们在差年份的生活需要。他们告诉不理智的投机者他想知道的消息，而不是他真正需要知道的消息。有时他们的猜测是正确的，但是这些猜测总是包含着一种暗示，暗示着研判股票市场价格走势是件神秘的事。如果这样评价他们对于整个市场的判断是正确的，那么对个股的判断就应该更正确了。在他们的帮助下，利用他们信息的"知情人士"们总是会不停地买进。我在工作中接触过很多"知情人士"，他们作为小投机者，犯错误的时候要远多于正确的时候。

实际上，真正意义上的知情人士是负责处理公司实际业务的工作人员，他们总会忙得根本没时间关注股价的变化。他们的视野往往仅局限于自己所熟知的那部分业务中，不足以对整个市场做出正确判断。他们一般对自己持有的本公司股票充满信心，因为他们相信自己的公司是极具发展潜力的；但是如果涉及影响他们所持股票价格的经济波动、与他所持股票同一板块的股票或所有铁路及工业股票时，他们的视角又是极其有限的。有人说过多的内部信息足以毁掉华尔街上的每个人，这绝不是讽刺而是事实。

这不仅是事实，而且还是一件好事。大公司的执行官们应该对自己工作领域之外的情况有一个整体的认识，也应该得到良好的指导。阅读本书对他们也应该是有益的，即便只是教会他们用一种客观的态度看问题。然而即使是在大学里接受过良好的基础教育的人，就像打算从事法律和外科医学的人那样，他们所从事的职业也会使他们总揽大局的能力有所减弱。

值得信赖的指南

股市晴雨表从不会制造出周期或系统，也不会制造出有趣的、说服性很强的论断或者什么流行的说法；它会运用一切有用的东西并收集所有能得到的信息，正因为这样，股市晴雨表才具有如此巨大的价值。市场的运动反映了所有真实的信息，日常交易就是从信息糟糠中把麦粒筛选出来，如果谷粒的质量不好，市场将以低股价的方式反映其预计价值；如果得到的谷粒质量很好，股市就会抢在最勤奋、最先得到消息的宏观经济分析师之前有所表现，当他们整理好研究结果并将其计入图表的时候，价格已经启动。我们虽然不是开普勒或牛顿，但我们也可以总结出一些实用性很强的规律，用以帮助和保护那些必须每天都预测后市的人。这正是股市晴雨表的作用所在，它从不做出错误的论断，它也承认人类明显的局限性，但尽管如此，它还是可以坦然地宣布自己具有一种极高的预测功能，迄今为止还没有其他任何一种商业记录能够望其项背。

第十二章

预测牛市(1908—1909 年)

我们现在继续来研究股市晴雨表的重要预测价值。如果我们想要证实道氏股价运动理论的正确性，或许应该在此提到《华尔街日报》于1907到1908年间不定期发表的那些分析平均指数的文章。这些文章是一段历史时期的记录。由于个人的原因，我对这些文章的印象非常深刻，已故的塞雷诺·S.普拉特先生是一位有着丰富经济学知识、个性鲜明而且能力非常优秀的新闻工作者，他在1907年末辞去了《华尔街日报》主编的职位，转而担任纽约商业协会秘书的工作，这份工作既高贵又相对比较清闲。

客观公正的评论文章

报纸上的评论文章是不署名的，也并不像公众与政客们想象的那样具有很强的主观色彩。当然，编辑不仅要向报纸的经营者承担个人责任，还要根据法律承担起相应的民事和刑事责任。他所写的文章在必要时要受到报社内专门负责某个领域专家们的审查，而有时候专家写的文章反过来也要经过编辑的修订。任何一家经营良好的报纸在发表一篇评论文章之前，都会让几个有资历的人先对其进行审核和修订。我在1908年初接替了普拉特先生的职位，虽然作为编辑往往会不自觉地以自己的思维方式影响他的同事，但是我也不能说那些分析平均指数的文章到底含有多少主观色彩。无论如何，普拉特和我在分析平均指数时采用了的方法是相同的，我们采用的都是从《华尔街日报》的创建者查尔斯·H.道那里继承来的方法。

预测到熊市的结束

你也许还记得在前文提到过，1907年出现过一次短暂却很严重的主要熊市趋势，这波熊市在那一年的11月21日到达最低点。在11月的最后一个星期，工业股票出现大幅的反弹，看上去像是熊市中的次级反弹，股市晴雨表所面临的最困难的问题，就是判断出市场运动趋势的方向。《华尔街日报》在12月5日的评论文章中说：

"20种铁路股票平均指数在11月21日到达最低点81.41点，股市昨天上升势头强劲，报收于89.11点，其间的涨幅为7.70点。在这10个交易日里，仅有两天出现下跌。尽管目前的价格仍处于低位，未来也可能出现交易量的萎缩，但仍然出现了这一波大幅度的反弹。"

12月23日的评论文章在讨论股市一周以来的整体发展情况时，也涉及了平均指数的问题。作者似乎感觉到将出现变化而又不是非常肯定，贸然进行预测是不够谨慎的，因此他写道：

"我们可以发现，铁路股票价格平均指数出现了非常典型的走势。从7月20日到11月21日，这一指数下跌了26点；在接下来的两周内又上升了9点，然后在十天之内下跌4点，最近的一周又上升了2点。这其实是一种逐渐缩小的钟摆形运动，这表示股市正在步入平衡。"

能够自我修正的晴雨表

在进行进一步的讨论之前，我们有必要先谈一下次级走势。上文那这段话已经给出了一个简单明了的例子，足以满足我们目前讨论的需要。我们可以发现，熊市在最低点形成后出现的次级反弹之后会出现次级下跌，而这一波下跌不会再重新回到反弹之前的那个最低点，历史记录表明，当时构成平均指数的12种工业股票的运动走势基本都是一致的，并且能够相互印证。如果想解释清楚次级走势的意义和作用，那么引文中的最后一句话或许是对其最好的说明。可以认为，我们的晴雨表正是以这种方式来调整其自身的。在熊市即将发生转折的时候，市场上会充斥着各种信息，投资者所持的观点也非常混乱，只能通过自身调整逐步回归有序状态。在这以后，投资者和投机者们总会想要预测股市的趋势，但他们通常都会看得过于遥远了。

预言实现得太快

有些人在华尔街受到损失是因为他们的预测实现得太快了，这样的例子数不胜数。这里有一个让我记忆非常深刻的例子，在麦金利于1900年重新当选为总统之前那年的夏天，当时牛市刚刚出现，有这样一个非常精明的场内交易员，他是一家交易活跃的套利经纪人公司的合伙人，现在这家公司早就不复存在了。为了便于读者理解，我在此解释一下什么是套利经纪人公司，这是一种通过电报与伦敦市场进行联系而进行交易的经纪人公司。由于纽约与伦敦两地存在时差，纽约的上午相当于伦敦的下午，因此套利经纪人公司可以利用同一时间两地交易所中的价差来赚得利润。但是那个夏天的市场很不景气，这些套利公司也和其他公司一样并没有多少业务。在市场行情好的时候，这类公司的总交易量一度达到每天300万股，而此时却急剧下降到了每天还不足10万股。

　　然而这位名叫路易斯·沃姆瑟的交易员，却在这种不利条件下将交易员的活跃性发挥到了极致。他在整个夏天都积极买入，其他交易员都抱怨说，"他到处跑来跑去，每一只哪怕是暂时活跃的股票的交易机会都被他毁了。"但公平地说，作为一名场内交易员和股票交易所的会员，这样做是他的正常权利。市场直到总统大选的最后几个星期才开始逐渐走强并恢复成交量，而此时的沃姆瑟显然做出了正确的判断，并且能够在市场的上升中获得很多的利润，我想他当时甚至幻想过自己能够领导潮流。在大选结束后的三天里，股票市场出现强劲地增长，这次的增长过于强劲，以至于让他认为麦金利重新当选总统的积极效应效果已经充分体现在了牛市之中，于是他转而看空，这种判断使他损失了很多钱，大概相当于他此前5个月内挣到的所有利润。我们曾提到过这一波牛市直到1902年9月才结束，尽管此间受到过诸如北太平洋铁路公司股票抛售事件的重大负面影响。这个典型的例子向我们说明了市场上存在这样一种投机者，他们只能发现众多股市影响因素中的某一个因素，但是他们也不愿意相信晴雨表，殊不知股市晴雨表能把所有的影响因素都兼顾其中。实际上，沃姆瑟在一个相对封闭的市场之中有过出色的表现，这使得他像井底之蛙一般地认为市场是由他一个人构成的，尽管在股票市场上涨之前也的确如此。

一次令人振奋的预测

让我们再次回顾1908年至1909年的那波牛市。《华尔街日报》早在1907年12月25日就明确地预测到了这一波牛市，报上的文章写道："我们已经看到了一年之中所能到达的最低价格。"1908年1月10日，当整个国家的经济状况还在因1907年的打击而颤抖、票据清算中心的流通券还在流通的时候，《华尔街日报》就根据晴雨表判断出市场将出现一波巨大的反弹。在谈到这一波尚处于萌芽阶段的走势时，《华尔街日报》就认为"这将是一波从非常低的起点开始的剧烈波动，持续的时间可能很长也可能很短，然后朝着相反的方向发生彻底的转折"。这是一个观点清晰而又令人振奋的预测，即便是保守型的商人也开始逐渐学习通过对股市晴雨表的全面分析来进行预测。我们必须牢记，道氏理论的初衷并不是帮人在投机性游戏中取胜，也不是一种百战百胜的操纵市场的方法。实际上，在分析平均指数时必须保持专心致志，一旦让主观想法占据了头脑，就会得出错误的结果。我们都听说过，当一个新手祭司触摸到巫师的短杖时，他很可能会把魔鬼召唤出来。

回顾股市的崩盘

　　牛市在形成的初期不会受到人们的认可，在这个时候进行预测不是件简单的事，想要做出某些带有确定性的预测就更难了。我们在前文中着重强调过1907年的商业崩溃是极为突然的。《华尔街日报》在1908年1月24日的评论文章中回顾了那时的情景和令人震惊的变化：

　　"请注意，从这个例子我们可以看出，美国商业钟摆从极度繁荣走向极度萧条的速度是非常迅速的，几乎是在一夜之间就从一个极端走向另一个极端。就在恐慌以极其恐怖的力量席卷华尔街以后，一家大型铁路公司的高管还对外宣布，他的公司前天的货运量创下了历史最高纪录。但是三周以后，这位高管又对外宣布，公司的业务量又突然发生急剧下挫。类似这样的例子数不胜数。

　　现在距离华尔街恐慌开始的时间只有三个月，但这段时间已经足以让美国的经济状况发生彻底性的变化。三个月以前我们还没有足够的车辆来满足庞大的货运需要，而如今铁路沿线和终点站却停着数以万计的空运输车。三个月以前的钢铁交易还极为活跃，而在仅仅5到6周的时间内，需求就迅速消失了，工厂也纷纷关闭。如果我们用图表来描述过去十周内的钢铁产量状况，那么我们画出来的将是一条接近于垂直的线条，因为钢铁产量的下降是如此突然、如此猛烈。"

一波确定的牛市

从1907年冬天到1908年春天，美国的经济状况显然尚处于极为萧条的状态，但根据这段时间的股市晴雨我们可以推断出牛市即将到来，这些推断可以与上文引言相互对照并相互补充。当时的萧条已经被人们所确认；然而决定股票市场走势的推动力并不是当前事件，而是它能接收到的一切事实，这一点还没有被人们所意识到。在上面的引文中我们可以看到，《华尔街日报》介绍了当时一些众所周知的事实。一个著名的图表显示了当时萧条时期中的最低点，直到下一个11月份价格才穿过图表的中轴线，确定进入扩张区域。然而股票市场早在12个月以前已经预见到了这种情况，当一切还处于不明了的状态之时，令人信服的晴雨表就预测到了复苏的来临。

拒绝"无意义的"复苏

回想起当年自己所承担的工作职责，我必须感谢道氏理论，在我面临那些恶毒攻击的时候，他一直在充当着我的后盾。蛊惑民心的政客们总认为华尔街是不可饶恕的，因为每次他们犯错误时华尔街却总是正确的。当时全国到处都充斥着各种各样要求限制、控制、管制商业活动的煽动性言论。在这个冬季失业的情况十分普遍，因此人们普遍都怀有不满的情绪。我收到的很多来信都以最极端的言辞来谴责我们对股市的乐观态度，现在听起来很滑稽，但是这在当时却不是一件开玩笑的事。我们似乎成了乡村集市游戏中的"浣熊"，把头从案板上的洞里伸出来作为靶子，任何付过钱的人都可以攻击它。最轻的谴责认为华尔街"在罗马处于大火之中时却对此充耳不闻"，而最普遍的观点是认为当时赌徒们在市场上进行着罪恶的市场操纵。

如果你去查一下前边提到过的那张25年以来的股价波动图表，你将会发现那一年的成交量是自1904年以来最低的，即使存在市场操纵行为，这意味着在这么狭小的市场里即使存在市场操纵行为它也是难以奏效的。但是人们总是喜欢在熊市期间和从熊市向下一波牛市转化的时期发出这种指责。如果我提供的证据还不够充分，不足以证明市场操纵行为是不需要考虑的因素，那么成交量数据本身也足以证实我的观点了。但是那些顽固的反对者们却不这样认为，在接下来的几个月里，他们仍然用满是谴责言辞的纸张不断填充着我的废纸篓。至少在那段时期内，即将出现牛市的观点是非常不受大众欢迎的。

成交量的关联性

在此我要提醒大家的是，牛市的交易量总是会大于熊市的交易量，股价上涨的时候它随之扩张，股价下跌的时候它随之减少。其中的原理很简单：当市场长期处于萧条状态时，许多交易者都亏了钱或出现了账面上的浮亏，因此用于投机或投机性投资的资金也相应有所减少；然而在市场处于上涨时期的时候，许多人都赚到了钱或在账面上获得了浮盈，于是在牛市的最后阶段，交易者们常常以超出自己原有资金量的力度来交易股票。这一点在主要牛市趋势中是非常正确的，但是应用到次级运动的话就需要做出比较大的修改。牛市中剧烈的次级下跌走势通常会刺激交易量的加大，我可以举出一个最为生动和壮观的例子来体现这种情况。在1901年5月的平均交易量迄今为止仍然还没有被超越过，达到了平均每天180万股（包括仅有两小时交易时间的星期六），而北太平洋铁路公司股票抛售事件就发生在5月9日。在以后的讨论中，我们将详细讨论次级运动的情况，在此还没有必要展开这个话题。

没有偏见的看法

虽然我不想啰唆，但有人却指责我总是说"我早就告诉过你"，有马后炮的嫌疑；为了应对这种指责，我觉得有必要举一些例子来说明股市晴雨表在实际操作中的用途。但其实这些预测并没有什么值得引以为傲的，任何一个有才智的价格平均指数研究者一旦明白了股市晴雨表的基本原理，只要他在研究时有一个不偏不倚的态度，都能够独立地分析出这些结论。一个人如果与股市有利益关系的，那么他的判断力一定会受到一定程度的削弱。当你因看涨而买入股票或因看跌而卖空股票时，你对未来的预测一定会偏向于你所希望看到的那种情况，这是人之常情，但如果作为给他人提供指导意见的分析师，必须保持绝对的公正客观。如果他不这样的话就可能陷入形形色色的陷阱，如果做出了前提条件不明确的推断，那就更加危险了。因为过于自信而失败的投资者数量极其众多，比因为其他原因失败的投机者数量总和还要多。

一次不幸的猜测

　　股市中最容易犯的错误之一就是单纯地接受来自一种价格指数表达出的信息，而不经其他价格指数的验证。1921年5月10日，纽约的《美国人》杂志在其金融栏目中提出了一个很大胆的预测，为增强预测的效果，预测者还使用了一个经过修改的道琼斯指数走势图。这家杂志在使用这张图表和其中的数据时并未得到我们的同意，于是我们被动地成了利他主义者，但不劳而获是一定会有报应的，我们发现这篇文章的作者根本不清楚他所盗用的资料的含义。此文的作者认为工业板块的股票将步入牛市走势，甚至还给出了走势的终点，迄今为止连股市晴雨表都无法做出这样的预测，同时他还预言铁路股票将会"原地踏步"。这是一次最不成功的猜测，因为在此之后工业股票指数又下跌了13点，在6月份创出新低，同时铁路股票指数此后的态势也不是"原地踏步"，而是出现了明显的下跌。

平均指数必须相互印证

　　在这个例子中，观察者单纯接受了来自工业股票平均指数的信息，而没有以铁路股票平均指数作为印证，从而得出了牛市的错误结论。工业股票平均指数形成了一条曲线，这一指数在一波熊市的次级反弹之后显示出一定的力度，并且超过了这条曲线。如果此时铁路股票平均指数也表现出这种状态的话，这就意味着股市已处于建仓的阶段，但实际上并没有发生这种情况，我们希望这篇文章的读者们没有相信它的话。工业股票平均指数之后的走势一直没有超过这篇积极看多的文章发表当天的收盘指数，直到7个月以后的12月2日才超过这一数字。

我们也可以善意地认为，这位股市晴雨表的阐释者或许并不是如此肤浅，他可能是回忆起了1919年那轮牛市时的情况，那轮牛市就是完全由工业板块的股票所促成的。如果你研究了后面名为《规则的一个例外情况》这一章中的图表，你就会知道这种情况是不可能再次发生的，除非让铁路股票重新变成由政府所持有、并由政府担保的证券——这种状态能使它们彻底摆脱人为投机活动的影响，并且将和债券等固定收益证券一同下跌。原因我们都明白，在当时生活成本迅速提升的情况下，这些证券的价格不可避免地会发生下跌。

这一事例强调了这样一个事实，虽然两种平均指数的强度可能不尽相同，但是它们的运动方向没有本质上的差异，在主要趋势中更是如此。从两种平均指数诞生直到现在的这些年份里，事实已经证明这个规律是完全可靠的。此规律不仅适用于市场的主要趋势，而且基本上也适用于次级下跌和次级反弹走势。但它并不适用于日常波动，而用于分析个股的走势则更会得出完全错误的结论。来自单独一种指数的指示的确看起来很像是对的，我也在这方面吃过亏。我通过这种方式分析自己很久以前所写文章时，就曾经不止一次地出现过错误。这就再次证明了晴雨表的价值，我们可以认为，出现错误的原因不是因为对晴雨表信任得过多而是对它信任得太少。

坚持本书的主题

曾经有人建议我应该在本书中讨论一些股市主要趋势产生的原因——比如商业萧条、复苏，以及人们想象中的或实际发生的过度扩张。我对1907年恐慌的原因有着自己的看法。我并不赞同那些与我同样优秀的作者们的观点，他们认为1907年恐慌的原因是E.H.哈里曼对市场的操纵，以及美国铁路公司从1901年到1906年之间的"过度扩张"，他们还认为英格兰银行在1906年底将利率提高到令人咂舌的7%，是罗斯福先生所说的"非常富有的罪犯们"在铁路股票上进行赌博行为的结果。我绝对无法相信哈里曼一个人能够制造出1907年4月埃及的亚历山大恐慌、一个月之内在日本的另一场恐慌，以及10月那场被伦敦的《经济学家》杂志称作"1857年以来在这个城市发生的最大金融灾难的汉堡恐慌"，还有同样发生在这个月的智利恐慌——而这些恐慌事件都早于美国在10月末出现的恐慌。詹姆斯·J.希尔曾在1906年认为铁路行业的利润应该以每年10亿美元的速度发展，但是这种发展速度根本从未出现过。我以为这种瘫痪状态对国家的影响要比E.H.哈里曼的铁路股票互惠所有权计划大得多。后者并不能对民众造成利益损害，因为州际贸易委员会可以通过控制货运费率对民众提供。

但是说这些似乎有点跑题了，我现在所写的是股市晴雨表，而不是天气。对于那些了解事实内幕，甚至在一定程度上参与了那段历史的人而言，在14年后的今天所做出的对那段历史的评价会让他感到奇怪。虽然回顾历史是必要的，但我们的讨论将会紧紧围绕本书的主题。

第十三章

次级波动的本质和功能

在最近几章中，我们一直在讨论股市晴雨表的有效性，在继续用历史资料对这一点加以证明之前，我们有必要在此对次级波动进行一些分析。之前的讨论已经表明，主要趋势在其早期萌芽阶段就能够被预测出来，但是道氏理论中提出的次级波动则是另一回事。道氏理论认为市场中存在着三种独特且并存的运动——上升或者下降的主要趋势、以牛市中的下跌和熊市中的反弹为代表的次级波动以及日常波动，我们已经通过前文的分析证明了这种观点是正确的。本章的讨论内容或许更加针对投机交易者或刚入门的投资者，而不是那些把股市晴雨表作为商业指南和商业预警器的人。

如何判断转折点

我们可以毫不犹豫地说，如果说想要判断主要牛市趋势或主要熊市趋势的转折点是件困难的事，那么判断次级波动的终点就更难了，尽管如此，指出次级波动的终结点和主要趋势的起始点也并非完全没有可能。我们不能教条地看待这种波动的深度和延续时间。1906年旧金山的地震灾难加剧了当时牛市中的次级下跌，通过前文的分析我们可以发现，这种极具欺骗性的下跌很容易让人觉得一轮新的主要趋势已经形成。这种走势可能非常强烈并且富有说服力，就像1901年北太平洋铁路公司恐慌发生时那样，连一些经验非常丰富的交易员也轻率地认为牛市已经结束了。

查尔斯·道估计这种反向波动持续的时间是40至60天，但是随后的经验表明这个区间的上限很难达到，有时持续时间甚至达不到40天。如果我们只考虑日常波动的程度，那么日常波动有时候也可能非常剧烈，甚至剧烈到构成一波次级波动的程度。当公众投资者在

1917 年12月得知政府将把铁路公司收归国有时，铁路股票平均指数在两天之内就上涨了6个点，即使是次级波动也未必能达到如此程度。有这样一个从实践中得来的规律，可以为我们对次级波动的研究提供指示：市场运动方向的改变是突然的，而主要趋势的重新恢复通常是缓慢的，我们通常可以根据牛市中的建仓线或熊市中的抛售线预测出主要趋势的恢复。

流星多于恒星

有谁能预见到这种突然的转变呢？这似乎依赖于一系列因素，这些因素完全不同于价格向价值的回归，因为价格向价值的回归是主要波动的目的和功能，而并非次级波动的功能。这种次级波动代表的是市场条件中的技术面因素，它反映的并不是所有信息的总和。专业人士认为，剧烈的次级波动意味着过多的机构投资者对股市看涨，或者人们不顾流通股票供给不断减少的事实而一直在卖出股票。我曾多次建议人们不要从事投机活动。要表达这种善意的态度很容易，但是如果一个自由的美国公民认为自己具备投机成功的素质，而且他又属于那种从不失败的人时，或许我赞成他从事投机活动会更有意义。在华尔街之外的地方，这种说法会受到极大的挑战，在金融投机的这篇天空中有太多的流星，却很少有恒星。

在市场的次级波动中，专业人士同业余人士相比，具有更加持久的优势，他具有的专业经验能让他敏锐地发现危机。"读盘"就像是一种第六感，在工作上表现得比较出色的场内交易员，往往能比最擅长读盘的投资者更准确地感觉到即将出现的变化。在某些游戏中，业余人士能够比专业人士玩得更好；还有很多游戏，他们至少也表现得比较出色，然而从长期来看，几乎所有的游戏都是专业人士比非专业人士获胜次数更多。当游戏赌注很大时，专业人士赢得最多；当不可避免地要输钱时，他却输得最少。

专家的优势

拍卖式桥牌的专家们认为，在桥牌游戏中拿到一副好牌就构成了80%的优势。如果玩家拿到的牌很好、运气高于常人并且有个好搭档，那么即便是很平凡甚至是不太正常的人也能取胜，甚至在较长的一段时间里一直赢下去。然而那另外20%的优势则能看出一名玩家是平庸者还是专家。如果持续玩牌的时间足够长，使得运气的因素被剔除掉之后，那么真正一流的选手肯定获胜，而且还是在公平的条件下获胜。实际上，如果他是依靠与搭档勾结，取得了一些信息才取得胜利的话，他就只是个骗子，而绝不是一名真正出色的玩家。骗子的优势往往会被人们高估，然而骗子的思维方式总是会有些缺陷，否则他们也不会成为骗子了。我曾在华尔街遇到过几个骗子，其中既有比较专业的，也有比较业余的。他们很快都露出了马脚，当他们仅有的优势消失了之后，他们会发现自己的水平其实很低。其实这些人是完全可以忽略的。

逐步成长的专业人士

许多成功的投机者都是白手起家，靠着个人努力取得了成功，就像哈尔·怀恩德一样。他们当中很多人并非股票交易所的会员，也不是任何经纪人公司的合伙人，因此不得不放弃利用经纪人佣金、市场价差来获利的机会，尽管他们各自的目的不同，但他们都或早或晚地成了专业人士。他们就像其他任何行业的成功人士一样，对自己的投机事业付出了很多的心血。对股票市场只是"偶尔心血来潮"的门外汉们无论是多么精明、掌握多么充足的信息，如果同专业人士进行对抗的话，都将在次级运动中受到损失。他不能快速辨别出走势的变化以调整自己的观点；如果他曾经正确过，那他将更不愿意承认自己此时的错误造成的损失。而专业人士总是能在最短的时间内做出正确的反应，虽然次级反弹和下跌几乎不会事先表现出什么征兆。

牛市是华尔街的常态

当牛市中出现次级下跌或萧条行情时，聪明的业余人士和专业人士的反应非常一致。华尔街过去曾为自己归纳出许多交易法则，其中一条就是"绝不可以在市场萧条时卖出股票"。这在主要趋势为熊市的时候是个糟糕的建议，因为此时的市场会在猛烈的次级反弹之后重新回到下跌态势，经验丰富的交易员也会相应地再次卖出股票。然而华尔街天生就有一种偏向牛市的基因，其中一个原因就是它无法在熊市中赚取利润。很多人误认为熊市是华尔街的丰收时节，认为华尔街此时能够将邪恶的灾难转化为自己谋利的机会，但事实并不是这样。华尔街主要是靠佣金生存，而不是靠卖空那些由它自己发行出来的证券。证券交易量的大小决定了佣金的多少，而巨大的交易量是牛市的特征，并非熊市的特征。从经验来看，华尔街的常态是牛市，我从未见过一个成功的交易员既不对后市看多也不完全退出股票市场，哪怕他是一个以做空而著称的操盘手。

我们在研究主要趋势时曾发现，牛市的持续时间要长于熊市。如果观察的时间段足够长，使得这个时间段内的牛市和熊市基本处于同样的时间长度，我们将会发现市场的大趋势是随着国民财富的增长而不断上涨的，至少迄今为止是这样的。我本人认为战争并不会改变这个基本的事实，至少在生机勃勃的美国是不会的，不过发生过一个例外，铁路板块股票发生的一次异常走势，至少在一段时期内改变了这个命题的前提条件，我们将在以后讨论这个事例。

詹姆斯·R.基恩

说到卖空交易员，我可以非常肯定地说，詹姆斯·R.基恩在熊市中亏掉的钱跟他在熊市中赚到的钱一样多，他留下的遗产和花在赛马饲养场的钱都是靠着购买了一些后来增值了的证券而赚来的。我不曾与基恩有过亲密的交往。事隔这么久之后我可以坦白地说，有责任感的记者是不会与这些大的专业投机者建立亲密关系的。无论他们个人之间的交往多么清白，都有很可能招致公众的误解，使公众把这位记者当作投机者的喉舌，特别是在充满了谣言和丑闻的华尔街。而这种情况也是任何一家清白的报纸都无法容忍的。

基恩在他的女婿塔尔伯特·J.泰勒在布罗德街的办公室里有一个非常隐密的房间，我并不是说进过这个房间的记者都是有道德污点的。基恩是个非常值得我们欣赏的人，他绝不是那些夸大其词的报纸或电影中所塑造的那种残酷无情的金融家，他具有很多优秀的品德，他言而有信，但是对那些对他不守信用的人则非常不留情面。我们都很欣赏他对儿子福克塞尔的父爱，以及他对一匹好马那如同运动员一般的情感。华尔街有很多针对他的攻击，但是没有什么事情对他的打击比得上他最钟爱的赛马的死，这匹三岁大的赛马名叫赛比桑，是由他亲手养大的，外形非常漂亮。当时任职于纽约《环球》杂志的埃德温·莱夫勒是少数了解基恩的记者之一，但是与其说他是基恩的朋友，不如说他是基恩的鉴定者。他用一种非常有趣的方法研究基恩，为的是在自己所写的愤世嫉俗但令人印象深刻的巨著——《华尔街系列》中的《华尔街巨石》和《金色的水灾》等故事中塑造一个类似基恩的人物形象，这些故事现在看来已经有些过时了，但对那些了解20年前的华尔街的人来说仍然是很有趣的。

艾迪森·卡麦克

公众经常责备空头交易者大量卖空和"摧毁市场"的行为，在公众的印象中空头交易者股票卖出的量比他们实际执行卖出的甚至比预想的还要多。公众之所以会这么想，其实还有一个原因，因为这些交易者在买入股票、炒作牛市的时候可以躲在幕后，但是他们卖出股票的时候却往往是非常引人注目的，关键的数据都会曝光在公众面前。艾迪森·卡麦克所处年代要比我早，但是了解他的人都说他卖空股票炒作的时候动作很快，他的操作有时成功有时不成功。如果他没有一流的价值判断能力的话，那他早就破产或者落入另外一番境地了，他更热衷于促进美国金融交易的发展和繁荣而不是抑制它。他在北太平洋铁路公司重组时，以每股7美元的价格购买了大量的这家公司的股票，或许他比那些随时准备谴责华尔街的所谓爱国的批评家们更相信美国的伟大。或许基恩的手法还不是很成熟，在拉升炒作南方太平洋铁路公司时没有成功，但他的这一行动是正确的。

卖空商品

卖空者的朋友极少，因为只有当别人发生亏损的时候他才能赚到钱，人们对于卖空者的这种情绪甚至被不合逻辑地扩展到了商品交易领域，有人觉得卖空者之所以卖空股票是为了进行小麦或棉花等商品的卖空交易。但是股票上的多头头寸和商品交易中的空头头寸并非不能同时存在。如果那些购买力很低的工人们能够以更低的价格买到更多的面粉和面包，美国的经济将会更加繁荣，这种观点再合理不过了。小麦或棉花的价格走势与股票价格的走势是根本不可能保持同步的，在股票价格上升时这些商品的价格通常会下跌。这并不是一个被公众普遍接受的观点，但是我个人认为那些卖空小麦的人，虽然他们的目的是自私的，但客观上压低了小麦的价格，客观而言，他们为公众的福利做出了一定的贡献。

当然，这种观点一定是不受农民欢迎的，更不会受到表面上作为农民代言人的政客们的欢迎，他们认为小麦的价格达到每蒲式耳5美元才意味着经济的繁荣，才能给他们带来足以满足其贪心的财富，但是这很可能意味着同时带来饥荒和大范围的贫穷。在1919年，农民和他们的政客朋友曾做出过囤积小麦的行为（本质上与其他生活必需品的囤积没有区别），其目的是使小麦价格上涨到每蒲式耳3美元以上，此举得到了非党派联盟的指挥和一些当今的农业"集团"成员的道义支持，但这次行动最终失败了，从那以后他们逐渐变得敏感起来。他们失败了，而且我们可以不客气地说他们理所应当会遭受失败。1920年的股票市场已经警告过他们这种囤积垄断行为是不会成功的，当时他们有充足的时间意识到小麦当时的合理价格应该是在每蒲式耳2美元。

晴雨表如何进行自我调整

我们并没有偏离本书的主题。如果只考虑金融活动的话，棉花或谷物市场的不景气很可能与股票市场中的次级下跌走势有很大的关联。实际上，暂时性因素对次级走势的影响比它们对任何主要走势产生的影响都要大。因此我们可以合理地提出这样一个问题："可以用平均指数对次级运动做出可靠的预测吗？"从本质上来说，做出这样的预测是可能的。在主要牛市趋势的市场波动中，如果两种平均指数都形成了一条线，如果价格跌破了这条线，就意味着市场达到了饱和点，在熊市中情况则正好相反。但是经验告诉我们，这种情况通常并不是出现在次级下跌或反弹走势之前，而是在次级走势之后。这条线对那些已经卖出了股票，然后又想重新买入股票的投机者而言是最有用的，因为建仓线给出了即将上涨的信号，并表明平均指数将会上涨到比次级下跌开始时更高的点位。根据我们以往的记录，这个新高点可以充分地表明牛市已经重新开始。

但是我们现在的讨论所针对的并不是投机者，而是那些想要研究股市晴雨表，并将其作为美国整体商业情况指南的人。这些人很可能想要知道次级走势的真正意义以及用处所在。如果我们打个比方的话，可以说次级走势与调整指南针的工具没有什么区别。相信许多人都见过轮船驾驶舱里有一种探测周围情况的仪器却不知道它是干什么用的。我知道这个比喻或许不是特别恰当的，但是有一件事是很清楚的，次级走势最有价值的地方就在于它能够调整我们的晴雨表。至少在某种程度上，作为我们向导的股市晴雨表是可以自我调整的。要知道我们现在所研究的股市晴雨表并不像温度计里的水银柱那么有确定性，水银的所有属性我们已经完全掌握了。股市晴雨表可以把任何可以想得到的因素都考虑在内，包括"人性"这种最不容易把握、最不稳定、也最不可量化的因素，因此我们不能指望得到物理学上的那种机械化的精准度。

并非好得难以置信

我们可能会怀疑我们的股市晴雨表是不是太精确了，这就像警长看待警方得到的证据一样，当所有的目击证人都对同一件事众口一词的时候，这个证据的真实性就值得怀疑了。经常有人问我是否能够给出最高或最低的转折点的准确日期。例如，我们刚刚经历的这一波熊市的最低点究竟是出现在1921年6月，还是出现在工业平均指数单独达到新低点的1922年8月。我在前文中强调过两种平均指数必须相互验证，但是如果你不喜欢这样做的话，那也是你的自由，这只是个人思维习惯的问题而已。但我不认为这会造成什么实质性的影响；我已经分析了许多牛市或熊市走势的数据图表，我们可以通过美国钢铁公司普通股这样的一些活跃股票的走势，非常准确地将指数的未来走势预测出来。但我并没有因此而感到兴奋，因为我并不相信这种方法能像我们的晴雨表一样所经受长期地考验。

有一些批评者很不友善，对我们也不能提供任何帮助，他们本来就不想接受我们的理论，因而对它吹毛求疵地随意指责。他们只是一些好战分子，当然他们可以找到许多他们自认为是晴雨表没有预测到的走势，特别是次级运走势，但是这又能说明什么呢？具备他们所要求的那种精确度的工具都是目前的人类社会中所不可能存在的，而且我认为在目前的人类道德发展水平上，我们也无法对任何一个人报以如此大程度的信任。有一种方法能够毁灭现在这个世界，那就是让某些纯粹的利他主义者将我们这个星球从造物者那里夺走并加以管理。

第十四章

1909 年及历史的某些缺陷

既然我们的研究目的是理解股市晴雨表，就不应该被任何困难所吓倒，不论是真实存在的还是假想中的。只要回顾一下自己过去已经克服了多少困难，我们就立刻可以变得信心百倍的。在这条研究的道路上，我们获得的最大回报或许是我们经历的过程，而不是最后的奖品。这并不是说读者仅仅把这一系列文章读完就算是有收获，而是说我们的研究有助于完善读者的思维方式。如果我们回顾一下，就可以发现我们不仅建立起了道氏股价运动理论，而且在此基础上建立了或者说推导出了一种行之有效的晴雨表，这是一种无价的具有长线预测功能的晴雨表。我们应该透彻地了解这个理论的核心：市场中有三种股价运动形式——1至3年的上升或下降的主要趋势运动；从几天到若干个星期的次级下跌或反弹走势；以及日常波动。这三种运动形式是同时存在的，就像海面起起落落的浪潮，上一个接一个地向着海滩的方向涌去回落一样。或许我们可以说次级走势暂时打断了主要趋势，但是自然法则一直在起着作用，即使我们不遵守它的时候也是如此。这就好比我手中的笔在地球引力的作用下会从指间落到地上或桌面，即使没有真的落下去，地球引力也仍在发挥着作用。与这个例子类似，我们可以认为次级走势与主要趋势是同时存在的，但后者仍然处于主导地位。

不平衡的等式

我们自此有必要提一下前文说到过的商业图表和记录，而且我特别不愿意与这些重要数据的编撰者们发生任何争论，我只是想说这些图表和记录很难作为一种有实用价值的晴雨表。虽然他们提出这个假设时根据的是那个伟大的物理学定律——"作用力与反作用力是相等的"，但他们对未来的预测是非常模糊的；如果他们想要证实其理论的有效性，还需要向我展示在分析时是否考虑到了这个等式中的所有因素。显然这些图表并没有考虑过德国在1918年战争中获胜的可能性；而1917年的熊市不仅考虑到了这些图表中的所有因素，而且顾及到了德军获胜这个大概率事件。事实表明，如果我们不熟悉过去的情况，也就无法对未来的事做出预测，因为相似的原因往往造成类似的结果。但是如果仅仅以历史情况为判断依据，那么做出的预测将是不成熟的甚至是错误的，其恶果足以毁掉任何一个商人。不久以前，一家这种商业图表权威机构曾根据过去十年中的利润和股利记录建议买入某只股票，但是这么多年以来商业状况已经发生了根本性的变化，更糟的是这家机构对政策的判断出现错误，使得购买这只股票的人蒙受了重大的损失。举例来说，如果一个人以股利记录为依据，在1920年购买了美国糖业公司的普通股票，那么他现在将会面临怎样的处境呢？

不充分的前提

这种分析推理的基础过于狭隘，缺乏远见。这就好像在诊断疾病时不顾病人当前的症状，而仅仅因为他在过去十年里都很健康就断定他必然能够康复一样。这就是个以不充分前提为基础进行分析推理的例子。毫无疑问，一家公司在管理及其他方面发生改变的可能性会在那些记录性的表格中被平摊掉，有时候来自这种变化的利空效应会将来自公司良好股利记录的利好效应完全抵消。但是即使这样，这些表格也只能算是历史记录而不能作为晴雨表。气象局记录的数据有很高的价值，但是不能指望依此预测出一个干燥的夏天或一个温暖的冬天。我们都可以凭个人经验得知纽约在1月时可能很冷而在7月份时很热，并不需要气象当局的帮助就能知道这些。气象当局只能提供一个非常短期而又不太准确的观点，却不能预测出我们后天野餐时能否遇到晴朗的好天气，更不能告诉农民们今年夏天的温度和湿度更适合种植土豆而不是玉米。气象局只能提供历史数据记录和可能性，农民必须做出独立的判断，我们也要对后天的天气状况作出自己的估计，看看那时的天气是否适合野餐。

最优秀的人又知道多少

我们已经看到股市晴雨表的确具有预测的功能，它可以提前好几个月就告诉我们商业总体交易量会有多少，并且能进一步警示我们一些国际事件可能造成的不利影响，而这种影响足以让一切根据历史商业记录进行常规计算得出的结果失效。我们总是不厌其烦地强调，股市晴雨表是根据所有可得的信息而做出判断的。我最近采访过一位金融家，很多哗众取宠的记者认为他对金融及未来事件的影响知道得最多，所以称他为华尔街最伟大的金融家之一。我问他："在所有可获得信息中，你能够了解多少？"他说："我从未计算过这一点，但是如果我能掌握影响股价运动的全部信息的50％，我就能确信自己比华尔街上任何人知道得都要多。"这是一位银行家所说的话，他负责许多大型铁路公司和工业公司的融资活动，与国外的联系也非常密切。他没有过分地谦虚，也不会傻到说假话的程度，那么既然连他这样的银行家都承认事实如此，而政客们却总是说金融家们手眼通天，就像满是触手的章鱼，可见这个说法是多么的荒谬。

一种不必要的精确

对于以道氏理论为基础的股市晴雨表的研读方法，我们已经讨论了很长时间。我们已经发现有时平均指数会形成一条"线"，也就是说在一段足够长的时间内，收盘价以正常的交易量在一个狭窄的价格区间内波动，这就是建仓行为或出货抛售行为的信号，并且平均指数的运动一旦上升突破或跌破这条线，我们都可以确认市场运动将在次级走势甚至主要趋势上出现变化，关于是否真的出现变化，还要根据两种平均指数的相互印验证才能加以确认。

我们同时还欣慰地发现，两种平均指数一定会相互印证，尽管它们突破各自的线的具体时间往往不在同一天或同一周，但只要它们的发展方向保持一致就已经足够了；经验表明，两种平均指数没有必要在同一天内达到主要趋势的最低点或最高点。我们只是认为两种平均指数必须形成相互印证，才能表示市场的方向发生变化，即使一种平均指数连续创出新高或连续创出新低，但另一种平均指数却没有跟上其走势，也是不能认为方向已经改变。之前两种平均指数创出最高点或最低点已经很好地指示出了市场的变化。

对于那些希望平均指数表现出绝对的数字精确性的人而言，这似乎非常难以理解，我很不赞同他们的观点，因为这种精确性完全没必要。一位批评者认为我声称上次熊市走势的最低点发生在1921年6月是错误的，因为工业平均指数随后在8月运行到了更低的位置。但这个新低点并没有得到铁路平均指数的印证，因此从我们的观点来看它是可以忽略的。如果这位批评者认为把上升走势的起点定在8月而不是6月，那也不算是错误的。

1909 年的双重顶

在目前的讨论中，我们有必要说一下市场在1909年时向熊市发展的转折点。那些追求高精确度的批评者们可能会对此感到迷茫，因为铁路股票平均指数在1909年8月达到了其在上一波牛市中的最高点134.46点，而工业股票平均指数在9月末达到了100.12点，在10月初达到100.50点，在11月初达到了全年的最高点100.53点。如上所述，在这一波牛市之中，铁路股票平均指数运行到最后一个高点时，就形成了一个所谓"双重顶点"的典型例子。双重顶点的判断方法虽然不是百分之百正确，但也是十分实用的。经验表明，当平均指数形成双重顶点或双重低点的形态时，那么我们就有充分的理由怀疑这一波上升或下降走势是否已经结束。然而，如果我说这波牛市于1909年8月见顶，并在这个时候开始转向熊市，肯定有人会纠正说熊市应该从11月初算起。但是这又有什么关系呢？如果我们把当时的情况与我们之前学到的关于抛售线或建仓线的知识结合起来看，就会发现在1909年11月第一个交易周结束之前就已经出现了出货现象，并且造成了相当程度的影响。这种出货现象可能会是次级下跌，但这个例子中却是主要趋势，随后出现了一波重要的下跌走势。

被充分预告过的牛市行情

依我看来，这种情况是股市晴雨表给出的信号，它就像一架精密的测量仪，充分考虑到了人性本身的不可靠性。股市中从来没有一波牛市像1909年这样，有这么多次机会在最高点或略低几点的时候赚得利润。在前文中我曾说过，始于1907年12月的这波牛市实际上是不怎么受欢迎的。通过这波熊市可以预测出由罗斯福总统引起的公司发展的停滞期，然而罗斯福本人却没有想到他对"富有的犯罪分子们"的整治所持续的时间会是这么长，而那些比他更加无知虚伪的人们又从这种情况中得出了毁灭性的暗示。

对批评者的批评

从1908至1909年的牛市并没有让那些具有名望和能力的批评者们感到满意。我曾高度评价并向读者们推荐过亚历山大·D.诺伊斯的著作《美国金融40年》，根据最后的总结段判断，他对历史的回顾似乎仅截止到1909年初的时候。他似乎对当时正在进行中的牛市并不看好，却完全没有想到这一波牛市却一直非常强劲地持续了下去，铁路平均指数持续到了8月，工业平均指数持续到11月，并且铁路平均指数在1909年12月31日仍保持在130点左右，与8月中旬的134点相差无几，而工业平均指数仅比最高点的时候低1个点。诺伊斯先生在谈及这次牛市时，作出了这个不太成功的预测：

"随着1909年的到来，这次奇特的表演也宣告结束，因为所有的事实很快大家就了解到了，钢铁和其他商品的价格出现下降，股票交易所的活动也归于平淡。随着1908年的结束，这段历史也相应地结束了，因为它代表着一个篇章就此终结。"

但是正如我们所见，从平均指数的历史记录来看，这个篇章并没有像诺伊斯先生所说的那样结束了。我们可以很轻易指出，这波牛市一直持续到了1909年8月，如果换一个角度来看，也可以说是11月，而预示着下一次萧条的熊市，直到1910年1月才"发动了马达"。此处我们又看到一位博学而能干的观察者把历史记录当作晴雨表，并以此在预测中出现了错误。

过于简单的历史记录

对于包括我自己在内的所有研究历史的人而言，总是让他们感到遗憾的一件事就是，真正可以用于研究的历史真的是太少了。我们的平均指数图表从诞生到现在也只有25年多一点而已。当我们说20种活跃的铁路股票所构成的平均指数必须和20种工业股票构成的指数相互印证时，在我看来这至少在某种程度上意味着，少于40种股票的走势不足以全面反映出市场整体状况。在后续讨论中，我可能会用15种不同的股票的月度平均高点和低点来反映1860至1880年间的市场情况。这种方法当然不全面也不完善，我现在不妨指出，我并不认为这些数据具有任何教学价值；不过如果这些记录是和当时发生的那些事件一起被记录下来的，而不是多年以后编撰出来的，那么它就可以用来向商业界提供有用的信息，就像我们如今由双重平均指数构成的晴雨表一样。

历史记录了不该记录的事

我对历史的批判还远远不止现在说到的这些。所有现在见得到的历史资料——最早可追溯到古埃及和小亚细亚人种起源的时候——这些记录往往是有问题的。这些资料向我们讲述的都是法老王朝的事，却对王朝中那些有创造力的中产阶级管理精英只字不提，但正是这些管理经营让这个王朝如此富裕，并能统治很多的民众。我们知道当时的法老王朝有统治者和战争，有自由程度不同的奴隶和工人；我们现在还知道实际情况与卡尔·马克思的假设并不一样，不是劳动创造了一切，因为体力劳动同脑力劳动相比，只创造出了人类财富的一小部分。对于过去的"人民"一词，我们可以获得很多信息。牛津大学的索罗尔德·罗杰斯教授多年以前曾经编撰过一份图表，记录了英国自都铎王朝以来的工资情况。但是历史似乎总是习惯于记录关于底层民众的某些事情、记录上层人物的一些事情，对中产阶级情况的记录却接近于空白，但中产阶级正是任何存在商业活动的国家中最直接的智力之源。

商业记录在哪里？

我们对迦太基人真正了解得有多少呢？他们的国家是当时最伟大的贸易国。我们在此先不谈汉尼拔所参与战争的细节问题，也不谈我们熟知的第二次布匿战争时期的那一段历史，只考虑一个典型的迦太基商人在一年的对外贸易活动所记录的账簿。这样一本公元前250年的一个商人的账簿要比《古罗马衰亡史》更有价值，我们可以从这本账簿中学到很多适用于当今问题的实用知识，而《古罗马衰亡史》只是偶尔有些对迦太基王朝的介绍，但没有提到当时的商业活动实务。

这位商人是怎么做他的贸易的呢？他从事的是康沃尔的锡以及提尔的染料生意，他的通讯员遍布了当时已知世界中的各个角落，从西部的英国一直到东部的印度。当他收到锡和染料时，是否支付了过多的金币或银币呢？他很可能是用自己现有的商品交换锡和染料，那么他如何付款呢？又是如何保持收支平衡的？他有一个交换票据吗？我倾向于认为他会有这样的账簿，不管采取的是什么形式，虽然历史上并没有莎草纸或羊皮纸的这种账簿流传下来。然而历史没有告诉我们在现在的这番讨论中我们想知道的事，迦太基人是如何调整他们的国际贸易收支平衡的呢？他们肯定面临过这个问题。约帕、西顿以及亚历山大的商人们都有账簿或类似账簿的东西，用于记录自己从迦太基或者其他地方进口了多少商品，又出口了多少商品。如果罗马欠了迦太基的账，那么势必会形成三角贸易，这就需要用到一些复式记账法的知识，也必然要以某种规定的汇率来维持各国之间货币储备的相对平衡。关于这些，历史又告诉了我们多少呢？什么都没有。然而这些知识的价值对我们来说是无价的，它可以帮我们避免很多错误，其价值超过了色诺芬带领一万人撤退的不朽传奇的价值。这是巨著所无法达到的。

谁为薛西斯一世提供融资？

上帝不允许我们忘记塞莫皮莱之战中的教训。我们知道在这次波澜壮阔的战争中，希腊300名勇士在明知灾难即将到来的情况下，仍然表现出无惧无畏的英雄气概。但是为获胜的薛西斯一世统帅的"五百万"大军提供衣食和武器的人又将如何呢？"众山凝视着马拉松平原，马拉松平原凝视着大海"，它们将一直这样相互注视着，直到天崩地裂，但他们无法告诉我们用来运送战败的波斯人的舰队究竟花掉了多少成本。"希腊战舞一直流传到了现在，可是当年的军队如今又在何处？"我们不要战舞也无所谓，最重要的是知道当时的军队是怎样获得一日三餐，这些食物又是如何运送而来的。我非常不同意亨利·福特对历史的看法，历史并不是"废话"；然而对公元301年罗马皇帝戴克里先颁布的固定价格法令造成的经济后果，我们为什么不能给出可靠的分析呢？

希腊人的海军装备是从哪里买来的？他们又是怎样取得这笔购买资金的？他们当时是如何记账的？支付款项时是用金属钱币支付还是通过写在羊皮纸上的账单，把一个商人的债务转向另一个商人，最终完成三方的结算？所有这一切都被古代历史资料遗漏了，现代历史资料对这方面内容就更欠缺了。直到十九世纪中叶，才有一个叫格林的人写了一本名为《英国人民简史》的书，着重于描述社会生活而不是国王的历史。但是它的记载太简略了，轻易忽略了英国人民生活中的最重要部分，可敬而默默无闻的英国人民，他们为自己的生意而忙碌着，并想办法"躲避报纸媒体的注意"。没有人会忽视那些导致《大宪章》签署的历史事件，除非我对约翰国王不太感兴趣，不然我就会更想知道以约克郡的沃尔特·斯科特为代表的商业和金融界人物的事迹，而不仅是那时的历史资料。从实际的历史价值角度而言，这个饱经风霜的犹太人的只言片语比金雀王朝国王手中的手杖更有价值。

中世纪的银行业

我们对早期历史学家的作品研究得越多，就会越发惊讶地发现他们对一些显而易见的事实居然视而不见。让人感到惊讶的是，因为除非涉及政治因素，不然他们总是刻意地与违背他们记入史册的阶级保持着距离。弗鲁德花费巨大的篇幅描述了来自阿拉贡的凯瑟琳王后的离婚事件，但是对于这一事件中涉及的金融交易，比如凯瑟琳王后与亨利八世结婚时的嫁妆是如何取得和支付的，却没留下任何有价值的记载。我曾经听一些经验丰富的新闻工作者说："最有趣的新闻不会刊登在报纸上。"这句话听起来很愤世嫉俗，但却包含着的真理成分；同样的道理，最有价值的历史事实也很少被记入历史。

萨缪尔·佩皮斯的日记并不是为发表而写，但是与同时代或以后发表的任何作品相比，它却为我们揭示了更多关于查理二世复辟这段时期的真实历史。差不多正是从这个时候起，我们才开始对两个半世纪以前伦敦的银行业情况及其运行机制有了大概的了解。就我们现在可以得到的历史资料而言，我们所有知识的起点不会早于17世纪末英格兰银行的成立，在此之前金融家的商业和金融活动相关记录基本上是无法得到的。在荷兰、西班牙和葡萄牙的殖民扩张时代，甚至在更早的热那亚和威尼斯的贸易时代，这些资料原本是可以被记录下来的，但是那些历史学家们似乎认为国王私生子的出生比商业街的成立更为重要，哪怕是这些商业街为其自身的发展而营造出了一种至关重要的金融机制。

信用证是新生事物吗？

我确切地了解到，银行业甚至分支银行，在中国至少已经存在了二千年之久，并且已经形成了银行汇票、信用证和一整套正常的银行运营机制，只是在形式上要简单得多。我们必须承认今天的这种信用结构从本质上说是在现代产生的，但是如果仅仅因为我们对历史了解得太少而认为它完全是新生事物，那就太荒谬了。迦太基、热那亚和威尼斯的贸易大部分都是以物易物，但我们能够确定当时的支付形式却不仅限于此。不仅是教会法，而且包括《圣经》本身和类似的著作之中，都曾多次提到过高利贷的罪恶，然而高利意味着利息，利息又意味着信用，这就像铸币意味着交换一样。高利贷并不是典当业，中世纪的银行业也不是典当业。有证据表明，一些人在收取利息的同时也在支付利息，不管是当时还是现在的商人，可能都要比神职人员务实得多，也更能分清合法利息与高利贷之间的界线。问题在于历史学家们直到现在为止还一直受到教会对货币借贷所持态度的影响，他们对自己并不了解的事情保持着顽固而教条的态度。我不禁怀疑，真正黑暗的可能不是早期的中世纪，而是这些历史学家们。我甚至赞成我的朋友詹姆斯·J. 沃尔施博士的观点：从艺术和文学方面所呈现出的真正文化成果和成就来看，13世纪的欧洲和我们极其相似。即便是他也没能从历史资料中找到什么关于当时商业机制的有用信息。

一次合理而保守的预测

关于在1909年市场转折期如何使用晴雨表的问题，《华尔街日报》在9月11日，也就是铁路平均指数创出新高之后的1个月，发表了如下评论：

"平均指数在星期四出现的那种下跌，通常意味着一波下跌走势的到来。这种指示目前还不是很具有权威性，但是无论如何，我们都认为牛市有可能重新抬头，因为所有的坏消息都已被市场所知晓，平均指数此时的表现同长期以来的任何时候相比，看起来都更让人感到沮丧。

悲观主义从来都不是本报的风格，但是当市场达到顶点时，它发出了保守而诚恳的呼吁。这种做法还从未出现过失误。"

这篇评论发表之后，尽管市场表现得相当稳定，只出现了一次大概持续到年末的次级下跌运动，《华尔街日报》仍然从平均指数给出的警示中吸取着教训，10月28日，《华尔街日报》在说明了重新恢复上一波牛市所需的反弹幅度之后，发表了这样的评论：

"此处并不打算强迫市场接受一个观点，虽然这个观点是从纯粹的技术角度出发，从平均指数多年来的价格走势的经验来看，我们现在除了从纯技术角度，不想从其他任何角度做出判断。但是有证据表明，股市晴雨表目前的下跌很值得交易者们好好考虑。"

越来越有效的晴雨表

　　虽然当时的公众普遍认为1910年将会出现牛市，而且两种平均指数也都只是略低于最高点，在1909年12月18日《华尔街日报》仍然发表了不受公众欢迎的熊市观点。有趣的是，当时有一种看空市场的理由（不是由平均指数得来）竟是高昂的生活成本。1月份的繁荣和牛市往往是年初时永远的话题，但在这一年的12月28日，这种想法彻底地破灭了。这样的例子还是很多的。这个事实足以说明，在我们讨论开始于战争之前的那四年的方向不明确的市场走势之前，股市晴雨表早在12年前就已经忠诚地完成了自己的使命。

第十五章

一条"线"和一个实例

(1914年)

在前文关于股市晴雨表的讨论中，我们选取了一些铁路股票和工业股票，将这些股票分成两组并记录下了它们每天的收盘价，然后根据这两组收盘价记录的走势及其相互印证关系来研究股市走势，之前的讨论中我们强调过"线"的概念。毫无疑问，单独一天的交易情况不具备任何价值，不管成交量有多大，都不足以表明市场的整体趋势。在道氏平均价格理论中，这种日常波动是第三种运动形式，也是重要性最低的一种运动形式。我们可以把它想象成一种每天都会出现的不规则的潮汐运动，即使芬地湾出现了异常潮汐，或中国的某些河口出现潮汐，整个海平面的高度也不会因此而发生变化，海平面真正的涨落是有其内在规律的。

一个定义

一般而言，我们可以认为这条线经常出现在主要熊市趋势中的次级反弹之前，或主要牛市趋势中的次级下跌之前，在极少数情况下也会出现在主要趋势发生反转之前。我们几乎可以像信奉公理一样地认为，这条线不是囤积线就是抛售线，它暗示着买卖双方的力量暂时达到了均衡状态。在平均指数的历史记录中，出现过一些意义非常重大的线，在以往的讨论中我们提到过它们。

预测战争

平均指数作为股市的晴雨表，能够预测出华尔街本身并不知道或者没有意识到的事。我们在此处用一个例子来证明它的这种特殊价值。在世界大战爆发前夕的1914年5到7月，工业和铁路两种平均指数形成了一条非常奇特的线。这是平均指数受到过的最严格的一次检验。战争的到来震撼了整个世界，股票市场是否已经预见到这场战争了呢？我们公正地说，它不仅预测到了战争的爆发，而且早在7月末的时候就已经预测到了，而德国军队在8月3日至4日才打入比利时。

在此我要提醒一下，股票市场从1912年10月以来一直处于主要熊市趋势之中。从1914年5月开始，两种平均指数分别开始形成一条不同寻常的线。铁路指数在103至101点的区间内波动，而工业指数则在81至79点的区间内波动，铁路指数其仅在6月25日跌至100点，从而发出了警示信号，但走势在第二天就恢复原状并得以延续，铁路指数和工业指数这两条线分别持续到了7月18日和7月27日。7月27日比德国军队入侵比利时的日子提前了8天，对铁路指数提出的警告形成了印证。

"线"的定义

    下面这张图表包含了从1914年5月1日到7月30日的所有数据,这张图可以解释许多问题。这条线和平·均指数记录形成的其他线一样,应该是一条建仓线或出货线。到4月末为止,熊市已经持续了19个月,我们据此可以合理地推测,如果不发生战争,这将是预示牛市即将来临的一条建仓线。这波牛市真正开始于12月份,此时股票交易所刚刚恢复交易不久。

    这个图还能解释这个问题,即这条线的长度或宽度是多少。从理论上说,这条线是可以无限延伸的,这个例子中,工业指数实际上持续了66个交易日,铁路指数则持续了7个交易日。我们可以发现,铁路指数的上下波动幅度最多为3点,而工业指数则更加稳定,最大波动幅度为4点。事后证明这条线是一条出货线,而当时市场上的股票的确极为饱和,以至于股票交易所只好宣布停业,这也是自1873年黄金恐慌以来交易所首次宣布停业。

1914年5月1日至股票交易所停业之间的平均指数

每个数据都代表着２０种铁路股票和１２种工业股票在一个完整交易日内的收盘价。

RAILROADS （铁路股票）

————————————————MAY————————————————

```
                              103 103 103 103 103 103 103  103 103 105
102 102 102 102 102 102 102 102 102 102      102 102              102
                       101 101 101

                            -JUNE-
                      103 103 103 103 103 103 103      103 103
102 102 102 102                          102 102 102 102 102        102
101                                                 101  101  101 101
                                                          100

                            -JULY-
                   103
102 102 102 102 102 102
                       101 101 101 101
                           101 100 100 100 100

                                    98 98 98
                                       97  97 97
                                             56

                                                   94
                                             93
```

INDUSTRIALS (工业股票)

-MAY-

```
             81  81  81  81  81  81  81  81  81  81  81
80                   80 80 80 80       80 80              80
79 79 79 79 79 79 79

——————————————————JUNE——————————————————
    81 81 81 81 81 81 81 81 81 81 81 81 81 81 81
80 80                                    80 80 80 80 80
                                         79

        JULY-
        81 81 81 81 81 81 81
80 80                81 80 80 80 80 80 80 80 80
                                       79 79 79

                                       76 76
```

发生了什么?

市场究竟发生了什么事？美国股票的德国持股人和信息最为灵通的欧洲银行家们在市场上抛售了所持股票。如果不是因为发生战争，所有以当时不具代表性的低价被抛售的股票都会被美国投资者逢低买入。截至1914年7月，熊市已经持续了22个月，当时市场上随处可见这样的低价股票。而实际上美国投资者还是在第二年把这些股票全部吸收了。华尔街的任务是在社会积蓄足够的情况下，结合适当的机遇发行证券，但此时战争使得外国持股者变现所持的股票，同时战争贷款又迫使其他投资纷纷变现清算，于是原本来自新证券的股票供给就被来自欧洲投资者股票抛售的供给取代了。对铁路公司的过度管制，在战争爆发前的很长时间就已经使铁路公司完全丧失了创造新资本的能力，这种管制行为现在被认为是一种经济犯罪。公众在这场灾难来临的五年以前，就把注意力转移到了工业股票的投资机会上，其中一些机会带有危险的投机色彩，例如在通货膨胀期间效果甚微的石油股票推销活动。如果不是因为战争把我们从债务国变成了债权国，以及外国持股者出售美国证券的行为，那么市场上将会严重缺乏发展资本机会；这也解释了为什么市场在经过了7月末众所周知的下跌之后，股票交易所在12月恢复交易时，股市只是下跌了一点就立刻转入了大牛市。

与交易量的关系

知识的价值在于它不仅能告诉我们应该做什么，还在于它能告诉我们应该避免做什么。所谓的内部信息在华尔街是一种很危险的东西，特别是当你根据这些消息进行交易的时候就更危险，但另一方面它至少可以让你远离那些不可能正确的谣言。认真研究平均指数能够让你发现哪里出现了"线"，如果能够证实它是一条"建仓线"，我们就能从中获取重要的信息，这不仅对参与股票交易的人来说大有裨益，而且对那些将股市作为预测全国商业整体趋势观察工具的人来说也是价值不菲。

此时应该加入一些关于交易量的讨论了。交易量的重要性其实比人们一般认为的要小得多。成交量是一个相对的概念，在一种市场供给状态下较大的交易量，可能在市场异常活跃的时候就是微不足道的了。如果这条线意味着吸筹，那么吸筹数量就会等于市场的所有供给量，不管供给量是30万股还是300万股。阵雨在密度、区域和时间方面各不相同，但是它们都是由空气的湿度达到饱和点而造成的。雨就是雨，不论它的范围是整个国家还是一个州，也不论持续时间是五个小时还是五天。

如何发现牛市的来临

也许人们要问，当市场中出现一波次级上升走势的时候，我们怎样判断它是否已经发展成了一波主要牛市趋势呢？答案可以在平均指数连续的锯齿形走势中找出来。如果主要熊市趋势中的次级上升走势达到正常情况下的顶点之后，略微发生下跌，但没有跌到上一次的最低点，随后又继续反弹并超过了上次反弹的最高点，我们就可以确信一波主要牛市趋势已经建立起来了。但是晴雨表无法预测到这波趋势所持续的时间长度，正如无液晴雨表不能在10月30日告诉我们大选那天的天气情况。

晴雨表的局限性

我们不能希望无液晴雨表做到无所不知，我们都知道它也经常在预测时出错，如果它真的从来只出错，水手们也不会把它当作一种可靠的指示工具。股市晴雨表也是这样，我们需要机智地研读它。医学X光图片的发明大大地帮助了我们这个时代的医生，也保障了人类的生命和幸福。但是这些医生会告诉你，X光图片必须由专家们来进行分析，对于那些并不经常使用它的普通医务人员来说，它可能难以看懂，甚至会造成误导。例如，X光图片显示一个人的牙槽长了脓包，但是这对不懂医学的人甚至某些牙医来说并没有意义。但是任何一个牙医都可以通过一定的训练而读懂X光图片，而任何富有才智的外行人只要对股市走势感兴趣，只要不抱有投机的态度，就也能够学会研读股市晴雨表的方法。

投机的必要性和功能

许多人因为缺乏必要的知识而在华尔街投机失败，他们往往把华尔街视为一个充满神秘感的地方，他们认为自己只是在一个近似于赌博的游戏中受了骗。这本书的目的并非讨论道德问题，诸如投机的道德性、投机与赌博的分界线、赌博在"十诫"中的位置或被人看作罪大恶极的卖空行为等。笔者的个人观点是，一个人在其能力范围内的投机活动不涉及任何道德问题，换句话说，投机的道德性是毋庸置疑的，正如人类合法地经营自己的生意一样。如果有人把投机作为自己的事业或其事业的一部分，那么所谓的道德问题就只是一个理论性的问题了。投机活动是一个国家的发展过程中最重要的活动之一，激发投机行为的精神可以用更美的词汇来形容，比如冒险精神或创业精神。如果没有人愿意承担投机所蕴含的风险以获得比正常投资更大的利润，美国的铁路建设就会在阿勒格尼山的东部山脚下戛然而止，而在我们小时候被称为"美洲大沙漠"的地方也将会仍然是一片荒漠，但在投机精神的作用下，这里已经成了重要的小麦和玉米生产地。

英国文学家拉迪亚德·吉普林曾经说过，"如果英国军队总是等待支援的话，那么不列颠王国的疆域就会仅限于玛吉特海边上，而不会获得日不落帝国的广大版图。"股票市场以及任何一种自由市场中都存在投机者，这是一个事实而不是理论，他们就是不愿等待支援的潜在投资者。如果一个国家决定放弃自由市场以及与它自由市场中必然存在的投机行为，这就是个极坏的消息，它意味着国家将会停止发展并且开始衰退。

困难却公正

我们不能错误地认为非专业投机者如果在华尔街进行很长时间的投资活动的话就一定会赔钱，因为笔者（虽然我没有做过任何保证金交易）可以举出很多反例。但是如果有人想在一场需要资本、勇气、判断力、谨慎和研究得来的必要信息的较量中立于不败之地，他就必须全身心地投入其中，就像做任何一份事业那样。就华尔街而言，把投机活动看成是一场纯靠运气的赌博的观点是绝对错误，这种观点带有很大的误导性。但是对于那些在与投机专家们博弈时不想遵守游戏规则，或者根本不明白规则的人而言，在华尔街的交易的确像一种纯粹的赌博，并且专业投机交易者在这场赌博中具备绝对的优势（他们根本没必要作弊）。在拍卖式桥牌游戏中，没有人会在没学过如何叫牌以及如何做出正确决策之前去跟专业玩家对抗。除非他毫不怜惜他的队友，不然他绝不会这样做。但是一个不愿拿自己和队友的钱去冒险的人，却毫不犹豫地到华尔街从事投机活动，那么他除了赔钱还有什么奇怪的事吗？

是谁构成了市场?

我们现在似乎可以回答一个经常被刨根问底的问题了。"是谁构成了市场?"是市场操纵者吗?是发行新证券的大型金融机构吗?是股票交易所里专业的场内交易员吗?是那些向记者说自己赚到了很多利润、向国会委员会讲述自己怎样在股市挣钱,却从不提及自己的损失的广大个体散户吗?当然都不是。市场从诞生之日起,一直都是由整个美国范围内进行储蓄的公众将他们所存留的资金拿来投资而创造出的,当进行投资的公众的思维统一倾向于认为股价、利润和成交量将出现下跌,并应该在此之前收手的话,任何一个金融联盟都不可能操纵出一个牛市来,不管他们是采用宣传还是采用任何别的手段。就算是最精明的专家级操纵者也只能在公众投资者情绪允许的情况下,刺激市场中已处于上涨状态的某一只股票或某一板块的上涨。我们听说过一些成功了的市场操纵,比如已故的詹姆斯·R. 基恩在1901和1902年对美国钢铁公司和联合铜业公司的股票发行活动进行了成功的操纵;但是在无数的例子之中,操纵者试图操纵新股发行但最终失败,因为当时的市场整体趋势使这种操纵行为变得获利很小而又很危险,对于这种失败的例子我们却很少知道。大型金融机构往往是证券的卖方,它们的工作就是创造出新的证券以满足新企业在发展中的融资需要,并把公众资本这个巨大的蓄水池引向这个渠道。华尔街的个体资本家买进股票是为了投资获利,从这些知名人物的遗嘱中我们可以看出,像已故的JP. 摩根、E·H. 哈里曼这种掌握充足信息的人,也会在投资判断中出现一些令人难以置信的小错误。

投机活动的理论基础

前文曾经说过，股票市场以最透明的方式反映了美国人对美国商业状况，甚至于周边国家商业状况的全部认知。当一个发现自己的贸易生意或工厂生意发生好转、出现盈余资金时，他很可能会把这些资金投入到具有很好的证券交易之中。如果这种商业活动的好转是普遍性的，那么股票市场将会预期到这种现象，并把它反映出来；因为他可以在7月份买进股票，并根据保证金和自己的资金状况持有一定数量，而后在年底的时候分配利润。但是他不会一直等到年底，因为他知道自己在7月时获知的信息到年底时就会被公众所知晓，从而使股价大打折扣。他在股价处于低位时买入股票，就像趁着原材料价格便宜时为自己的工厂买进原材料一样。在此需要注意的是，这完全是一种由情绪引发的行为，而华尔街绝不鼓励这种行为。"情绪"（sentiment）一词源于拉丁文动词"Sentire"，意思是"通过意识和精神得知、感觉、思考"。

情绪

华尔街知道情绪是什么。情绪是一种高度的冒险精神，是对崇高目标的不懈追求与努力。这种精神鼓舞着布恩越过了阿巴拉契亚山脉；鼓舞着1849年的淘金者们跨越了洛基山脉，它是我们从莎士比亚时代的先辈那里继承来的，先辈们心怀冒险精神驶入茫茫大海，英勇抗击西班牙的船队，并最终在一块不知名的大陆上以女王的名字命名了一片种植园。弗吉尼亚今天仍然存在，但是正如奥斯汀·多布森在歌里所唱的和杜威船长所问的那样，"西班牙船队今在何处？"这种冒险情绪是推动国家成长的原动力，它不能与那些一时兴起而创造出的"洲花"、"微笑周"以及煽情的"母亲节"相混淆。在讲英语的民族中，这个词在很大程度描述的是经历伟大时刻时的一种感觉。正是这种情绪使得我们首次为那些拯救了这个民族的无名战士兵们举行了国王般的葬礼，并在威斯敏斯特大教堂为他们立碑纪念。也正是这种情绪使得所有伦敦人在世界大战停战协议宣布的一年之后，屏住呼吸保持沉默了一分钟。1919年11月，我在伦敦政府大楼的街角经历了两个这样的时刻，那种场面的确十分感人，让我这个坚强的记者不禁流下了感动的泪水。

大的价格运动不是某位有见识的个人或领导人物所能够控制的，它是一种意义更加深远，更令人印象深刻的东西，至少对于一个从内部角度和外部角度都对华尔街都有过了解的人而言是这样的。

"智慧之人是如此脆弱，伟大之人亦是如此渺小。"

第十六章

一个可以证实规律有效性的例外情况

谚语是由一个有才智的人总结众人的智慧而形成的。一些人争论说谚语是不合时宜，往往只是一些华丽的总结或老生常谈。法国的一位哲学家曾说："所有的一般性总结都是错误的，包括我现在说的这一个。"但是老生常谈虽然可能比较陈旧，但很可能是真理。人们常常说任何规律都会有例外情况出现，但是当例外情况频繁出现时，就有必要总结一条新的规律了，特别是在经济学领域。最契合本书主题的一条谚语是这样说的："规律的例外情况也能够用以证实规律"，这条谚语在股市平均指数出现的最大例外情况中体现得极为充分。

在我们根据价格走势做出任何判断时，铁路股票和工业股票两种平均指数必须相互形成印证。从平均指数多年以来的历史记录来看，两种平均指数的运动是保持同步的。但是这一规律有一个例外情况，而且就本书的讨论而言，这个例外情况很有价值，因为它证实了我们所建立的规律。

一些必要的历史知识

为了解释价格运动的含义，就必须先回顾一下近代的历史，因为通常情况下，价格走势出现几个月以后才能充分显示出其中的含义，这也使得我们的研究更加富于趣味性。在1918年的时候，那时世界大战已经大约进行了9个月，两种平均指数都处于主要牛市趋势，并在那一年年底出现了猛烈的次级下跌走势。铁路股票在那一年一直处于上升趋势之中，但随后又遇到了抛售的情况，在1919年几乎已经进入了熊市状态，而在此时期的铁路股票却仍处于最强劲的上涨势头中。在我发表这一系列文章的时候，总是有人写文章对道氏理论表示质疑，这个事实也成为他们质疑和攻讦建立在平均指数基础上的整个道氏理论的依据。但是如果规律的例外情况也可以证实规律本身的话，这就是其中一个例子。

　　请注意构成平均指数的工业类股票和铁路类股票在本质上也都是有投机性的，只不过程度较为有限。这些股票的持有者往往以资金的安全性为第一宗旨，在此基础上追求固定收益，但即便如此，这些股票的持有者也经常变化。如果这些股票不具备投机性，那么它们对股市晴雨表也就毫无用处了。铁路类股票之所以没有在1919年像工业类股票那样表现出牛市趋势，是因为政府对铁路公司的所有权和担保使得这些股票至少在那段时间失去了投机性。所以无论在什么样的市场中，在牛市还是在熊市，这些铁路股票最多只能上涨到人们预期的担保价值的水平上。

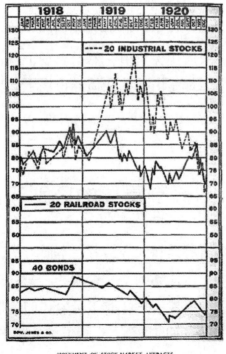

MOVEMENT OF STOCK-MARKET AVERAGES

179

受到削弱的晴雨表

因此在一年多的时间里，平均指数作为股市晴雨表的价值只发挥出了平时的一半，或者说实际上还不到一半，因为工业股票的运动走势不能得到投机性的铁路股票运动走势相应的有效印证。从图表中可以清楚地看出，这一时期的铁路股票走势不是随着富于投机性的股票市场而变化，而是随着债券市场变化。那时候除了政府担保之外，人们对这种股票没有任何指望，除非有远见的持有者能够预见到政府所有权滋生出的巨大浪费和其日后的崩溃，以及这些情况所导致的铁路收益能力的大幅萎缩。从图表中还可以发现，在政府持有铁路股票所有权的那段时期，铁路股票偶尔地与投机性工业股票出现同向运动，这种现象原因各不相同，但运动的幅度也只局限于人们所预期的政府担保价值，然后出现下跌，之后又反弹，这一系列走势在本质上都是由那些在债券市场上起决定性作用的因素而引发的。

一个重要的区别

在此有必要指出股票和债券二者在本质上的区别。股票代表的是一种合伙人契约，而债券则是一种债务、一种抵押品，一种在求偿权上优先于股票的负债项目。股东是公司的合伙人，而债券持有者是公司的债权人。债券的持有人把钱借给公司用于购买固定资产，例如铁路公司的不动产，或工业制造商的厂房。但是债券的本质在于，对于持有者而言它的投机性特征是次要的，甚至可以说它根本不存在任何投机性，持有债券的目的是取得固定收益，价格严格地随着收益的购买力而波动。当生活必需品价格水平处于低位时，债券的价格相应较高；一旦生活成本上升，债券投资的价值也会随之不断下降。人们往往会认为债券价格受到货币价值的制约，但这绝对是一种误解。利率每天都在波动，只有通过解读长期债券的条款，我们才能看出货币价值在几年之中的变化情况，但是这最多也只能算是一种估计，而且经常会出错。

针对外行人下的定义

用最简单的话来说，固定收益证券的价格与生活成本成反比。如果生活成本较高，债券等固定收益证券的价格就会较低，以美元计算的收益率就大。如果生活成本较低，固定收益证券的价格就会比较高，以美元表示的收益率也相应地有所减少。

政府担保的效果

政府担保了铁路股票的最低收益，而最低收益的计算是以截至1917年6月30日的三年内平均收益为基础的，这样一来铁路股票实质上就成了一种固定收益证券。假如铁路股票没有政府担保也没有由政府持有，而是继续保持投机性特征，那么其波动将不再是由生活成本决定，而是取决于其收益能力，主要是预期收益能力；因此我们曾不止一次地指出，股票市场所反映的不是当下的商业状况，而是全国的智慧集结在一起所能预见的最长远的商业状况。

我们现在来回顾一下战争期间的历史情况及其对铁路股票的影响。当美国在1917年春天加入战争时，政府与铁路公司之间还只是达成了初步的协议。在持股股东看来，他们投资的股票仍然是投机性的，铁路股票也的确表现出投机性的趋势。直到1918年圣诞节后的第二天傍晚，政府明确接管铁路公司的声明才被公之于众，而股票市场当天还来不及对所有权发生变化后的铁路股重新做出价值评估，但是在第二天，也就是12月27日，20种活跃铁路股票平均指数就报收于78.08点，比前一天的收盘价上涨了6.41点。在不到两天的时间里，华尔街认真地考虑了政府永久接管铁路公司的可能性，而此前华尔街只是认为政府只可能会为到期的债务和资本优化而增加投资。这份声明发布的当天早上，纽约的一个对威尔逊政府满怀信心的记者认为，政府接管铁路公司会以过去五年内的平均净利润为基准做出补偿。我们无法知道总统威尔逊先生是怎么想的，但是当时以及在此之后相当长的时间里，人们都认为政府想要永远保有对铁路公司的所有权。

平均指数是怎样产生分化的

世界大战期间的第一波牛市在1916年10月达到顶点，之后股市步入了熊市；通过上一节的图表我们可以看出，在这一波熊市下跌之后出现了一波贯穿整个1918年的反弹，铁路股票在这波反弹中一直与工业股票一样，保持着稳健的上涨趋势，但是当股东手里的股票开始受到政府所有权和担保控制时，两种平均指数的走势就分道扬镳了。铁路股票在1918年10月就达到了最高点，而工业股票的牛市一直到1919年11月才结束。当时的铁路股票由于有政府担保所以出现了第一轮冲动性抢购，然后发生了崩盘，直到1919年夏天的时候才又出现了反弹，但是在此之后又开始逐步下降；而工业股票仍然处于主要上升趋势之中，然而此时1920年的工业股暴跌已经露出苗头了。1920年，铁路股票表现出了与工业股票截然相反的走势，铁路股票不断上涨，在这一年秋季与工业股形成了交叉。与此同时，债券的复苏也可以与铁路股的这种走势相互印证。

《埃什—康明斯法案》

我们可以看到，铁路股票在1919年的下跌和1920年的复苏其实是与40种典型债券平均价格的运动走势是一致的，我们可从中看出这二者的走势与当时的通货膨胀和生活成本的变化情况是多么地相关。当威尔逊先生在1919年春夏之际身处欧洲的时候，经常有报道说他对政府所有权所带来的高运营成本和低效率感到十分不满，并希望尽早找到机会把铁路公司的所有权归还给私人业主。我们有理由相信他曾打算，至少是希望能在1919年8月1日左右将铁路公司所有权归还于私人业主，因为他认为国会将在这个时间通过相关的法案。国会当时正在起草《埃什—康明斯法案》，也就是现在的《运输法案》，但是众议院直到11月16日才通过了这部法案。在12月初，总统明确地宣布他将于1月1日交换铁路公司的所有权。但是参议院却一直到1920年2月末才通过这部法案，总统被迫把自己所定下的最后期限又延长了两个月。

在"控制期之前"卖出

但是在9个多月以前的1919年5月，铁路平均指数的走势出现了"双重顶"的第一个顶点，并在7月出现了第二个顶点，《华尔街日报》认为这些铁路股票面对这么差的盈利报告却仍然表现出强势，原因可能在于此时的铁路公司即将受到政府管控，铁路股票保持投机性的日子不多了，因而铁路股票的投机性显得弥足珍贵。毫无疑问，7月反弹之后到1920年初的下跌是由政府所有权的巨大破坏力所造成的，这种破坏力的表现在于使得营业成本在大多数情况下超过了营业收入。工资支出是铁路公司的首要成本项目，而管理者出于政治考虑的而不是财务考虑，将工资提升到了难以置信的程度，铁路公司所需的所有成本项也都在成倍地增长。政府的战争管理部门是缅因州出产的铁路枕木唯一的买主，此时它通过招标将铁路枕木的价格从每根37美分抬高到了1.40美元。那个时候提升铁路运费是很有必要的，因为只有这样才能让铁路公司在私营的情况下能够自给自足，但是这一举措还仅仅是处于讨论阶段。事实上，在指导实施这一举措变得迫在眉睫的时候，州际贸易委员会才勉强将其采用。

不同的性质

联邦政府对铁路公司的管制实际上结束于1920年2月28日，即《埃什—康明斯法案》签署之后的两天，然而该法案同时将政府的赔偿又延长了六个月，而且又创造出一个劳工委员会，并在制定运费费率时规定铁路公司要把6％的利润交给州际贸易委员会。运费直到来年8月份才真正开始提升，然而华尔街知道运费一定要提高，并且和以往一样，在自己可预见的时间内提前体现了这个因素——这个案例中提前了近六个月。

在分析这次战争对商业以及生产的影响时，我们完全可以确信，这一次的战争所造成的局势无论是在性质上还是在程度上都与之后的战争完全不同。这是一次性质完全不同的战争。在没有其他因素促进的情况下，工业股票独立地形成了一波牛市走势，这种现象是以前从未发生过的。我们之所以在此强调这种本质上的差异以及造成这种差异的原因，是因为只有我们彻底地理解并解释它，才能使今后研究这个问题的教师和学生们在面对那些看起来不可调和的矛盾和困难时，不至于感到迷惑和沮丧，而本书的目的正是想让他们和现在的读者一样喜欢它讨论的内容。之后我们还会举出另一个例子对其进行探索和验证。

全局感和幽默感

　　我们没必要爱上自己的理论，也不必像追求时尚的发烧友那样用一个错误的视角看待它。如果你将银币放在一臂之长的距离之外，你就能正确看待它与其周边事物的关系；如果你把它拿得离眼睛近些，那么它和周围事物的比例关系就会被扭曲和夸大；如果你把它拿得离眼睛太近，那么除了它之外你再也看不到别的东西了。上帝不允许我试图建立一个以誓死捍卫"世界围绕平均指数运动"这一学说为己任的经济学派。我们并不需要招募信徒，我们可以原谅这个学派的建立者，但却不可原谅这个学派本身。因此，我们必须与股市晴雨表保持一个恰到好处的距离，这样才不至于让自己把晴雨表看得比它所预测出的天气更重要。我们已经建立起了一套合理的理论并且可以将其用于实践之中，否则本章和以前的章节就没有什么价值了。但是我们不能像许多的统计学者那样对这一理论过分执着，科学家们，即使是最伟大的科学家，都倾向于对自己的学说坚信不疑，但结果却往往都不尽人意。伟大的假想主义哲学家赫伯特·斯本瑟曾对已故的赫胥黎教授说："你可能难以相信，但是我本人写出了一个悲剧的开头和整体框架。""我完全相信，"赫胥黎说，"而且我还了解其中的情节，只不过讲述了一个完美的理论是如何被一件丑陋的小事情抹杀掉的。"

我们的资料基本都取材于现代

查尔斯·H.道对于自己这一套市场价格走势理论很少有明确的论述，也很少从这个理论中得出什么推论，更不用说从这一理论的应用中得出有实用意义的真理了，很多人对此表示过遗憾。使我们感到惊讶的是他竟然能够在当时资料极其缺乏的情况下看得如此深远。查尔斯·H.道于1902年下半年去世，目前构成平均指数的20种工业股票中只有6种在当时被纳入平均指数的构成中，而且当时构成工业平均指数的股票也只有12种。十年前，找到足够数量的既有代表性又持续活跃的工业股票以用来构成平均指数是根本不可能的事。旧的平均指数并不具有如今这种双重形式的优势。说到这里我不禁要感慨，如果我能使用1860年的市场运动的例子该多好，哪怕是仅由15种股票构成的单一平均指数。我们知道，两种平均指数相互修正、相互印证是极为重要的，但是当麦金利重新执政的时候，因为缺少足够的持续活跃的股票，平均指数的编撰者也只好把西部联合公司纳入铁路平均指数的构成之中。我们既不能轻视也不必高估先驱者们的工作，他们必须为自己开辟出一条路，设计出自己的工具；而我们能从他们的经验中获得益处，更多的是在从事一种不那么有创造性的工作，而且经常会缺乏虔诚的精神。

第十七章

最好的证明(1917年)

如果股市在1917年没有出现那波熊市，那我们可能就不会做出本书中的这一系列讨论了。如果真是这样，我只能认为从股价波动所反映出的知识和智慧中得出的推断只不过是些经验主义的东西，或者说是以不充分的假设所做出的推断。我还将认为，股票市场不知为什么看不到美国以外的情况，它无法在看待国际事务时保持一种理智的和自我保护的视角，我们做分析时使用的逻辑推理链条还是非常脆弱的，所以我们做出的发现不会比街边杂货店中萝卜价格的变化更有价值。然而，从1916年10到11月到第二年12月出现了一波主要熊市趋势，我们可以将其看成是晴雨表价值的最好证明。

战争前景的不确定性

有一个轻率的批评者没有理解我们的讨论中反复强调的一个基本问题——股市中存在三种运动的含义，以及股市与未来事件的关系，因此他问道，"1917年和1918年的商业图表呈现出很繁荣态势，同时巴布森图表中代表商业繁荣区域从1915年下半年到1920年末也从未低于经过修正的增长线，那为什么股票市场仍然在1917年出现了熊市呢？美国在战争之初的商业剩余又是如何造成的呢？是我们没有为参战的军队提供给养吗？我们难道没有为参战军队提供食品和武器并以借据的方式拿到支付款吗？我们虽然取得了数十亿美元的流通借据，是不是其中有一些可能永远无法支付呢？"

记住这些是很重要，但是1917年那一波熊市的形成是有其具体原因的，股票市场并没有丧失理智，也并不认为在战争中取得的利润可以弥补上我们在过去和未来的外国客户那里失去的利益。在整个这一年里，战争的结局也一直都无法预见，就市场所能得到的全部信息而言，并不能排除德国人获得战争胜利的可能性，直到1917年末，股市晴雨表才开始预测到协约国的胜利。这一年12月，市场提前11个月预测到了协约国将会取胜，提前6个月看到了德国人最后一次疯狂进攻将会失败，并从此开启了一波牛市。无论我们多么坚定地相信正义一定会取得最终的胜利，这种想法也是在1917年才真正树立起来的。当时熊市的结束其实是一种保险手段，但那些无法分辨出引发"繁荣"的不同原因的人会对此时的走势无法理解，它却是一种最为理智的市场走势，证明了市场比我们之前的任何分析都更有远见。

万一德国人胜利了

许多读者一定想过这样一个问题，如果德国及其盟国取得了战争的胜利，这个世界将会变成什么样子。一定还有更多的人认为这种可能性太可怕了，所以不敢去作此设想。我们都感觉到现在的情况已经够糟的了，但是如果法国被击溃、比利时受到奴役、意大利出现独裁统治、大不列颠被摧毁、英国商贸船队被毁坏、企业破产频繁、人们无法养活自己，情况又将如何呢？如果纳粹德国向世界索要数千亿美元的赔偿，情况又会如何？我们会喜欢这个加勒比海的邻居吗？那时候许多国家会发生分裂，也有可能许多国家将会诞生，这将会给全世界带来十分深远的影响。但是如果大不列颠王国从此元气大伤、一蹶不振，整个世界又将如何呢？

如此不堪的情况或许能让意志最坚定的人感到气馁，然而股票市场却在1917年勇敢地面对了这一切，它当时已经向自己提出了这些问题。希姆斯上将曾告诉过我们当时的情况有多危急，协约国当时也坦率地承认当时的局势极其严峻。虽然美国在1917年春天参与了战争，但刚开始几乎毫无准备，所以我们在军事上的帮助直到那一年年末才起到作用。股票市场并不知道是不是我们不该这么晚才参战。毫无疑问，我们应该拯救自己和同胞，但是我们不一定能拯救得了盟军，股票市场必须为可能发生的失败提前进行投保。前文中我们曾说过，除了信息最完备的部门在做图表和分析时用到的那些因素之外，股票市场还会考虑许多其他因素。这些记录的诚实编撰者们绝不会认为股市波动中那些警示信号的作用仅限于反映美国一个国家未来的商业形势。

英国的国债

从1908至1909年的这波牛市结束到战时繁荣开始之前，有一段平静的商业收缩时期，我们将在另一些章节中对它进行讨论，这将是很有启发性的。战争开始之前的熊市与这场颠覆了所有分析预测的战争之间存在着明显的联系。战争的规模是如此巨大，可以说是史无前例，只有那场以1815年滑铁卢战役为终点、时间长达四分之一个世纪的那场战争与之有些类似。如果我们认为时间可以在一定程度上弥补强度，并把战争的相对规模和涉及的人口及国民财富联系起来，或许可以比某些观察家们得到更为准确的比较。据我所知，有一个重要的事实从未被考虑到，即英国在拿破仑战争造成巨大损失后发行的巨额国债。英国的债务那时（1815—1816年）预计达到了国民总财富的31.5%，在这一世纪的大部分时间里，也就是在维多利亚女王的当政时期，国债逐渐得以偿还，到了布尔战争爆发之前，英国国债占国民总财富的比例已经下降到约为4%的水平。

据初步统计,布尔战争使英国花费了大约10亿美元,国债占国民财富的比例超过了6%。在1902至1914年间,尽管生活成本和税收都在稳定地增长,英国的国债比例再度下降,但是没能达到1699年的最低水平。英国国债目前占国民总财富的比例大约为33%,比拿破仑战争结束时还高出了1.5%,拿破仑战争从1793年一直持续到1815年,期间有3年的休战时期。毫无疑问,这是一个相当高的比例,但是还不能算是高到了不可救药的境地。这也解释了为什么战争期间所有货币都贬值的情况下,英镑仍然保持着与美元基本同等的汇兑信用。

美国自己的一项负债

1917年的股票市场曾问自己,如果德国人在战争中胜利,英镑和其他一切事物将会发生什么情况呢?如果德国人在1918年春天发动的那次反攻成功了,如果德国人的印钞厂正在争分夺秒印制马克,那么今天在协约国诸国流通的货币又会是什么呢?我们可以欣慰地发现,股市晴雨表最本质的特性就是它的预测功能。当我们以账面利润、过度膨胀的工资和物价水平自欺欺人的时候,股市却显示出了熊市的端倪,还有什么例子能够更清楚地证明股市的前瞻性与预测性呢?1916年我们通过《亚当姆森法案》将提高工资的权力赋予了工会,却没有规定相应的生产力回报。在总统大选即将来临之际,国会也不遗余力地拉选票,它安抚美国的消费者和纳税人说,这一法案将能够保证缩短劳动时间并使铁路乘客得到更大的安全保障。但实际上《亚当姆森法案》并不意味着劳动时间真的被缩短了,而是使得劳动时间提前,甚至还导致了更多的加班。铁路工作人员的劳动时间实际上被延长了，因为这个法案严格地按照人们的利益，将铁路工作人员的工作时间上升到了16个小时，达到了每日法定工作时间的上限。我们现在都知道它对其他各个工业部门的工人产生了极其不道德的影响。在1917年初的参战使美国受到了极大的束缚，而此时发生了这种先例之后，没有什么工资要求会比这显得更加荒唐。几乎让美国所有的制造商和消费者都尝到了由于国会这一可耻让步所带来的致命后果。

"劳动掺水"意味着什么

在《晴雨表中的水分》这一章中，我曾经说过劳动掺水的破坏力远胜于资本掺水。如果没有劳动掺水的这种稀释作用，美国的国债将会减少数十亿美元，甚至根本就不会出现负债。皮埃兹先生在世界大战期间担任了紧急航运公司的总经理，他认为个人产出的减少和工资的提高使得劳动的效率出现了剧烈的下降，工资上涨的借口是商品物价的上涨，而商品物价的上涨其实恰恰正是工资上涨所造成的。他曾说：

"工人们在战争时期蓄意地进入了一种消极怠工的状态。大西洋海岸的船场工人们进行同样时间长度的劳动，在一年前的1916年的工资是1美元而现在却要2美元，但个人产出量却只有一年前的2/3。"

盖·莫里森·沃尔克在《恺撒之物》一书中曾引用了皮埃兹的这一段话，说"美国在参战之后的单位成本的产出仅是战争开始前的1/3。"美国的国债大约有240亿美元，扣除盟国向美国的借款110亿美元，还有130亿美元，其中很大一部分，甚至可能有一半都是由劳动掺水所导致的。但是我们还应该考虑到，我国对协约国的支持不仅包括现金，还有军需物资，而劳动是军需物资成本中最高的一项，因此这一部分国债中也有水分。这种水分不仅是指现金工资，更多地是指消极怠工和低质量的工作。如果我们把从无情的股市中挤出的所有公司资本中的水分汇总在一起，也根本比不上无耻的掺水劳动中的水分，而我们自己和我们的子孙必须在未来的半个世纪里为这些掺水劳动付出代价。

为糟糕的工作买单

我们不难看出，资本中所谓的"水分"很大程度上都是虚假的。与那些劳动掺水造成的无法估量的损失相比，它所造成的真实损失又是多么微不足道，当我们从那五年战争时期的工商业统计图表与记录中，剔除掉这些虚高的价格之后，发现这一时期的工商业表现竟然是如此令人失望。我们必须为虚假的战时繁荣付出代价，因为所有这些虚假的美元都需要用真正的美元为其买单，每一小时消极低效的工作都需要一小时的优质工作来作为补偿。

次级经济膨胀及之后的岁月

如果要我来预测股市中的下一波主要牛市趋势，以及下一次可能来临的次级经济膨胀(规模可能要比战时繁荣小得多，但是其发生的征兆已经非常明显)，我就会把它和英国在滑铁卢战役之后的情况进行类比。在1821年，英格兰银行重新启用了金本位制度，黄金贴水从而随之消失。自欺欺人的下议院在1919年承认，著名的《布里安报告》是正确的，而黄金不能兑换纸币的制度是错误的。在之后的几年中，战争时期的通货紧缩局面逐步得到了控制，而在战争时期，国内每六个人中就有一个人申请慈善救济。难道我们敢说我们不会迟早有一天以这种方式解除自己那相对较轻的负担吗？现在距离停战协议的签署还不到4年，当我写下此文的时候股市正处于牛市，这波牛市不知道能不能把我们带入到欧洲在1821年时所面临的那种情况。我们所面临的局势并没有英国当时那么严重，但是我们的外国消费者们却有着数不胜数的债务需要偿还，这不是江湖郎中的偏方能够医治的问题，其实也只有在把江湖郎中们的偏方扔出窗外之后才能找到妥善的办法，因为我们的病人此时已经处于了十分危险的境地。

晴雨表毋庸置疑的作用

迄今为止已经发生了很多的麻烦事。股市晴雨表完全可以满足我们的需要，因为它能够提前记录下经济的萧条和繁荣时期，不仅为我们展示出了一条股市发展的清晰轨迹，而且能够在危险即将来临的时候发出警示。从平均指数现在的表现来看，全国整体的经济商业状况在1922年夏天将变得更加活跃、更加令人振奋。通过仔细观察，我们发现股市晴雨表能够预测出即将来临的繁荣或萧条，并且清楚地显示出其来临的信号，但晴雨表无法预测出这种繁荣或萧条的持续时间。1907年的股市通过熊市的方式预测到了1908年至1909年的经济萧条，这波萧条持续时间不长但程度较深；从1909年下半年到1910年的经济繁荣持续的时间更长但幅度较为缓和；而此前股票市场中的牛市也比熊市更加缓和，持续时间更长、波动范围更窄。有这样一个显著的规律，不论是在商业活动中还是在股市中，后期的波动幅度都会逐渐变小，而且股市的波动幅度一般会大于商业活动的波动幅度。只有在战争时期，股市的运动才和商业贸易保持了同等的运动幅度，都显示出了极大的活力。

还有一点值得读者们注意，正如我们那张25年图表显示的，股市的交易量在战前股价窄幅波动的那个时期也是逐渐萎缩的。总体而言，平均月交易量还比不上的1900年麦金利重新当选总统时的水平。1911 年、1912年、1913年和1914年间的交易量低于1897年、1898 年、1899年和1900年间的水平，而其中1899年的平均交易量比接下来几个年份的交易量更能说明问题。

预见战争

因此我们可以说，股票市场的确能够以某种方式预测到事物的特征，甚至规模，尽管预测的方式还不够明确，以至于其实用性受到了影响。从我们现在一直的情况来看，它预测到了战争的爆发。一些有见地的人明白战争总是可能发生的，而且战争之前的熊市绝不是偶然事件，也不只是一种巧合。我们还记得在1912年下半年时的那波熊市，它与过去的大多数熊市相比，尤其是与我们详细讨论过的熊市相比，它的程度要温和得多。在1914年发生了一次并不太严重的经济萧条，部分地印证了之前的熊市。然而德国对待其他国家的态度使一些人意识到了爆发战争的可能性从而开始将股票变现卖出，他们卖出股票的行为无疑也加剧了这次萧条。这种担心或许是从基尔运河的开通而开始的，它贯穿整个德国，战略性地把波罗的海和北海连在了一起。

我们可以认为这一波熊市不仅预测到了经济萧条，还考虑到了战争爆发的可能性。在之前的讨论中，我们曾经提到过战争爆发之前的1914年时形成的一条"出货线"，由于国外投资者的抛售出货行为，这条正常情况下的"建仓线"变成了"出货线"，而且在3个月内保持了均衡的状态。有人对股市的主要趋势感到不满，因为它往往不能立即调整得和各种商业图表相一致。但是我要对他们说，晴雨表并没有什么错误，它是通用的，不但考虑到了国内情况，更能够注意到国际因素，这是商业图表所做不到的。也正因为如此，股市晴雨表和商业图表不可能完全一致。如果商业图表恰好与我们在股市晴雨表中的推断相一致，只能说明它发生了错误。我们发现，对晴雨表的考验越严格，就能越好地证明晴雨表的实用性。它在战争到来之前及战争时期的预见价值是非常高的。如果战争正好在牛市到达顶点时爆发，情况又将如何呢？

第十八章

管制为铁路公司带来了什么

不需要证明而普遍成立的命题只有两种。第一种可能是公理，它能够自我验证并且包含着能够证明自身的证据，例如"任意三角形内角之和等于两个直角的角度之和"，第二种是一些不言而喻的道理。我曾在前文指出，那些图表形式的商业记录不管是采取了什么样的表现形式，也不过是个记录，基本上没有什么预测功能。但是这个说法至少需要进行一些证实，因为当前最新最科学的商业记录也是具备一定预测功能的，哈佛大学经济研究委员会所编制的商业记录就具备这种功能，他们编的指数图表的确为商业预测提供了一种方法，因为它采用了股市晴雨表中的思想，这种思想在过去二十年里在《华尔街日报》及其联合出版物的使用过程中一直非常成功。

图表及预测

熟悉哈佛大学经济研究委员会的人都会记得，他们编的商业图表中使用了三条线——投机曲线、金融曲线和商业曲线。这一机构并不试图勉强地证明"作用力和反作用力相等。"它成立于战后，不过它发表了一份在1903至1914年间的商业图表，后者为我们在本书中讨论的股市晴雨表提供了最好的佐证。在这12年里，此图表中的投机曲线总是领先于商业曲线和金融曲线之前，换句话说，我们通过投机交易可以预测出商业活动的发展趋势，这正是本书所希望证明的问题。

哈佛经济研究委员会把股市平均价格指数作为图表中的投机曲线，他们意识到战争破坏了通过计算得以发挥作用的基础，从而使得许多计算都失去了原有的作用，因此没有发表任何关于战争时期的图表。回顾我自己那时写的记录和新闻评论，我发现基于同样的原因，根据股市运动所得出的推论以及它对其商业预测都似乎变得不准确了。同样的原因而得出的还有，我们发现，当政府以担保的形式接管铁路公司之后，仍然保持着投机特性的就只有工业股票了，但没有任何相应的铁路股票走势可以对其形成检验和印证。在分析被哈佛委员会所放弃的战争期间股市状况的时候，我们还可以发现股票市场以最有价值的方式向公众预示出战争爆发的可能性。具体地说，就是在1917年以熊市的形式将其预示出来，它以一条"出货线"提前3个月就预见了战争的爆发。

比主要趋势更大的运动形式

但是平均指数还给出了另外一个指示，虽然这个信息在今天看来极为重要，但在过去却一度没有得到应有的承认。我们看到，在铁路公司由私人所有的时候，铁路股票有一个自由的市场，并且随着市场的主要趋势一起向前发展；我们还知道在1909年结束了一波牛市，第二年又出现了一波熊市；接着又出现了一波幅度有限、发展缓慢的牛市，铁路股票尤其显现出这种特征，这波牛市一直持续到了1912年下半年；接下来又出现了一波熊市，这波熊市在股票交易所在1914年12月的重新开业而宣告结束，此时距离战争结束的日子已经过了18个星期。

从1906年到1921年6月之间，铁路股票价格的总体趋势是下降的，这种现象具有很大的历史意义，它给了我们也是非常重要的教训和警示。这次股价运动的幅度不仅大于主要趋势，而且持续时间比我们之前讨论的任何周期都要长，它持续了近16年的时间。在即将到来的1922年，铁路股票的走势将会普遍得以好转，这不仅仅是可能的，而且应该说是十分确定的。但是一个极端的原因却让这些铁路股票无法在短期内恢复到它们在詹姆斯·J. 希尔、爱德华·H. 哈里曼等伟大的铁路创建者后半生时的那种自由和上涨的状态。铁路公司面临的形势使得铁路股票不仅失去了大部分的投机价值，而且还丧失了大很多的永久价值。这种形势让铁路公司变得柔弱无力，完全丧失了以往的勃勃生机。

罗斯福与铁路公司

如果西奥多·罗斯福能预见到自己对铁路公司的那些煽动性言论所造成的恶果；如果他意识到自己为了惩治少数滥用权力的人而实施的那些政策，不是对暂时的罪恶进行了暂时的制裁，而是让铁路公司在未来很长一段的时间里，甚至是永远地陷入了瘫痪，我们相信他一定会选择另一种方式。在过去的14年里，公众的改革力量被看作是一种破坏力量。在过去，铁路的建设发展在美国一直是伴随着，甚至是超前于人口的增长，但是如今的铁路发展建设已经陷入了停滞的状态。没有新注入的资本可以用于在尚未铺设铁路的地区建设铁路干，想建设大一些的车站就更不用说了。交通线路是文明的命脉，但是罗斯福理论的应用——或更可能是对罗斯福理论的误解，把不属于罗斯福本人的思想归结到他身上——使得这些动脉出现了硬化症状，从而削弱了心脏通过它们向全身输送血液的功能。

受到制约的发展

美国每十年就会进行一次全国统计调查，从调查资料中我们可以发现美国的铁路发展受到了严重的制约。1910年美国的铁路里程共有240，830公里，同1900年的数据相比增长了将近25％，是1880年的两倍之多，如果按照这样的速度发展，1920年铁路里程数的理论数据应该比1910年增长9万公里。然而实际增长的铁路里程数还不及这一数据的1/6。铁路里程的增长还不到1.5万公里，仅仅达到了维持铁路系统运转的最低限度。"害怕出现巨人"的思想占据了美国政治家们的头脑，他们宁愿让铁路这一美国最重要的行业的增长陷入瘫痪，也不愿让少数有才智的人通过用自己伟大理念满足人们的巨大需要，从而变得富裕起来。哈里曼和希尔在去世时都非常富有，我认识他们两个，也知道他们的财富其实是偶然得来的。他们都很富有，是因为他们有着独立的资金实力，因而可以完成一些创造性的工作。但是哈里曼从未控制过他掌管的任何一家铁路公司的股票，股东们对他报以完全的信任也是理所应当的。在南方太平洋铁路公司、联合太平洋铁路公司以及芝加哥＆埃尔顿铁路公司中，他从未取得多数表决权。他和希尔为数百万素昧平生的美国人带来了舒适、技能和富裕，并在这个过程中使自己也富裕起来。从历史记录图表以及我们的晴雨表可以清楚地看出，从铁路重建时代结束的1897年到破坏时代开始的1907年期间，是美国历史上最伟大、最成功也最具创造力的时期。

人类犯错误的周期

我们已经看到并且证实了道氏价格运动理论的正确性，并且认识到市场同时存在着主要上升或下降运动趋势、次级下跌或反弹走势以及日常波动。但是我们的研究是否已经足以进一步建立起一套周期理论呢？这里所说的周期与前文讨论的那些列出重大恐慌的发生日期的周期完全不同。哈佛大学在商业图表方面的尝试从现在来看是明智而成功的，其中的周期由"萧条、复兴、繁荣、紧缩和危机"依次排列而组成，但没有对每个阶段设定出绝对的持续时间，甚至认为有时候"紧缩和危机""危机和恐慌"或"紧缩与恐慌"是互相伴随着出现的。不过从平均指数的记录中，我们可以得出另一个周期，可以被称为人类犯错误的周期。它只可能出现在我们这样的民主国家之中，因为在这样的国家中民众有自我管理的权力，甚至极端地认为民主的最高权力就是拥有犯错误的权力。

考克西的大军

我用的这个词并不难理解。在1890年的时候，总统是共和党人，而且国会也由共和党所掌握，整个美国都充满了不确定性和地方主义思想的氛围；立法机构难免会带有一定程度的妥协性，但是当时的立法机构的妥协却已经发展到了不道德的地步。一个真正的政治家能够在不改变根本原则的情况下就非核心问题做出一些妥协，但是《谢尔曼白银收购法案》却牺牲了最根本的原则，并且造成了最严重的后果，因为这一法案向美国金融系统的血液中掺入了水分。如果不是美国在1892年获得了小麦大丰收，同时美国唯一的国际竞争者俄国又遭遇了农作物的全面歉收，那么这一年很可能会因为通货膨胀和过度投机行为而发生一次不可避免的大型恐慌。而这次恐慌最终于1893年出现。

在此后的四年中，一种类似于今天所说的平民主义的思潮在美国蔓延开来。1894年，考克西大军从俄亥俄的马西隆市出发，一直游行到了华盛顿，而考克西的主要观点也随之传遍全国，他们主张不兑换货币能够重新实现国家的繁荣，中西部地区受此理论的蛊惑最为严重。这次浪潮的转折点是威廉·艾伦·怀特的那篇名为《堪萨斯怎么了？》的著名社论。在那段恐怖的日子里，铁路公司的经理们处于深深的绝望之中。除了少数几个实力雄厚、声誉卓著的铁路公司之外，其他所有的铁路公司几乎都破产了。在1896年的时候，全国近87％的铁路公司都处于破产接管状态。直到麦金利第一次当选为总统的时候，美国才逐渐恢复到一种理智而轻松的状态。

十年的繁荣

事实证明平民主义的主张是非常愚蠢的，包括白银自由流通制度等，人们发现这种思想会把国家带入破产的深渊。政客们也对自己的轻率举措造成的后果感到害怕，此后在1897至1907年这十年时间里，政治的破坏性作用从美国商业中消失了，于是我们迎来了一段空前绝后的繁荣的时期。铁路事业以史无前例的速度迅猛地向前发展，通过企业的兼并与联合，出现了史上规模最大、获利最为丰厚的工业集团，美国钢铁公司就是其中的典型代表。这段时期的生活成本几乎到达了最低点，只是在这十年的后期略有上升；当时的工资水平也很不错，这不仅表现在以美元和美分为单位的工资数额上，更表现在其实际的购买力上。

过河拆桥

难道是民主党承受不了繁荣吗？或者说我们现在不必做出这么宽泛的假设？我们发现工人骚动达到最高峰的日子并不是在那些萧条时期中，因为那些时期的工会都是非常软弱无力的，或者是根本不存在。工人骚动达到最高峰的日子往往是在繁荣时期，此时工资水平较高，工会领导人可支配的资金是超过各项合理支出的。许多人认为劳工骚动是商业贸易萧条的结果，然而真正的原因却在于工人们强壮起来后就过河拆桥了。平民主义曾在19世纪90年代给我们留下了难以磨灭的印象，但是这种思潮的基础在此前就已经被奠定了。我们现在又似乎正在进入这样一个平民主义时代，当然战争已经把一切可能的"周期"理论都抛弃了，但是反对个人财产的思潮在公众易受摆布的大脑中播下的罪恶的种子，注定会在不久的将来酿成恶果。

公众观点中的二次思维

如果我试图根据这种人类犯错的周期进行预测，那么似乎会超出我们研究股市晴雨表的目的，也超出了本书的探讨范围。我们可以看到，那个真正繁荣的黄金十年距离我们已经非常遥远了。我们可以指出它的顶峰，也见证了它在1907年时那突然而猛烈的崩塌。由战争引发的生产狂潮并不是一次公正的检验，正如它不可能成为经济发展的可靠基础一样。在下一次如同1897年至1907年这样的时期到来之前，美国一定会经历一个混乱时期，在这段时期的尾声，我们会发出"美国怎么了"这样的疑问，而不是问"堪萨斯怎么了"。而美国人民一定会在这一天来临的时候依靠他们的判断力找出答案。有人认为公众观点永远是正确的，这是对民主这个概念的最大误解。这取决于如何理解"公众观点"这个概念。用最嘈杂的声音所陈述出来的观点在最初的时候基本上都是错的，或者即使观点是对的，用以支撑他的理由也是错的。然而历史表明，伟大的美国人民经过深思熟虑后的观点通常都是正确的。

罢免林肯

每年我们都会相互传诵葛底斯堡演讲中的那些伟大篇章。林肯认为自己在那里说的话远不如那里发生的事件值得人们所铭记，请注意他当时还没被视为这一伟大历史事件中的最主要发言人。他以特有的谦虚低估了自己所表达的伟大思想的不朽品质。几百万美国人还都不了解战斗的具体状况，不知道哪一方将获胜，只是知道不朽的联邦将依然存在，但是他们都记住了林肯在1863年在葛底斯堡的演讲。但是如果当时的法律允许"罢免"由联邦选举产生的政府官员，林肯极有可能会被罢免，而不是再次当选为总统。事实上他连任总统的事情是直到第二年才被确定下来的，我相信年龄稍长的读者一定还记得1863年时那道德败坏的局面及其对公众观念的负面影响。

政府干预的代价

从这个例子中可以看出，美国人民经过二次思考后得出的结果往往是正确的，而最初的想法极可能是错误的。让我们看看最近中西部地区由一些非党派联盟煽动起来的狂热情绪吧，其中只有极少量的正确观点，大部分都是骗人的伎俩。难道我们敢说已经把这种毒药从自己的系统中清除出去了吗？几乎每个星期，都会有人以这样或那样的借口向国会提出发行数十亿美元不兑换货币的提案。

如果说过去的十年中有什么教训值得公众牢记的话，那就是政府对私有企业的干预会造成不可估量的灾难而没有什么益处，即使政府干预的目的是发展公用事业也免不了这个结果。只有我们自己才是为国家发展铁路事业并开发自然资源的人。从某种意义上说，铁路所有权比国会更具代表性，它关系到储蓄银行的每一位储户的利益、关系到每一位保险单据的持有者的利益，间接来说，因为国债利息是依靠铁路公司的税收来支付，所以也关系到每一位国债持有者的利益。

让每个人都变得贫穷的立法

我们必须承认，平均指数的作用在本章中更多的是以记录而不是晴雨表的形式出现的。但是如果我们出于在所难免的心理原因，为了避免篇幅过长而故意忽略了平均指数记录给出的最重要教训，那么我们的讨论就会是不完善的。让我们来看看铁路平均指数在历时25年的图表中的发展过程吧。在16年前，20种活跃铁路股票平均指数在1906年1月22日创下了138.36点的最高点，在此之后再也没有上涨到这个数字，但是1909年8月的指数仅比这个数字低4个点，到达了134.46点。再下一次的高点是1912年10月的124.35点，比1906年1月22日的最高点低了14点之多。接下来差距还在继续增加，在下一波反弹之中，铁路股票平均指数在1914年1月30日创出高点，但这个高点只有109.43点。甚至在接下来的恢复行情之中，也就是在战后的第一波牛市中，平均指数也只是在1916年10月4日出现了112.28点的高点；由于我们之前分析过的原因，铁路平均指数并没有在1919年随着牛市而上涨。

目前的铁路平均指数比历史最高纪录低50点，仅比1898年7月25日的最低点高出不到14点，而出现这个低点已经是23年以前的事了。让我们来分析一下这段时期的稳步下降走势，16年足以将哈佛大学经济研究委员会的简单周期涵盖两次以上，比我们经历的两次最严重恐慌之间的间隔还要长（这两次恐慌分别出现在1857年和1873年），比杰文斯的十年周期多出了60％。一些著名的商业图表所提出的国民财富增长的中位线在这条稳步下降的股票价值曲线面前是那么的可笑和无用。难道美国这个世界上最富有的国家能让政客们把它最大的投资和最大的行业经营到如此不堪的境地吗？难道因为击垮铁路公司的股东就会使某些人更富有、更开心，所以我们就可以抛弃父辈创造的财富或者允许政客们将其肆意挥霍吗？我们知道，或者说应该知道，我们不能通过立法使每个人都变得富有；但是从俄国的情况和这个例子可以看出，通过立法使每个人都变得贫穷却是有可能的。

第十九章

对市场操纵行为的研究
(1900—1901年)

我们在前面已经说过，股票市场操纵行为的重要性相对而言是比较小的。不过历史上的确出现过一些令人震惊的市场操纵事件，这些在今天的华尔街不可能出现，或者说无法被人所忍受的行为在20年前却是完全有可能发生的。比如说詹姆斯·R.基恩在21年前成功地操纵了美国钢铁公司和联合铜业公司的股票发行活动，这种事在今天是根本没有可能发生的。提到这两只股票只是为了举个例子，并不代表我把它们与操纵行为等同起来。关于联合铜业公司的股票发行，有一种傲慢而无耻的观点，我至今还对这种观点感到十分愤慨。我记得自己曾经在这种观点大行其道的时候对它提出了批评，不过是在法律和查尔斯·H.道允许的范围之内。

孕育于罪恶之中

联合铜业公司是在罪恶中被孕育并降生的。在1899年初，它发放了总股本为7500万的认购表单，并在这一年的5月4日完成了认购登记工作。那个时候有许多如今已经停业的"报纸"声称这只股票的认购量已经"超额认购了5倍"。这听起来是不可能的，因为这只股票的价格在不到1个月的时间里就急剧地下跌，当时的股市整体上也处于下降趋势之中，直到第二年夏天才开始有所回升。当时所有的评论都在抨击这次声名狼藉的股票发行活动，在这些发表评论的媒体中，坦言"拒绝被欺骗"的《波士顿新闻通讯》或许是最为尖刻的。下面这篇文章发表的时间距离"过度认购"这一消息的发布还不到一个月。在1899年6月1日，《波士顿新闻通讯》声称：

"联合铜业公司昨天股价的下跌，是非上市公司场外交易的特征，在如今铁路股票普遍处于下跌态势的时候，这只股票发生下跌是十分正常的。华尔街上许多精明的观察家都认为，联合铜业公司的成立是一个危险信号，它警示着那些谨慎的投机者和投资者们此时应该退出股票市场；他们还认为，一个需要7500万美元资本的委任企业同盟竟然会出现过度认购的情况，这就向投机者们发出了信号，告诉他们公众已经失去了理智，股市离崩盘的日子已经不远了。"

"而整个事件中最糟糕的一点是，全国银行业中最大的国民城市银行居然在支持这宗交易"。

联合铜业公司

我们可以看到，尽管到处都流传着"过度认购"的风言风语，联合铜业的股票发行还是失败了。《波士顿新闻通讯》又继续以尖刻的言辞对此事发表了评价，诸如"联合铜业公司的失败""不切实际的承诺和预测"以及"承诺的幽默与感伤"。同样也是在6月，又有流言声称联合铜业公司的组织者收购了阿纳康达公司的控股权，还说虽然联合铜业公司发行时的股价是每股70美元，但这宗收购是以大约每股45美元的价格来交易的，而且新的联合铜业公司的股价将会达到每股100美元。《波士顿新闻通讯》在同一篇文章中指出，虽然联合铜业公司对外声称只取得了51%的股权，但是它所支付的7500万美元足够买下整个阿纳康达公司。这宗交易是如此的露骨，在今天的华尔街看来简直让人难以置信。

基恩在股票发行中扮演的角色

在1904年下半年的时候，詹姆斯·R.基恩操纵股票发行的事情已经过去了三年，这位杰出的操盘手此时写了一封公开信，在信中他承认自己"为亨利·H.罗杰斯以及他的合伙人们"发行了价值2200万美元的联合铜业公司股票（也就是22万股），发行价格在90到96美元之间。信中还明确地指出了发行股票的时间段。第二年的1月，我在《华尔街日报》发表了一篇名为《研究操纵行为》的文章，此文通过交易记录分析了基恩那时候的所作所为。我的分析不曾涉及道德问题，因为你没必要针对一个几乎毫无道德的人谈及这个问题。我根据股票报价机的记录而获知了联合铜业公司股票的交易情况，并从股票交易所取得了执行交易的经纪人名单之后，通过比较各个时期的情况，我便可以对基恩先生的行为进行有效的分析了。

这篇文章的发表使我在华尔街树敌不少，不过坦白地说，我并不认为詹姆斯·R.基恩本人也是其中之一。前边我曾说过，我和他的交往并不亲密。但是在这篇文章发表之后，他曾找过我很多次，而无论我怎么说，似乎他都不能相信我没有用不正当的手段拿到他的账目。他那时总是对我说："肯定是有人向你泄密了。"当时华尔街的现实情况和他所从事业务的性质养成了基恩多疑的性格。如果一个人陈述了一个简单的事实但没有提供相应的证据，那么基恩是绝对不会相信他的话的，从这一点来说，他的心智是不健全的。真正的伟人和一些孩子都知道什么时候应该相信别人，也知道应该相信谁。所以说基恩并不是一个伟人。

美国钢铁公司与联合铜业公司之间的区别

如果不考虑道德问题，那么联合铜业公司的股票发行活动在当时的股市中绝对可以算得上最出色的手笔。基恩在处理美国钢铁公司普通股票和优先股票时也把自己的才干发挥得淋漓尽致，但是这一次他拥有一个巨大的优势，即公众急于得到他要出售的股票。美国钢铁公司的资本中并没有人们想象的那么多"水分"，所谓掺水的资本不过是精明的人预见到的增长。股票发售是在1901年完成的，当时卖给公众的价格是50美元；三年以后价格就上涨了4.9%，到1905年涨幅又翻了一倍之多。我曾在前文指出过这只股票目前所具有的真正账面价值。

然而联合铜业公司股票发行时的情况却与美国钢铁完全不同。用艺术来作比喻的话，如果说美国钢铁公司的股票发行如同梅索尼埃的作品，那么联合铜业公司的股票发行就如同德纳威勒的战争绘画。基恩在后来的公开声明中说，他当时并不愿意运作这件事。与美国钢铁公司的发行不同，发行联合铜业公司股票的难点不在于创造市场，而在于如何在一个被别人愚蠢地破坏之后的市场上进行股票的发行。

早期的市场操纵活动

通过对成交量的分析，从1900年12月3日到1901年1月中旬大体上可以看作联合铜业公司股票市场操纵的第一个重要阶段。就在麦金利第二次当选总统前不久，股市上出现了一波主要牛市趋势，于是那些在早期就申购到了联合铜业公司股票的人开始利用这个时机把股票反过来卖给这只股票原来的承销商。当时的一些"官方公报"一直都在讨论这种"内部购买"行为，它们终于对了一次。这些内部人士买进股票其实是迫不得已的，从股价当时的下跌趋势来看，他们此时的"建仓"行动其实并非出于本意。"标准石油集团"是联合铜业公司得以创立的主要推手，他们虽然了解联合铜业公司的公开以及内幕两方面的信息，但是仍然不得采用了这样一种粗糙而笨拙的方法。我们在此总结一下这段时期内的股价波动以及总成交量的情况：

1900年12月2日的开盘价……………………96美元

12月3日到12月13日的成交量………………160000股

这期间的价格波动范围………………………90.25—96美元

1900年12月14日到1901年1月11日的销量……195000股

这期间的价格波动范围………………………89.75—96美元

虽然作为机构投资者的承销商进行了许多的努力，但1901年1月11日的收盘价仍然只有91.125美元。

基恩的首次出场

基恩的首次出场就是在这个时候。他明智地发现，要想让这只股票对公众产生足够的吸引力，就必须先打破当时的那种市场局面。此后一段时间的相关市场数据如下：

1901年1月12日的开盘价……………………91美元

1月12日到1月19日的成交量……………………70000股

这期间的价格波动范围……………………92.25—90.25美元

1月19日的收盘价……………………90.50美元

1月20日到1月26日的成交量 …………………88000股

这期间的价格波动范围……………………92—83.75美元

1月26日的收盘价……………………89美元

1月26日的这个收盘价是对基恩个人能力最好的赞歌。与那些荒谬的"内部人士"在12月时临时确定的96美元的价位相比，这个价位要现实得多。基恩在初始阶段的运作是非常有特色的。在1月份的第三个星期里，联合铜业公司股票每天的交易量大概在2—3万股之间，1月20日价格跌到86美元，第二天在83.75—88.25美元之间波动，第三天最终稳定在88.25美元左右的水平。当时流传的一些谣言，这些谣言从新闻的角度而言当然是不值一提的，但它们却成功地刺激起了公众的贪婪欲望。很多迹象都可以表明：如果基恩真的在市场操作，那么他一定是在努力地扭转这只股票的空头趋势。我们可以确切地认为，他此前一直都没有想要掩盖自己的操作所留下的痕迹，而他本人也正想给公众留下这样一种印象。

主要牛市趋势促成了什么

　　然而麦金利时期的繁荣态势也正在更广阔的市场上逐步蔓延开来。当时的股市正处在牛市趋势中，虽然期间受到了北太平洋铁路公司股票抛售事件以及五月恐慌的重大干扰，但却没有因此而终止。基恩此时做出了一个再合适不过的举措，那就是让市场相信自己此时手中完全没有"标准石油的股票"。他承认在股价马上就要上涨到128美元之前，以90至96美元的价格卖出了所有的罗杰斯联盟的股票。股价直到第二年的4月中旬才开始上涨，但是早在3月初的时候，股价已经高出票面价值许多了。我曾在1905年的文章中猜测，基恩的意图并不是把这价值2200万美元的股票以一个平均的价格全部卖给罗杰斯和他的朋友们，他也许是想在一系列大宗交易中，扣除相应的成本后以90至96美元之间的价格卖出联合铜业公司的股票。当然其中有一部分股票是以很高的价格卖出的，但是我们同样也看到，也有一部分股票是以低于84美元的价格卖出的。

基恩的第二次登场

　　当市场已经在按照基恩的意图而运行的时候，基恩就不再向市场施加力量了，在接下来的一段时期基恩明智地让股票自由发展，只是偶尔施加一些刺激以便保持牛市的氛围。此时的交易量相对而言比较小，在下一阶段里最大的波动幅度也没超过5美元，但是我们应该注意到，当基恩再次出手的时候，股价已经处于高位了：

1月26日到2月23日的成交量·················110000股

在此期间的价格波动范围·················87.75—92.375美元

在这平静的一个月时间里，基恩也许真的卖出过一些股票，但是他肯定没有在市场上强行将股票卖出。因为实际发行的股票数量可能非常巨大，他可能发行了三倍于他必须卖出的股票数量，我们很难说出他究竟交易过多少数量的股票。最初阶段他在卖方和买方都雇用了经纪人，而这些经纪人自己也不知道他们其实是在一手买进、一手卖出。这种行为在当时和现在都是违反股票交易所规章制度的，而如今事情过去了这么久，我们权且当作不知道他是否真的这样做过吧。随着股票市场的发展，这种操纵行为一定会越来越少，当公众掌握充分的信息之后，这种情况一定会完全消失。

基恩的最后一次发售活动

最后一次发售活动体现在我们所定义的第三种股市运动形式之中：

2月28日的开盘价 ·················92，375美元

2月28日到4月3日的成交量 ·················780000股

这期间的价格波动范围·················92至103.75美元

4月3日的收盘价·················100.375美元

在这一段时间，基恩所持有的22万股股票几乎全部卖出。他曾对我承认过这一点，但是每次当他问及我如何得知此事时，他却从未对我的回答感到满意过。

这段时期还有一件很不光彩的事，那就是联合铜业公司在整个

交易期间内是按照8%的红利基准进行交易的。最初它宣布的季度红利是1.5％，外加0.5％的额外红利；而这家公司的董事们有个愚蠢的想法，认为自己可以永远无限地抬高全世界市场中的金属价格，这个荒谬的想法最终让公众为之买单。伦敦金属市场在过去和现在都是一个世界铜交易的自由市场，在基恩操盘的初期有一个谣言让公众们认为，伦敦金属市场的价格下跌终于被有效地控制住了，但事实上并非如此。而在当时那个奇怪的年代，貌似人们会对任何谣言都信以为真。几年之后，铜业大王奥古斯都·海因兹与联合铜业公司的股东们签署了一个协议，但是这个协议很快就引发出了很多谣言，并且这个协议本身也成了支持牛市形成的一个主要证据。

公众自身的繁荣

基恩对市场的操纵，使得股市在1901年4月份前两周出现了一波可能令他本人都感到吃惊的行情。当时的交易量至少是2月份或3月份时的两倍，日交易量曾经一度达到24万股，这个月里还有另外几天也达到了与此相当的水平。相比之下，基恩操盘期间的最大成交量也只不过是3月6日创下的77000股，股价的最大波动也只有3美元。

此后的交易表明，股价一路上涨的阻碍已经全部消除了：

4月4日到4月16日的成交量………………………1275000股

价格的涨幅……………由101.125美元涨到128.375美元

罗杰斯联盟的股票终于走进了市场，实际上这些股票是被牛市贪婪地吸收了。

他们自己编织的谎言

那些曾经请基恩来为他们操盘的所谓内部人士貌似真的开始相信自己所编织出的谎言了，这充分地体现出了人性中可悲的一面。根据记载，亨利·H. 罗杰斯有一个认识"内部人士"并从他那里听到了一些消息，他告诉基恩"这只股票马上就要上涨，而且他还收到了很多机构的来信，心里说他们打算买入这只股票，并且建议基恩先生加入买入的行列。"毫无疑问，对于基恩这样的老江湖而言这些都是徒劳的。不过这种股票的价格也的确比基恩完成清仓抛售时上涨了20多美元。

还有一件事，虽然它不可能再发生了，不过仍然具有一定的研究意义。在基恩进行交易的整个时期内，那些被称为"基恩的经纪人"的经纪公司在晚期的表现比他们在早期的表现要优秀得多。从当时的流言来看，基恩的名字只是在他顺利完成了操盘工作之后才开始被人提到的。此后发生的事一定也非常有趣，只不过我们对当时的很多情况还是不得而知的。

石油和狂热的头脑

"标准石油集团"如今已经不复存在。组成这一财团的百万富翁们当时也都刚发迹不久，在联合铜业公司出现问题之前，他们一直自认为是所向无敌的。无论在当时还是后来，他们都犯了许多错误，但是随着时间的推移，他们终于明白了一些事情并退出了股票市场。他们在经营石油业务方面，尤其是在运营标准石油公司方面的成就非常出色，所以他们才能承担得起在其他业务方向上蒙受的巨大损失。也许有一天会有人不友善地讲述约翰·D. 洛克菲勒先生年轻时的奇闻轶事和他的投资故事。只有那些有个特别有钱的父亲的年轻人才能在受教育的过程中花去这么多钱。然而我们也有理由相信，昂贵的学费所换来的经验对他的影响是长期性的，也是有益的。

我曾在前面的讨论中说过亨利·H. 罗杰斯曾犯下多么严重的错误，他那狂妄自大的观点也让无辜的股票市场遭受了无数的非议和指责，尽管在最后的关头股市总是正确的。罗杰斯在1908年去世的时候留下了5000万美元的财产，如果他能多活两年的话，他的财产很可能会达到这个数字的两倍。他有很多极为出色、甚至是光耀后世的业绩。弗吉尼亚铁路在刚建成的时候，是当时美国铁路中最好的，然而它却让一手缔造这条铁路的罗杰斯大伤脑筋，他不仅注入了自己所有的金融资源和个人资产，还为了自己心爱的铁路不得不在1907年以7%的利率加上个人担保对外举债。即使在这种情况下，他仍然判断错了股票市场的意思。用最直白的话说，亨利·H. 罗杰斯无论付出了什么样的代价，只要能取得借款就已经非常幸运了，因为在当时那种恐慌的时期，货币是极为宝贵的资源，可以说出处于支配性地位，贷款方可以开出任何的条件。

这件事中的教训

在对这场臭名昭著的操纵行为进行了仔细研究之后，我们可以从中得到一些关于股市晴雨表的本质和功能的重要结论。请注意联合铜业公司的股票是在当时股票交易所中的非上市证券部进行交易的，现在这个部门已经取消，正如《波士顿新闻通讯》当时所说，这只股票无论从哪方面看都像是一次盲目的集资。在如今的上市要求下，这种事情是不可能发生的，我也不相信在场外市场的新交易所里会出现这种事情。现在的上市公司信息披露制度比20年前要完善很多，这种行为如今一旦发生，不出一周银行界就会联合起来对其进行有效的抵制，如今没有一个金融集团可以像当年组成标准石油集团的那些机构一样，能够获得不正当的权力。然而最好的防范措施就是来自公众的真知灼见。如今对金融信息的处理制度比过去完善了很多倍，而根治腐败的最好措施就是完善信息披露制度。最好的治疗方式莫过暴露在阳光下。20年前的市场上充斥着很多神秘的流言，而如今人们再也不会这样的留言所蒙蔽了。所谓"内部人士"所向无敌的神话也已经完全破灭。道氏理论主张市场上同时存在着三种运动形式，随着时间的推移，建立在道氏理论这种主张之上的股市晴雨表逐渐显示极强的可靠性。当然股市尚未完全摆脱被操纵的危险，关于这一点，我会进一步进行说明。

一种歪曲的新闻报道

一般情况下如果媒体报道了20次市场操纵事件，那么其中可能只有一次是真的。一些不称职记者不想花精力去了解股票市场，所以就常用这种曝光所谓操纵事件的方法来报道股市。在华尔街收集新闻是件很困难的事，但也并不是不可能做到。这比在其他任何地方收集新闻都需要更高的才智。如果想要成功地完成这项工作，还必须付出坚持不懈的努力，而在新闻界具备坚持不懈这种素质的人并不比其他行业众多，很多金融记者总是想使用一些他们的老板不懂的金融专业词汇来蒙混过关。而道·琼斯公司这样有责任感的新闻媒体是个例外，它一向把新闻报道的质量作为自身的生存之本，虽然如今的金融报道的质量在逐步地提高，但仍然有趋于肤浅的趋势。

总会有原因，也总会有新闻

我对此尤其感兴趣，因为我在华尔街最早的工作就是为道·琼斯公司撰写关于股票市场的评论文章。而撰写这种文章的目的就是尽可能地找到市场中的一切关于个股或整体市场波动的原因，哪怕只是个暂时性的原因。仅仅写出一些泛泛而论的东西是远远不够的。有时候所收集到的新闻可能在半小时之后就失去了热度，我在这方面曾经有过很多惨痛或荒唐的经历。当然，这类的新闻对那些依靠市场而获利的活跃经纪公司和银行机构具有非常高的价值，因为它们的客户对这类的信息有一种特殊的偏好。虽然已经过去20多年了，但我仍然对于自己当年所做出的一些解释感到非常惭愧，尤其对于一些只有框架但言之无物的解释。但是我至少认认真真地完成了新闻收集的工作，而不是在猜测。当我辞去这份紧张的工作而成为《华尔街日报》编辑的时候，华尔街上那些活跃的经纪公司纷纷友好地向我表达了他们的惋惜之情，纵观我这一生，最令我欣慰的事莫过于此了。因为一般而言，人们对待记者的办法几乎与对待补锅工人的驴的方法没有什么分别——"多踢它，少加料"。然而新闻记者也能够把他的工作变成世界上最有趣的工作，这姑且可以算是一种补偿吧。

这就是市场操纵行为会在公众意识中被荒唐地夸大的原因了。股票市场中的每一次波动都会有一个合理的理由。为发现这个理由，必须动用才智去进行研究，将那些与市场波动有关的人士的表述进行辨别比较，这些人士包括执行交易指令的场内交易员，最好还能包括那些发出交易指令的人，这样的研究工作可以发觉买卖指令的来源。如果想让新闻更有深度，也可以去发掘买卖股票的原因，以及研究交易中所涉及的个股。

真实的新闻能保护公众的利益

华尔街上有许多名言，而这些名言或多或少都带有一点"麻醉剂"的性质，其中一条就是"牛市中没有新闻"。这种说法并不正确，任何市场中都有新闻，而且有许多新闻，只要记者愿意花精力去挖掘，就一定能找到这些新闻。如果一名记者只是满足于例行公事地为晚报或者早报撰写一些肤浅的市场评论，或者满足于将一些过时的金融新闻重新炒热，那么他就只能运用一些诸如"操纵活动""交易员在抛售"或"标准石油集团正在买进"之类的词汇来敷衍了事，因为某些新闻出版机构仍然会把这些当作新闻来报道。华尔街是世界金融新闻的中心，在我工作的这些日子里，新闻收集的工作一直是在稳健而快速地发展，然而这个领域的进步是永无止境的。

第二十章

一些结论：1910—1914 年

我们对于股市晴雨表的讨论已经临近尾声了。在《巴伦周刊》杂志发表系列文章期间，我从这本杂志的读者那里了解到，本书中的这一系列文章在读者看来是很有启迪性和趣味性的。这对文章作者而言显然也是有所启示的，因为当这一系列文章开始的时候，作者自己并不知道这些对道氏价格运动理论的阐述到底有多大价值。它引导着我们对那些狂妄的周期性理论作出了分析，同时也引导着我们对权威性历史资料进行了检验；我们通过这种检验认识到，如果历史资料编撰得比较好，那么它就可以向我们揭示许多道理，但是如果我们不能意识到商业在国家和世界发展过程中的重要作用，那么也就无法从史料中挖掘到什么价值。我们还对股市晴雨表的功能以及局限性都作出了公正而可靠的评价。我们现在至少已经知道，股市晴雨表并不是一种在投机性市场中制胜的手段——它不是传言中包赚不赔的股票交易方法。

投机的预测价值

股票市场中同时存在着三种运动形式，即主要上升或下降趋势、次级下跌或反弹以及永不停歇的日常波动。当我们研究这三种运动形式的时候发现，投机交易不仅没有降低晴雨表的有效性，反而超乎我们预期地拓展了股市晴雨表的有效性。至少我们为那些在工作中需要预测商业与经济整体趋势的人找到了一些有实际价值的东西。在哈佛大学经济研究委员会所编撰的1903至1914年的图表中，投机曲线总是领先于商业曲线和金融曲线。这是在事情发生后通过精确计算得出的结果，由于在图表编制过程中，编撰者采取了极端保守的策略并进行了无数次的修改，这种图表永远无法达到像每日记录的平均指数那样犹如晴雨表般的预测价值，平均指数的预测价值是以道氏理论对三种运动的阐述为基础的。

知道该何时停下来的预言家

在市场表现活跃的时候，那些以出卖股市信息为生的人也表现得非常活跃，引人注意，但是在市场不景气的时候却没有人愿意听他们说话，除非你有很强的耐心和幽默感。我认识这些人中的一个，从1910年熊市见底到世界大战爆发期间这段平静的岁月里，他经常向我抱怨说，"难以在这样一个缺乏有效波动的市场中预测到市场的运动。"但我们的晴雨表却一向是算无遗策，从来不会对自身的预测感到后悔，它几乎是如今唯一一个如果无话可说就闭口不言的预言家。在那些时不时发表在《华尔街日报》上的研究价格走势的文章中，我曾指出1910年的熊市其实在1909年下半年就已经可以被清楚地预测到了。在1910年6月以后，股市开始向好的趋势发展。

尽管市场的复苏显得非常迟缓，但总体趋势仍然是向上的。在1911年夏天的时候出现了一次较大幅度的次级下跌走势，但是主要趋势直到1912年下半年出现最高点后才宣告结束，而且最有趣的是在战争开始之前的四年中，股市上所有波动的幅度都比较小。从1909年下半年到1910年年中毫无疑问是一波熊市，但是两种平均指数的下跌幅度只有1907年恐慌时那波熊市的一半；随后出现了一波牛市，说它是牛市或许都有些勉强，因为它绝对算不上是一次繁荣，这波牛市的幅度还赶不上1907年秋到1909年年末牛市时的1/3。总而言之，这段时期我们看到的是一种逐渐衰退的主要趋势。同一时期的商业情况记录表明，此时商业活动的活跃度也在相应地放缓，虽然还不至于萧条，但足可以算是不景气了；当然这段时间里整个国家的财富仍然在增长，但却并不明显，其力度不足以刺激其任何大规模的投机活动。

大小波动　皆可预测

此时我们又发现了晴雨表的另一宝贵功能。从这种意义上说，股市中的主要趋势的确可以预测了接下来商业发展的程度和持续时见，也可以预测商业萧条的深度和严重程度。我们之前对25年图表中某些时段的讨论已经非常清楚地说明了这一点，任何人都可以通过比较前边章节中的价格走势分析和随后的商业发展情况而得出这个结论。概括而言，商业在1910年时开始变得不景气，在战时繁荣来临之前一直没有恢复活力，不足以支撑大规模的投机交易。

这些图表常常会假设商业是按照一定的节奏性来发展的，但随后一段时期似乎给商业图表的编撰者们出了一个难题，因为这一特殊时期的作用力和反作用力是不相等的，此时的走势或许只能被看作一种逐渐减弱的钟摆运动，也许这对于战争开始前的情况来说是个恰当的比喻。我们可以这样看，当商业的钟摆正在逐步减速时，战争对于物资的需求使它重新上满了发条。这个说法虽然并不十分准确但是却非常生动形象，只要我们不较真，这个说法还是很能说明问题的。

我们有理由认为股市在1909年达到了顶点，但是从这个顶点开始，我们发现出现了一波持续近五年的熊市，这波熊市一定程度上体现了牛熊市之间的平衡型。当查尔斯·H.道刚刚形成自己的理论时，曾匆忙地假定主要趋势要持续五年的时间，这波熊市或许可以作为这一假定的有力佐证。毫无疑问，我国的资源当时都处于过度开发状态，铁路资源更是如此，这种状态在1907年恐慌来临之际达到了顶峰。我想我们可以谨慎地推断，这次的大型恐慌所带来的后果并没有完全被随后那情理之中的股市反弹所抵消，例如1909年时的反弹。商业的重新调整则花费了更长的时间。

周期理论的用武之地

虽然"恐慌周期"理论往往由于过于笼统而无法应用于日常情况的分析，但这里有个案例，"恐慌周期"理论在本例中非常有用的，而且是非常的恰当。从历史的角度来看，这个案例非常有趣，如果能正确地理解这个案例的话，它将是很有启发性的。股市在1873 年恐慌之后出现了反弹，但后来却发生了实体商业的全面萎缩，当时的情况与现在完全不同，却和下面将要进行对比分析的那个时期有很多相似之处。我们可以认为，直到硬币支付即将重新恢复（1879年）的时候，我国的商业情况才开始向更好、更广阔的方向发展，在1884年还经历了一次不太严重的恐慌。

与之类似，在1893年恐慌之后的商业萧条也比股市的下跌长得多，虽然股市上一直有一些窄幅波动；如果把这些窄幅波动用图表来呈现的话，我们将发现这些波动与1909年股市反弹结束后的情况十分类似。由此我们可以发现一些股市走势的一致性，它暗示着股市中有一些相似的规律，这些规律支配着大级别的股市走势，其支配着的股市走势比道氏理论之中所说的主要趋势的级别还要大。我们至少可以发现，一旦市场参与者的信心被击垮，那么将需要几年的时间才能让他们重新建立信心。

萎缩的成交量及其合义

我们已经指出熊市中的成交量总是会远低于牛市中的成交量。我们从那张记录了每月的平均指数的25年图表之中可以看出，从1911至1914年间的市场投机活动的成交量非常小，仅比麦金利第二次当选总统之前四年的成交量略高。此后出现了战时繁荣，可是战争让一切的分析计算都失去了原有的作用。哈佛大学经济研究委员会所编制的商业图表中甚至将这个时期直接忽略掉了，这说明他们将战争时期与地震等自然灾难所造成的影响完全等同起来了。

等到战争以及1921年6至8月由通货紧缩引发的熊市结束之后，股票市场的成交量明显地出现了萎缩。我们此时正在经历一次有史以来最缓慢、投机特征最不明显的一波牛市。行情处于牛市是毋庸置疑的，我曾在发表的这一系列文章中不止一次地预测到这波牛市。这次的恢复行情一直持续到1922年4月，工业平均指数已经上涨了29点，铁路平均指数的涨幅大概是工业指数的2/3多一点，并且这段行情期间还伴随着一些典型的次级运动。在一波强劲的主要趋势当中，次级运动也会相应地比较活跃。然而值得注意的是，1922年的主要牛市趋势和期间的次级下跌的势头并不强劲，而迄今为止，只有这种强劲的势头才能算得上是商业繁荣态势的前兆，而不仅仅是保守的商业复苏态势。根据目前晴雨表中的信息来看，商业复苏肯定是会出现的，但是这次复苏的到来将会是缓慢的，而且需要比正常情况下更多的时间才能得以确立。所以说根据晴雨表预测到的是一波不会使价格创下新高的牛市，而并不能预示着美国工业资源将会迎来一次大规模的发展。

抑制铁路的发展

在第十八章中我们提到过股票曾在16年中持续发生下跌，读者们如果阅读过这一章的话就不难理解，为什么目前的股市虽然处于复苏态势之中，但是却表现出了极端的保守。这20种活跃铁路股票，至少在我们的晴雨表中代表了一半的投机性交易的资料和记录，铁路是美国除了农业之外投入资本最多的行业，地位非同寻常。从目前的情况来看，令人头疼的政策管制很有可能会进一步限制它的财富创造能力。

我们在立法者的诱导下曾错误而愚蠢地认为，铁路公司的股东所应该得到的年化收益率最多不能超过6%；然而股东们却要承担收益减少甚至公司破产的巨大风险。在这种条件下，资本必然无法进入运输业并支持其发展。而且现在这种对铁路发展极为不利的形势不可能完全影响不到工业的发展，使另一半保持完好无损。如果我们现在正在入90年代中期时的那种平民主义思潮盛行的局面，那么谁又能预测得到政治因素会给我们造成什么样的影响呢？我们正在动用政策管制手段把资本赶出所有的公用事业，然而谁又能保证这种影响资本收益的行为不会被用在大型工业公司身上呢？

工业中的政治

这种想法并不是无事生非，因为政治干预影响的领域的确已经开始延伸了。这样的政治干预倒不会对公众一点好处也没有，但是司法部对美国钢铁公司的起诉（现在已经取消）说明，如果政客们将自己那套危险的理论用于商业领域，将会造成多么不堪设想的后果。我们可以理所应当地说，集中化生产是现代生产的发展趋势。在诸如美国钢铁公司这样的大型工业公司的统一管理下，生产出的商品肯定要比20个或更多的独立公司组成一个大型慈善机构经营时便宜得多。但是政客们往往认为这种规模本身就是一种罪恶，如果这种观点被广泛接受，那么在未来五年中的商业状况可能会令人担忧。

塔夫托先生继承的政策

我曾经在1909年或1910年初的时候在白宫见过塔夫托总统。我当时向他指出，对铁路公司持续不断的敌对思想是有着政府背景的，这种思想正在对铁路的发展形成严重阻碍，而我们的立法机构也使得商业发展的障碍雪上加霜。塔夫托先生谨慎地同意了我的观点，他强调说"我们不能再指望出现以前的那种飞速增长了，因为这种增长是必须努力地把投机性愿望变为现实才能完成的。"但同时他说自己倾向于认为对大公司的管制是保护公众利益所支付的必要代价。

这是他从罗斯福总统那里继承来的"政策"，但是这样的政策仍然不能让1912年的激进党成员感到满意。这次的采访时间并不长，说到这里就结束了。如果说连塔夫托先生高度诚实的人都这样认为，那么各州立法与政策机构中的那些形形色色的政客们又该如何呢？他们对铁路公司一直心怀敌意，根本不考虑他们的所作所为会对公众造成什么影响。

我们自愿披上的枷锁

我们自愿披上的这种枷锁有什么价值呢？难道这种政治干预能够改善铁路公司的服务吗？如今的火车餐车再也做不出20年前哈维为艾奇森所提供的那么好的餐品了，麦卡多先生制定的"标准铁路用餐"对于吃过这种餐品的人来说简直就是一场噩梦。铁路公司的服务也无法跟原来的水平相比，宾州铁路公司和纽约中央铁路公司都曾把从纽约到芝加哥的火车行驶时间缩减到16个小时，但现在这两家公司又分别把时间延长到了20和24个小时。如今的车厢比以前更舒适了吗？铁路服务人员比以前更礼貌、更尽职了吗？当铁路公司可以因为一名雇员没有尽职地让车厢保持清洁而将其辞退，但不会因此而面对劳工委员会无休止地盘问时，车厢才能保持整洁。但是我们的法律和政策已经致使铁路的服务精神完全丧失，如今的铁路公司并不那么认真地面对竞争，以便让自己比其他的铁路同行更具吸引力。又有什么能够促使铁路公司投入资金去改善并提高这种吸引力呢？国会曾规定，如果铁路公司通过明智的投资运作从而获得了6%以上的收益率，那么超过这一数字的部分将被收走，这完全摧毁了收益的增长空间。

真实的心理状况

我们现在的讨论并没有跑题。我们正在为平均指数中一次最重要的走势寻找驱动因素。对铁路公司的打击必然也会殃及其他行业，因为从铁路商业协会列出的一张铁路设备制造商名单来看，以铁路为主要客户的设备制造商在美国制造业中所占的比例非常高，以至于铁路行业出现任何风吹草动，都能够在所有行业中牵一发而动全局。如果有一个词可以恰当地说明此时的问题，那就是"心理"，尽管这个词显得非常滥俗，而且在我们刚刚经历的那个骗子横行的时代里经常被人使用和误用。但是根源就在于真实的心理状态：我们已经对自己丧失了信心。我们已经严重地破坏了供需机制，以至于无法回到让供需机制自由发挥作用的状态。

如果一个国家没有商业的自由，那么这个国家中也不可能有真正的自由可言。没有比官僚主义更加残酷、更加愚蠢的暴政了。举一个简单的例子：宾州铁路公司的总裁雷亚在不久前曾让我猜测一下，他的公司每年要向华盛顿的各部门，主要是州际贸易委员会提交多少份报告？我知道这个数字一定是极为庞大的，真正需要的报告应该是500份，但为了保险起见我把这个数字乘以了20，对他说每年估计会提交1万份报告。雷亚苦笑了一下说："去年我们单为匹兹堡东部的一条铁路线就提交了114000份报告！"

改革还是革命

这仅仅是一家公司的一部分报告！如果把这一数据乘以全国所有铁路公司的数目，我们就会看出官僚主义的繁文缛节是如何束缚一项庞大公共事业的手脚、如何损害它的效率的。由于道伊斯将军的贡献，我们终于为华盛顿的商业方法注入了一点常识。但这显然也只是触及了表面现象，我们需要的改革几乎可以算得上是革命了，因为我们要看到商业部和劳工部（在此只列出两个名字）正在向全美国的工商企业索要更多的信息、更多的数据、更多的报告，从而也浪费更多的时间。

一个障碍和它的影响

这纯粹是在自找麻烦，但我们只能怪自己。再看看塔夫脱总统 12 年是如何接受这种情况的吧。如果政客们继续有权力给企业设置这样的障碍，我们还怎么能期待商业出现全面的繁荣呢？怎么期待铁路事业恢复从前那样的活力和发展呢？我们都受到了政治干预的恶劣影响。政治干预打击了内布拉斯加的农民，他们正在焚烧玉米，因为玉米的价格比煤的价格还便宜；政治干预同样正在打击我国的对外贸易，美国曾经是世界煤炭储量最丰富的国家，但现在美国却需要从英国进口煤炭，英国已经取代了美国通过世界大战建立起来的外贸地位。国会对商业的态度不仅仅限于其对铁路公司那日益增长的偏见，仔细分析一下就能发现，国会有着束缚成功的欲望，不想让任何个人拥有大量财富。立法之所以会攻击企业，并不是因为企业有从事投机活动的危险，而是因为在国家的发展过程中某些个人可能会变得富有起来。事实上如果这些人贫穷的话，势必会导致整个国家的贫穷，难道第二届克利夫兰政府的实验还要再来一次吗？那不正是一个平民主义思潮与经济萧条并存，而且是我们对自己已经完全失去信心的时代吗？当目前的牛市达到最高点并且开始发出熊市信号时，我们又将会遇到什么呢？

第二十一章

将真理归纳成型
(1922—1925年)

在1921年下半年，当《股市晴雨表》首次以系列文章的形式发表在《巴伦周刊》杂志专栏里的时候，并没有采用后来出版成书时的章节顺序。事实上，我开始研究道氏价格理论的时候并没有打算将研究成果写成一本书，像我这种对工作极其狂热的记者更愿意把它看成为报社分派的一项工作。这些文章在某种程度上带有同时代的评论文章中常见的批判主义色彩，作为本书最重要章节之一的第十五章——"一条线和一个实例（1914年）"就很好地反映出了这一点。这篇文章在提交给《巴伦周刊》杂志的编辑时，在插图中使用的是一条完全不同的线。

插图中的一条曲线

所有研究过平均指数的人都会知道这样一条规律：日平均指数形成的曲线意味着市场出现了建仓行为或出货抛售行为；当供给达到饱和状态或严重稀缺状态之后，平均指数高于或低于这条线的波动情况就构成了预测未来市场的重要信号。显然，如果平均指数上涨突破那条代表着很多天交易情况的曲线，而且突破后的波动幅度不超过3个点，那么这就暗示着浮动股票供给已经出现了匮乏，必须抬高股价才能吸引出新的供给。与此相反，如果这条线的下端被突破则说明出现了供给非常饱和，乌云即将化作暴雨。随后市场会发生萎缩，直到买家再次对股票产生兴趣为止。

当我把第十五章的文章送到《巴伦周刊》杂志的编辑手中时，股市正处于一波主要熊市趋势的底部。我最初在插图中用于说明问题的线还在构建之中，虽然我很乐意让道氏理论和我自己对道氏理论的理解接受市场的考验，但编辑认为我的这种预测过于大胆了。如果真按我的想法做的话，那么道氏理论就会赢得一次辉煌的胜利。然而谨慎的观点占了上风。插图中的那条线显示了战争爆发前的1914 年5、6、7三个月之中股市的活跃程度。当然了，从历史角度以及从本书的权威性角度考虑，这个选择也都是正确的。让我感到高兴的是，本书的价值得到了应有的认可，其发行量达到了出版商最初估计的好几倍。

本书曾将道氏理论应用于当时实际的市场中，并且以最肯定的方式预测到了这一系列文章在《巴伦周刊》杂志发表期间形成的牛市，这件事早已经被读者们所熟知，因此也就不是那么令人惊诧了。人们一直希望我在本书的新发行版本中加入一些新的话题，指出从《股市晴雨表》首次出版到现在的三年中道氏理论得到了怎样的验证或者修改。这些话题应该是有趣而有益的，我希望自己一直以来的幽默感能让我避免炫耀自己在预言方面的灵感，虽然从这些专栏文章以及《华尔街日报》的文章中选出几例进一步说明道氏理论的应用方法是必要的，这种方法自1922年以来一直都很成功。

一些成功的预测

自从《股市晴雨表》一书出版以来，股票市场经历了一次主要牛市趋势。工业平均指数在1921年8月24日至1923年3月20日之间的涨幅超过了61点；铁路平均指数也从1921年6月20日的65.52点上升到1922 年9月11日的93.99点，总共上涨了28.47点，当工业平均指数在第二年3月达到顶点时，也仅比这个时候高了3个点左右。《华尔街日报》和《巴伦周刊》杂志对这次的牛市都有很清楚的记载，《华尔街日报》在1922年2月11日写道："市场目前的基本趋势是上升的。"这篇文章的最后一段话很有意义：

"有不少读者对目前的走势心有疑虑，因此我们对询问者的回答是，我们现在仍处于牛市行情之中，而且这一波牛市还会持续得更久，极有可能持续到1923年，肯定会持续到它所预测到的整体商业状况好转发生之后。"

这段评论不仅以道氏理论为依据，对股市走势做出了非常清晰明确的判断，还指出在晴雨表出现上升之后，整体的商业状况将会发生好转。当6月份20种工业股票上涨26点以后，《华尔街日报》再次发表评论："我们没有理由认为目前的牛市将在几个月的时间内结束"。请注意这次的牛市真的持续到了1923年3月。在1922年5月8日《华尔街日报》注意形成了一条曲线，但没有根据这条线得出任何熊市的推断。5月22日牛市态势重新恢复，于是"很可能持续到1923年"的说法被再次提出。我记得我于6月16日在波士顿接受一次采访时一再强调股市的上升趋势很可能会持续，此时如果出现一次次级下跌则更有利于走势的发展。7月8日发表的《研究价格运动》一文注意到了铁路平均指数有回调的迹象，但是此文随后又写道："在这种条件下，我们仍然可以认为平均指数绝对意味着市场将出现牛市走势。"

一次次级下跌

我曾在本书的其他章节中指出，预测次级下跌是准确率很低的事，本书并不鼓励做出这样的预测。但是《华尔街日报》和《巴伦周刊》杂志在9月份就开始寻找次级下跌的踪迹，并在9月19日最终确认了次级下跌的到来。嘲笑者们，尤其是市场的失败者们可能认为这只能算是一次不错的猜测，但是无论如何，工业股票在9月30日的时候的确从牛市的最高点下跌了近6个点，铁路股票的跌幅也超过了4个点。在10月18日发表的《研究价格运动》一文指出：

"在经历了一次典型的次级下跌之后，今天的股票市场显然即将恢复1921年8月开始的主要牛市趋势。"

如果在这里一一列举这种成功的预测，可能会使人感到厌烦。其实我更喜欢将这些"预测"称为"推断"。11月3日，《华尔街日报》再次得出了即将出现牛市的结论。1923年1月16日，《华尔街日报》讨论了"漫长的但并非史无前例的次级下跌"的话题，但那个时候上升趋势仍然处于支配地位。

短暂的熊市

为了简便起见，我们大体可以认为那次短暂的熊市出现于工业平均指数在1923年3月创出高点之后。在4月4日发表的《研究价格运动》一文，提醒公众要注意一条出货线所传达出的熊市信号。总体而言，这波熊市所持续的时间并不长；而且值得一提的是，虽然当时对股价走势的研究承认已经出现了熊市，但人们后来都慢慢地承认了这是一波主要下跌趋势而不是次级下跌。人们的判断之所以会出错，必然是受到了之前那波缓慢发展的牛市的影响，在之前牛市的比照下，这次的下跌很像是牛市中的次级下跌。这波熊市中，工业平均指数于1923年10月27日达到最低点，总共下跌了20个点；铁路平均指数截止到这一天的总跌幅也超过17点，而它真正的最低点出现于8月初。简而言之，的确可以把这次显著的短期下跌看成一波主要熊市趋势，但是如果把从1921年股市出现转向时到现在为止的这段时间称为牛市，也是未尝不可的。1921年《股市晴雨表》开始以系列文章的形式发表，并被一些人指责为鼓吹牛市。

税收的影响

毫无疑问地说，股票市场中多了一种全新的影响因素，并且已经在平均指数中表现出来。国会在整个夏天都一直在开会，于是《华尔街日报》在1923年8月29日发表了一篇研究性文章，仔细剖析了政治干预是怎样通过影响商业而对股市晴雨表进行篡改的，或者说怎样大幅度抵消掉它的效果的。当时的个人所得税和超额累进税的税率都处于最高点，《华尔街日报》发表了这样的评论：

"股市晴雨表在过去的几个月，由于受到某种因素的影响而出现了偏差，而这种因素在主要牛市趋势之前一直都没有被人察觉，这种情况其实是事出有因的。这种因素就是超额累进所得税带来的影响。

经纪人们会告诉你，大股东以及大机构在持续出售能够发放红利的普通股，构成两种平均指数的40只股票中有30支都属于此类。虽然这个因素在1921年秋天牛市开始的时候就已经萌生了，但仍然可以把它称为一个新的影响因素。股市晴雨表的全部理论都是以这样一个假设为基础：通过股票市场上的抛售压力只能预测出未来整体商业的清算变现。然而现在，平均指数有史以来首次出现了一种与未来的清算变现时间毫无关系的股票抛售压力。

这就好像是在温度计的感应器上放了一块热炭或一块冰，使得温度计发生了严重偏差。希望国会能让税收恢复到正常状态是不可能的，但是目前这种状况一定会自我修复过来，只不过所需的时间会很长，具体多长现在还难以估计。当达到正常状态的时候，构成指数的20支活跃铁路股票和20支活跃工业股票中的每一只股票都将像宾夕法尼亚铁路公司的股票一样，股权集中度会变得极为分散，宾夕法尼亚铁路公司的平均股票持有量大约是每位股东持有50股。

任何富翁都不会甘心以如此高的成本持有一只年化收益率只有6%的股票，因为他不光需要向税务部门上交一半以上的投资这只股票的收入所获得的利润，而且需要从其他收入中拿出钱来支付持股所产生的其他税收。因此在过去的几个月中，他们一直在或多或少带有一些报复性地慢慢卖出股票。从某种意义上说，这种抛的行为是经过深思熟虑的，而且显然不能以此预测出商业的整体走势。国会执行的这种荒唐的税收制度，不仅为国家的商业发展造成了障碍，而且还扭曲了股市晴雨表的信号"。

国会目前正在逐步消除税收所带来的这种暂时性影响，但是各州的税收制度依然有着不容忽视的作用。

新一轮的牛市

如果我说我宁愿自己从没写过《股市晴雨表》一书，那一定是假的。但是我不得不说，我很遗憾地看到一些所谓的内幕消息提供者和股市骗子们粗糙肤浅地运用着道氏理论，凭借自己对平均指数研读方法的一知半解而得出一些不合理的结论，并对这些结论大肆宣扬。1924年2月4日，《华尔街日报》的社论在斥责了所谓的内幕消息提供者的行径之后，继续讨论价格走势：

"根据道氏理论分析平均指数的方法，股市在经历了为期只有8个月的史上最短熊市走势之后，现在又重新回到牛市之中。考虑到目前的股价走势尚处于低位，这次牛市可以从11月1日算起；但是当

1923年12月，工业平均指数和铁路平均指数二者形成了高度一致的建仓曲线之后，牛市趋势才算是真正的确立起来。"

这段文字提到了一个支持牛市的充足理由，即目前的股票正以低于价值的价格进行交易，股价没有反映出商业正常扩张的可能性。这一次晴雨表又做出了正确的判断。商业的扩张如期而至，只是在年末的时候逐渐有所减缓。而有趣的是两种平均指数年末也相应出现了次级下跌，与商业扩张的减缓很好地形成了呼应。这一波次级下跌使工业指数从8月20日的105.57点跌到了10月14日的99.18点，铁路指数这一时期的跌幅则超过6点，两种指数都在10月14日运行到了最低点。

此后的市场便步入了强劲的牛市，在总统大选结束后就恢复了活跃性；当时许多的所谓能够提供内幕小心的人都建议及时卖出股票以变现利润，并对市场进行卖空，他们的理由是"利好消息已经出尽了"。正如现实中柯立芝以大约40：1的巨大优势击败戴维斯，而大选前大家都认为比例应该是12：1一样，"好消息"其实就是股市晴雨表早已预测出的整体商业扩张的重新开始。

变化后的技术条件

在目前的牛市中，产生了一种前所未有的技术条件。以下这段文字是我在别处对这种技术条件做出的评论：

"我们可以通过工业股票平均指数、铁路股票平均指数以及二者的比较，发现股市中存在着三种运动形式，以道氏三重价格运动理论为依据的股市在预测市场主要趋势与其持续时间时总是会具有异乎寻常的准确性。但是如今的牛市行情受到了一种前所未有的新条件的影响，所以现在我们很重要的一项工作就是要搞清这种条件所造成的制约。"

尽管自从取消未上市证券部以来，股票交易管理委员会在过去的很多年来一直在加强对交易行为的管控，但最近出台了更加严格的管制措施。管理部门直到最近两年才明确告知那些大型的经纪公司，根据它们各自的资本状况，分别都能建立多大资金规模的账户。就在不久以前，一家大型经纪公司还在用尽一切手段招揽业务，他们相信自己能够在大牛市中经营更大资金规模的账户。

现在这种情况已经大幅改观了，绝大多数经纪公司都在法律允许的范围内为客户交易股票，这已经是个公开的现象了。它们的处境是相当安全的，但它们的经营策略却明显地发生了改变。在牛市中获利的方法是，当上升走势确立之后就尽可能多地买进股票，并用赚取的利润继续扩大买入规模，然后通过坚定地持有让利润扩大，并在市场成交量最大时候卖出，并以收益弥补在次级下跌中所蒙受的不可避免的损失。

然而采取这种方法交易的客户并不是经纪人公司理想中的客户，因为这种交易方法将意味着占用大量资本，而且几个星期才能得到一次买卖股票的交易佣金。经纪人巴不得客户每天都支付佣金，虽然这绝不会对客户有利，因为试图猜测日常波动的做法，与其说是投机倒不如说是在赌博。

对经纪人的这些新的限制措施会带来一个后果，即交易者们普遍使用现金来购买少量的证券，而比较富有的客户则会通过自己在纽约之外全国各地的银行渠道为自己的账户集资，以便买入股票。这使得牛市账户的真实规模出现了一些不确定性，但同时也在一定程度上增强了稳定性，因为人们在同时刻抛售大量股票的可能性更小了。

如果任由这种情况自然发展下去，可能会使大部分的经纪业务集中到少量的经纪人公司手中，这些经纪公司中的每一家的资本都将远超过目前所认为的必要资金数额。但是至少有一点是可以肯定的，那就是在新的限制条件下，没有什么能让研读股市晴雨表的规则发生变化。

晴雨表的指示

如果我在结束对于股市晴雨表的讨论时不谈谈自己对晴雨表在1925年8月所给出指示的看法，或许会被认为是胆怯。目前的牛市趋势非常强劲，平均指数完全没有任何迹象表明牛市达到了顶点。如果从1923年下半年结束的短暂熊市开始算起的话，这一波主要牛市趋势的时间并不长，而且仍然有大量股票的价格明显低于其价值。虽然铁路与工业股票已经有了一定的涨幅，但如果我们能计算出一条价值平均线的话，我想上边这个说法将普遍适用于铁路股票，也适用于一部分工业股票。

所有的迹象都表明上升趋势将会持续到明年，但是这个过程中也很可能出现大幅度的次级下跌。

股市晴雨表在合理解释价格走势方面具有强大的效用，自从《股市晴雨表》出版发行以来，还没有任何事能够动摇我对其效用的强烈信任。它对一些个股的分析也许是没有价值的，但对于随着大盘的上涨而上涨的股票而言还是有价值的。投机者所选择的股票可能会落后于大盘而且永远追不上大盘。我并不鼓励人们在华尔街进行投机交易，但让我感到高兴的是，美国的商业界已经注意到了股市晴雨表对商业经济的指示性作用。股市晴雨表一直受到一些权威人物的质疑，但它一直发挥着指引美国整体商业发展的有益作用。

第二十二章

对投机者的一些思考

很久以前，美国南部的一个州有一项法律禁止人们参与任何含有赌注的赌博活动。毫无疑问，人们对于这条愚蠢的法律的态度就是"违反它比遵守它更光荣"。然而有一个小镇的治安长官却决定坚定地执行这条法律，并且逮捕了一些在谷仓里玩尤克牌游戏的年轻人。当时的法院还不像现在一样有那么多繁琐的程序。这些犯人的辩护律师承认自己这些"倒霉的客户"的确玩了尤克牌游戏，但同时也理直气壮地声称这种游戏并不算是赌博。因为法官和陪审团成员们自己也经常玩这种游戏，所以他们对律师的这种说法有所怀疑。然而的律师并不气馁，他说道："如果法官大人能够容许我向陪审团演示一下这个游戏，我相信我一定能让他们相信尤克牌不是赌博。"

不是赌博

这听起来是很合理的，于是陪审团和律师坐在了一起。没过多久，很多陪审团成员就开始向朋友们借零钱了；这场"演示"持续了一个多小时，当陪审团再次回到法庭上时，他们一致认为尤克牌游戏并不能算是赌博。

如果我不针对投机交易说些什么并不向投机者提出一些实用建议的话，那本书的讨论就会显得不太完整。投机交易必然要包含很多的运气因素，但经常是投机者自己把它变成了一种纯粹的赌博。我不知道上述故事中的律师是如何让陪审团相信尤克牌游戏不是赌博的，不过可以肯定的是，如果外行带着他们一贯固有的愚蠢来到华尔街参与"投机交易"，那么这里的专业人士肯定会让他意识到投机并不是赌博，他们也没必要在交易时进行任何欺骗。

晴雨表提供真正的保护

我们一遍又一遍地说，阐述股价波动的道氏理论并不是一种战胜市场的不二法门，它并不能把华尔街变成人人都可以用几美元赢得大量黄金和白银的汤姆·蒂德勒的广场。但是如果今天的那些聪明的投机者(一般而言他们会成为明天的聪明的投资者)无法通过深入研究股市晴雨表来找到一种自我保护的方法，那么本书这么多章节的讨论就可以说是失败的。如果投机交易者能够准确地理解主要趋势的含义，那么肯定也已经有了一些可观的收益。如果交易者只是从他相信的人那里听到了一些关于他以前没听说过的股票的小道信息就贸然进入华尔街，也不去分析市场目前的主要趋势是上升还是下降，那么他很有可能损失掉账户中所有的钱，而不是像预想中那样赚到钱。但是交易者理解了市场走势的真正含义，并能在主要牛市趋势中的次级下跌之后那段交易清淡的时期中发现机会，他就会比一般人更有机会赚到钱。要获得这种利润，就必须经过反复的思考，有些人之所以来到华尔街就只能输钱，然后在有生之年都在诅咒它是赌博的地狱，就是因为缺乏这样的思考。

投机与赌博

对这些不思考的人来说，任何股票都是差不多的。然而它们并不一样。从交易保护的完善程度来看，像美国钢铁公司普通股这样市场基础良好、持有者分散的股票，与最近在场外市场交易的汽车或石油股票是完全不同的。后者或许也是不错的，但是这些新发行股票的公司所从事的业务还未经考验，而且这些股票本身的表现也没有经过市场的考验。

当投机交易者在购买场外市场的股票时，应该立即对其公司业务和股票的市场表现进行分析和检查，这是一条基本的交易规则。使用保证金账户购买股票的行为本身在很大程度上就有着赌博的性质。我并不想从道德角度对赌博说些什么，除非赌博中掺杂进了贪婪的因素，不过我不知道有戒律是限制赌博的。但是在一个由只想卖出股票的操纵者所控制得市场上，业余交易者在连二手信息都没有的情况下就用保证金账户买进证券，这就纯粹是在赌博了。决意参与这种投机的人应该像赌马一样衡量一下自己所承受的风险，应该设法把损失控制在自己能够承担的水平上。

投机活动与赌博完全不同，而且我希望美国人思维中的投机的本能永远也不要消失。如果真的有一天美国人的投机本能消失了，或者法律禁止人们从事一切以承担全部或部分风险为代价以获取机会的事情，其结果将会是造就了很多"好的"美国人，但是这种美德是起消极作用的。如果你走进华尔街时在百老汇打街驻足片刻，通过围栏看看三一教堂的广场，你将发现那里有很多"好的"美国人。当投机活动消失的时候，这个国家也会随之消亡。

选　股

让我们假设一下，一个外行的交易者如果已经考虑过主要趋势的特点以及股票市场的趋势了，那么他下一步工作就是挑选个股。此时如果这个外行只想迅速赚钱，他往往就不会花工夫去研究这只股票，他只是在用自己为数不多的资金在这只股票上冒险。

　　如果一只股票还没有形成永久性市场，也就是说这只股票新发行不久，大部分股份还掌握能决定公司政策的人手中，那么小投机者就不应该在这只股票上用保证金进行交易，这是一条非常准确的规则。这当然是一个理想化的建议，但是交易者至少应该牢记不要在这样的股票上冒太大的风险，而且要根据自己的资金状况在股市上量力而行。

　　当一只股票在股票交易所上市之后，我们大体上可以认为这只股票已经拥有了一个可靠的市场环境，然而股票集中在少数人手里的危险依然存在。例如斯图兹汽车公司的股票就是这样。这样的股票最好不要去碰它，只有当这个投机者的工作性质使他能够得到一些特殊信息的时候，才能把钱投入到这只股票上。但即便如此，也仍然应该把保证金维持在最充足的水平。

关于保证金

　　说到这里就有必要讨论一下保证金的问题。许多人对多少钱才能够有充足的保证金心存误解，因而在华尔街造成了很多本可以避免的损失。经纪人总是希望拉到新的生意，于是他们对新手们说，如果他能向经纪公司保证自己拥有预防股市出现波动的足够资金，那么10%的保证金就足够了。这就意味着1000美元就可以按照票面价值买进100股股票，这些保证金是根本不够的，或者说勉强够数。查尔斯·H.道早在21年前就说过，"如果一个人以10%的保证金买进100股股票，当股票下跌2%时止损出局，那么包括佣金在内他将损失1/4的本金。"毫无疑问，这样的人过不了多久就会在股市上被淘汰。道是个十分谨慎的人，但他也曾十分明确地指出，如果全额买进10股，虽然也会蒙受不小的损失，但是只要他在交易之前正确地判断出股价是严重低于价值的，那么平均来看，最终他仍然会获利。当然，一个仅有1000美元资本的交易者是无法购买到100股股票的，除非股票的价格非常低，美国钢铁公司普通股的价格曾一度低于每股10美元，此时就提供了这种机会。

小交易者和大交易者

小交易者容易陷入的另一个误区，就是觉得应该分批次地买入自己想买的股票，然后每当股价下跌一点的时候再增加一些仓位，直到买足自己所能承受的数量为止。但是为什么不以最终的价格买进所有的股票呢？如果他打算以每次买入20股的形式买足100股股票，并预计大盘将下跌5个点，那么他的行为其实是与自己刚开始决定交易时的判断相冲突的。他并没有进行过全面的考虑，如果股票将下跌5点，那么这次买进就不会像他认为的那么明智。当然，杰伊·古尔德这种大交易者的确采用了这种方法，但是他们并不以保证金账户进行交易，他们的钱大多是通过自己的银行网络筹集来的。而且他们的行动是经过深思熟虑的，而这对那些试图在华尔街检验自己判断力的小投机者来说是痴心妄想。更有甚者，杰伊·古尔德这种人本身就能增加他想买进的股票的价值。虽然他无法在牛市中买到所有想要的股票，却能通过购买而加入公司的董事会。

小投机者就没办法怀有这种投资理念了，除非他放弃其他事情而把全部精力都投入到股票交易中来。有很多人的确是这样做的，我在前边的章节曾也提到过一些他们成功的案例。但是我们在此处讨论的是那些靠着自己的判断力进行投机交易，同时还从事其他事业的人们，这样的投机交易者只要具有基本的常识，就至少能在市场上得到一个输赢均等的机会。但是如果他听了认识不久的朋友的话"快买100股AOT的股票，别问其他事"，然后把自己仅有的1000美元投入这次投机冒险之中，那么他蒙受损失的话也就没有什么可抱怨的了，因为他是在赌博而不是在投机。他如果把这笔钱用作赛马的赌注的话，或许能得到更多的乐趣，起码他能呼吸到户外的新鲜空气，而且赛马的场面也比股票计价器有意思得多。

引用道的一段话

查尔斯·H. 道在1901年7月11日《华尔街日报》的一篇评论文章中写道："一个人无论其本金是多还是少，如果他希望通过股票交易获得到每年12％的回报，而不是希望能获得每周50％的回报，那么从长期来看他会获得更好的投资回报。大多数人在经营自己的实体生意时都明白这个道理，但是那些在经营店铺、工厂以及房地产时小心谨慎的人却似乎认为，在交易股票时应该采用与此不同的方法。没有什么想法比这更加荒谬了。"

道在这篇文章中继续说道，"投机者从一开始就可以让自己避免陷入财务困境，方法就是把自己的交易数额限定在与自身资本相匹配的水平上，这样才能让他保持清醒的判断力，并且能在遭受损失后及时进行止损，也能让他在股票上涨时锁定利润，或者把资金转投到其他股票上。总的来说，这样做能够让他在股票交易中轻松自如、无畏无惧，不会因为担心保证金不足而让自己焦躁不安。"

这篇评论无论在现在还是在当时都是极具价值的。来到华尔街的投机者必须学会在出现亏损时认赔，而且是快速地认赔。我曾在前文说过，在华尔街蒙受损失最常见的原因就是固执己见、骄傲自大。如果你买进一只股票后发现它的价格迅速下跌，这就说明你在买入前就没有考虑全面。只要你还在担心亏钱，就不可能对这只股票进行客观的分析；你只有退出这只股票并且客观地看待这只股票，才能对其建立起一种清楚而客观的态度。当你一再坚持这种错误的投机交易时，就如同一个在森林里迷路的人，只见树木不见森林。

避开不活跃的股票

读者一定还记得我在前面章节中讲过一个年轻人的故事，他曾拒绝成为杰伊·古尔德的合伙人，理由是他在交易所执行古尔德的交易指令时，他发现杰伊·古尔德总是在赔钱。那是因为他的眼界仅限于此，他并不知道这些不成功的尝试只是在试探市场，一旦古尔德确信自己已经抓住市场转折点的时候，他就会雇佣其他经纪人来执行能够让他赚钱的交易。这个例子同时也说明了购买交易不太活跃的股票是非常危险的。当今的经纪人也许能够比较好地运作不活跃的股票，但这类股票在试图获得银行抵押贷款时是不受欢迎的抵押品。

但是经纪人自己也不知道将来还是否能顺利地运作这类股票。这类股票想要变得活跃，就必须某些特殊的市场条件，而这种条件可能在几个交易日内就会消失，接下来或许会连续几天都没有一笔交易，此时想要卖出这种股票的人为了寻找买主就只得做出一些让步，此时的买主一般都是负责市场交易的专业人士。这种股票根本就不应该用保证金账户进行交易，但是那些与钢铁交易或纺织业有密切的联系的投资者却可能长期持有美国钢铁公司、伯利恒钢铁公司或美国羊绒公司的股票，因为他们决定认为，即使这些股票无法永远保持活跃态势，这些公司所从事业务也都拥有永恒市场，能够支持这些公司的长期生存发展。

关于联合股票交易所的一点评论

我在纽约股票交易所和华尔街的其他地方都有许多朋友。小额股票经纪公司专门为少于100股的交易提供市场，专业从事这类业务的公司还不足10家，然而联合股票交易所却一直为小额交易提供正规市场。无论从哪方面来看，它都是一家声誉卓著的机构，它的会员必须接受同样的监管，而且投机交易者也必须监督他雇佣的经纪人。资金量较小的非专业交易者只要选对了真正活跃的股票，也能在联合股票交易所中取得不俗的成绩。这里的股票是"经过加工的"，股权非常分散，而这些特点都是场外交易市场所无法具备的。我对场外交易市场并没有什么微词，只是在申请商业贷款时，在那里交易的证券的确是不受欢迎的抵押物，我对其中一家场外市场经纪公司抱有强烈的怀疑，尽管这家公司声称会一视同仁地为客户以10％的保证金进行交易。

无论如何，你都一定要摆脱这种所谓保证金的概念，因为保证金的数额应该和你所能够支配的资金数额保持一致。如果你正在做生意，或者你自己和你需要养活的人必须依靠你的投资收入而生活，那么你就应该把投机交易的止损点限定在一个不至于让你极度懊悔的水平上。这么说也许有点偏激，但其中体现了一个基本常识，那就是当我们希望得到某种东西，从而以超过自己承受能力的代价去冒险时，那我们就是在赌博了。

对卖空的一些看法

　　股市晴雨表如何为投机者提供帮助呢？有很多种方式。投机者不能指望任何股票能违背市场的整体趋势而上涨，除非遇到极特殊的情况。如果投机者能够地抓住熊市中偶尔出现的反弹机会而进行成功的投机，那么他一定掌握了非常充足的信息，而且在市场分析方面极具才能。我在本书里几乎从没讨论过卖空行为。在牛市中卖空的人实际上是在猜测市场即将出现次级下跌走势，而且除非他是场内交易员，或者他能全身心地投入到投机活动之中，不然他必然会赔钱。我不想对卖空的道德问题进行讨论，因为只要一个人没有堕落到用别人的钱去赌博的地步，不然我根本不觉得投机活动会有什么道德问题。世界上的任何一个交易市场中都一定存在大量的卖空行为。一个去旧金山旅游的纽约游客，会把他的股票锁到他在纽约的保险柜中，但他不可能等到返回纽约后才卖出股票，因为这样往往会错失市场机会。如果他此时卖出股票的话就是在卖空，在归还这些股票之前他都一直是个借用股票的人。但是根据平均指数的规律来看，人们在牛市中赚到的钱远多于在熊市中赚到的钱，这也许是因为牛市持续的时间往往比熊市要长得多。卖空行为只适合于专业人士，特别是那些仔细研究过市场、了解市场规则的人。

在次级下跌时买入

股市晴雨表并不能让我们指出熊市转向牛市的精确转折点。正如我们之前研究市场运动的时候所发现的那样，在一波趋势正式确立之前，市场上或许会出现几个星期的窄幅波动。如果操作不当，这些不规则的波动足以把投机者的资本以佣金和利息支付的方式全部吞噬掉，根本等不到市场出现反转的时候。然而一旦牛市趋势正式确立起来，买进已经开始上涨的股票就成了此时应该采用的策略。如果在买完股票之后，股价随着市场的次级下跌走势一同出现下跌，那么投机者就应该毫不犹豫地止损卖出，并且等待主要牛市趋势中的次级下跌后必然会出现的萧条时期的来临。

此时他就可以再次买入股票，并且随着市场的上涨而增加逐步增加股票持仓量，而不是我在前文中所讲的那样，在错误假设的引导下在下跌之中逐步买进。市场每上涨一点，他的安全系数就会增加一点，只要他的"持仓金字塔"不是在过高的价格上建立起来的，持有量也没有达到使自己的账户成为别人攻击目标的地步，并且使用"停止损失"进行了自我保护，那么这位投机者赚到的钱很可能会多得远超出自己的想象。我们都听说过许多人在华尔街赔钱的故事，但却很少听到有人在这里获得了可观的利润。以我的经验来看，获得了可观利润的人一般都是低调而不善言辞的，而且这样的人很少会把自己赚得的财富归因于成功的投机，他们更愿意称之为明智的投资。只要购买者能够严格遵守自己的合同，那么用保证金账户买股票和贷款买房其实并没有多少区别。在这个道德进步的伟大时代，每个人都在关心别人的事，但是我还是要说，只要投机者是用自己的资源（包括他在银行的贷款信用）来购买股票的，那么他进行怎样的操作就与其他人无关。

赔钱的方法

还有一种很常见的投机者，他们赔钱的原因是忘了最初进入市场的理由。我就认识这样的一个投机者，他曾询问我对艾奇森铁路公司普通股的看法，我于是告诉了他这家公司的前景，告诉他这家公司的利润在支付股利后还会有所盈余，还向他介绍了那个地区的铁路行业整体情况。最后他认为艾奇森铁路公司的股票（此处仅是举个例子）价格比较便宜，并买入了一些。如果当时他向经纪人支付了足够的保证金，或者以全款买入这只股票，并且不理会那些日常波动，他很可能会获得盈利。

但是他听信了各种传言，特别是那些关于"交易员抛售""国会审查""罢工威胁"或"农作物歉收"之类的消息。他忘记了市场在确定股票未来价值的时候已经广泛地考虑到了所有这些情况。在股票出现一次小波动的时候，他立刻变得紧张起来，在亏损的状态下卖出了股票，并且决定再也不征求我的意见了。我希望他至少能真的做到这样，但不幸的是他没有做到，不久之后他再次找到我，这次他听信了别人的意见，想看看我能不能推翻他做出的决断。

另一种赔钱的方法

现在来看一下另一种在华尔街快速赔钱的方法。一名投机者获知了一个准确的消息，他获知市场将出现一次迅速的波动，会使某只股票或许上涨4个点。他注意到这只股票一直表现活跃，却没注意到他所预期的4个点中有1.5个点已经在现在的价格中体现出来了。犹豫了一阵之后他还是买入了这只股票，但此时这次波动却已临近结束。他的股票出现了一点小额浮盈，接下来这只股票的表现开始表的沉闷，这只个股的行情已经结束了。专业人士的注意力已经转向了其他股票，而这名投机者的股票却在随着市场漫步，并慢慢以利息的形式吞食着原先那点蝇头小利。但他此时仍然错误地持有这只股票，殊不知自己已经错过了机会，如果它能够理性地看待这件事，这其实是一次不怎么花钱却又很有意义的教训。

这名投机者也是忘记了自己当初购买股票的理由，正如前文说的那个根据价值买股的人一样。如果他所期待的那种运动形式没有出现，他就应该确认损失，或者将那并不令人满意的利润落袋为安，并且等待下一次获利机会。但是我认识的大多数投机者都有一个通病，不仅记性不好而且还缺少耐心。他们永远都是在进行小额投机，总有一天会把自己的全部资金套牢在一个账户上，如同一条搁浅的船，只能眼睁睁地看着市场的获利大潮从身边汹涌而去。

最后的一点思考

我对股市晴雨表的讨论到这里就结束了。我并不想鼓励任何不够坚强的人去从事赌博，也不想让愚蠢的人在一天之内就赔掉自己所有的钱。至少在这方面每个人都是自由的。尽管有各种法律会对个人的行为构成约束，但人们在法律允许的范围内仍然有较大的行动自由。我们可以想象，当局可能会出台一部全面禁止投机行为的法律，尽管它一定会让美国商业陷入瘫痪，但是我们无法想象会有一部法律会强迫人们在华尔街参与交易。我写下这本书的目的就在于告诉人们如何在交易中保护自己，至少也要让交易者明白，他在华尔街不仅有公平的投资获利机会，而且可以在最后赢得利润。

第二十三章

道琼斯平均指数记录

道琼斯公司从1884年开始公布活跃而有代表性的股票的平均收盘价格。最初用于构成平均指数的股票名单如下：

芝加哥西北铁路　　　　　　　　联合太平洋铁路

特拉华、拉客瓦纳和西部铁路　　密苏里太平洋铁路

莱克希尔铁路　　　　　　　　　斯维尔和纳什维尔铁路

纽约中央铁路　　　　　　　　　太平洋邮政

圣保罗铁路　　　　　　　　　　西部联盟

北太平洋铁路优先股

1884年7月3日，第一个平均指数被记录在案，它的点数是69.93点。这个平均指数由11只股票组成，其中9只是铁路行业的股票。

铁路股票

1987年1月，构成平均指数的铁路股票包括：

艾奇逊铁路　　　　　　　　密苏里、堪萨斯和德克萨斯铁路优先股

柏林顿铁路　　　　　　　　密苏里太平洋铁路

C.C.C和圣路易斯铁路　　　纽约中央铁路

切萨皮克和俄亥俄州铁路　　北太平洋铁路优先股

芝加哥西北铁路　　　　　　纽约安大略和西部铁路

伊利铁路　　　　　　　　　雷丁铁路

泽西中央铁路　　　　　　　洛克铁路

莱克希尔铁路　　　　　　　圣保罗铁路

路易斯维尔和纳什维尔铁路　南方铁路优先股

曼哈顿高架铁路　　　　　　沃巴什铁路　优先股

之后构成指数的股票所出现的调整和变化如下：

1897年，都市街道铁路、联合太平洋铁路普通股和北太平洋铁路普通股代替了莱克希尔铁路、纽约安大略和西部铁路以及北太平洋铁路优先股。

1899年7月，布鲁克林快运、丹佛和里奥格兰德优先股、诺福克和西部优先股代替了都市街道铁路、伊利铁路和雷丁铁路。

1900年7月，南太平洋普通股、联合太平洋优先股代替了沃巴什铁路优先股，以及诺福克和西部优先股。

1901年6月，巴尔迪莫和俄亥俄、伊利诺伊中央铁路、南方铁路普通股以及宾夕法尼亚铁路代替了柏灵顿铁路、南太平洋普通股、南方铁路优先股以及北太平洋铁路普通股。

1903年9月，特拉华和哈德逊铁路、雷丁铁路、加拿大太平洋铁路、明尼阿波利斯和圣路易斯铁路代替了密苏里、堪萨斯和德克萨斯铁路优先股、洛克铁路、切萨皮克和俄亥俄铁路以及泽西中央铁路。

1904年5月18日，南太平洋普通股代替了明尼阿波利斯和圣路易斯铁路。

1904年6月27日，沃巴什铁路优先股和都市街道铁路优先股代替了C.C.C和圣路易斯铁路以及丹佛优先股。

1905年4月12日，伊利铁路代替了沃巴什铁路优先股。

1905年5月，北太平洋铁路普通股、诺福克和西部铁路代替了曼哈顿及联合太平洋优先股。

1906年5月4日，双子城快运代替了都市街道铁路。

1912年4月25日，洛克铁路和利哈伊瓦利铁路代替了布鲁克林快运与双子城快运。

1914年12月12日，切萨皮克和俄亥俄铁路、堪萨斯城南部铁路以及N.Y.N.H和哈特福德铁路代替了芝加哥西北铁路、密苏里太平洋铁路以及洛克铁路。

1924年4月10日，特拉华、拉克瓦纳和西部铁路，以及圣路易斯西南铁路代替了堪萨斯城南部铁路以及利哈伊瓦利铁路。

现在(1925 年 8 月 31 日)构成平均指数的铁路股票如下所示：

艾奇逊铁路　　　伊利诺伊铁路　　　雷丁铁路

巴尔迪莫和俄亥俄铁路　　路易斯维尔和纳什维尔铁路

圣路易斯西南铁路

加拿大太平洋铁路　　纽约中央铁路　　　圣保罗铁路

切萨皮克和俄亥俄州铁路　　纽黑文铁路　　南太平洋铁路

特拉华和哈德逊铁路　　诺福克和西部铁路　　南方铁路

特拉华、拉克瓦纳和西部铁路　北太平洋铁路　联合太平洋铁路

伊利铁路　　　宾夕法尼亚铁路

计算方法

刚开始的时候股票都以百分比的形式进行报价。在1915年10月13 日，股票交易所出台了规定，所有股票都必须以"每股**美元"的形式进行交易。宾夕法尼亚铁路、雷丁铁路、利哈伊瓦利铁路三只股票的面值都是每股50美元，而且一直是以百分比形式为基础进行计算。因此为了保证这几只股票的连续性，计算时必须把他们的市场价格乘以2。因为现在的平均指数里剔除了利哈伊瓦利铁路，因此只把宾夕法尼亚铁路和雷丁铁路的市场价格乘以2即可。这样一来，所有的铁路股票就都调整到美元和百分比的基础上了。

工业股票

1897年1月，构成平均指数的12只工业股票如下所示：

美国棉籽油	拉克利德天然气
美国酒业	国家铅业
美国糖业	太平洋邮政
美国烟草	标准绳索
芝加哥天然气	田纳西煤炭和铁矿
通用电气	美国皮草优先股

之后进行的调整和更改如下：

1897年11月，人民天然气代替了芝加哥天然气。

1898年9月，美国橡胶普通股代替了通用电气。

1899年4月，大陆烟草、联邦钢铁、通用电气、美国钢铁线材代替了美国酒业、美国烟草、拉克利德天然气以及标准绳索。

1901年6月，联合铜业、美国冶金、国际纸业优先股、美国钢铁普通股以及美国钢铁优先股代替了美国棉籽油、联邦钢铁、通用电气、太平洋邮政以及美国钢铁线材。

1902年1月，美国汽车和铸造厂、科罗拉多燃油和铁矿代替了大陆烟草和国际纸业优先股。

1905年4月，美国橡胶第一优先股代替了美国皮草优先股。

1907年11月，通过电气代替了田纳西煤炭和铁矿。

1912年5月，中央皮草普通股代替了科罗拉多燃油和铁矿。

因此，1914年7月31日股票交易所因世界大战的爆发而停业之前，12支工业股票的名单如下所示：

联合铜业	国家铅业
美国汽车和铸造厂	人民天然气
美国冶金	美国橡胶普通股
美国糖业	美国橡胶第一优先股
中央皮草	美国钢铁普通股
通用电气	美国钢铁优先股

1915年3月，通用汽车代替了美国橡胶第一优先股。

1915年7月，阿纳康达代替了联合铜业。

1916年9月，全新的20只工业股票名单代替了原有的12只工业股票名单。新的20只工业固均为普通股。国家铅业、人民天然气、通用电气以及美国钢铁优先股被踢出了，并且额外新加入了12只股票。名单如下所示：

美国甜菜糖业	通用电气
美国罐头	古德里奇
美国汽车和铸造厂	共和钢铁
美国机车	斯图贝克
美国糖业	美国橡胶
美国电报电话	美国钢铁
阿纳康达	犹他铜业
鲍德温机车	西屋电气
中央皮草	西部联盟

所有报价都以美元为基础

　　1916年，股票交易所里的股票报价都是以美元为基础，而不是像以前那样采取百分比的形式。因此票面价值为10美元的犹他铜业以及票面价值为50美元的西屋电气，并不会使新的平均指数出现混乱。但是为了保证工业平均指数的连续性，道琼斯公司把1914年12月12日股票交易所重新开始营业之后的工业股票平均指数重新进行了核算，所以自从1914年12月12日以后发布的平均指数都是以美元为基础进行计算的。

　　之后发生的调整和更改如下所示：

　　1920年3月1日，玉米产品代替了美国甜菜糖业。

　　1924年1月22日，美国烟草、杜邦公司、马克卡车以及西尔斯-罗巴克代替了玉米产品、中央烟草、古德里奇以及德州公司。

　　1924年2月6日，加利福尼亚标准石油代替了犹他铜业。

　　1924年5月12日，斯图贝克无面值股票以及伍尔沃斯25元面值股票代替了斯图贝克以及共和钢铁。

　　自从1916年新的20只工业股票代替了原有的12只工业股票后，德州公司股票的面值从100美元降为了25美元；美国机车股票的面值由100美元改为了无面值，并发行新股以取代旧股，每2股新股取代1股旧股；斯图贝克股票的面值由100美元改为无面值，并发行2.5股新股取代1股旧股。德州公司、美国机车以及斯图贝克的这些复杂调整使得工业股票平均指数在计算时也必须相应地进行调整。

　　1924年1月22日，平均指数的计算有了新的调整：德州公司与玉米产品被剔除，而美国机车安心的实际报价被保留下来。这样一来，

1924年1月22日平均指数按原有股票的计算结果是97.41点，安心的股票计算的结果则是97.23点，而这都是以美元为基础进行计算的，情况也基本相符。

1924年7月，平均指数中使用的工业股票名单如下所示：

美国罐头	通用电气
美国汽车和铸造厂	马克汽车
美国机车	西尔斯-罗巴克
美国冶金	加利福尼亚标准石油
美国糖业	斯图贝克
美国电报电话	美国橡胶
美国烟草	美国钢铁
阿纳康达	伍尔沃斯
鲍德温机车	西屋电气
杜邦公司	西部联盟

1925年8月31日，通用汽车、美国万国、肯尼科特、德州公司以及美国房产代替了阿纳康达、鲍德温机车、杜邦公司、加利福尼亚标准石油以及斯图贝克。这些变动没有对平均指数造成明显影响。

现在（1925年8月31日）构成工业股票平均指数的工业股票名单如下所示：

美国罐头	肯尼科特
美国汽车和铸造厂	马克汽车
美国机车	西尔斯-罗巴克
美国冶金	德州公司
美国糖业	美国房产
美国电报电话	美国橡胶
美国烟草	美国钢铁

通用电气　　　　　　　西屋电气

美国汽车　　　　　　　西部联盟

美国万国　　　　　　　伍尔沃斯

　　铁路、工业两种平均指数采用的股票都是普通股。在最后一年，美国汽车和铸造厂以及美国烟草两家公司变更了资本总额，发行2股新股取代原有的1股旧股。为了保证平均指数的连续性，道琼斯公司将美国汽车和铸造厂以及美国烟草的报价乘以2之后再进行计算，就如同处理宾夕法尼亚铁路和雷丁铁路那样。

　　编制平均指数时采用的是收盘价。如果有一只股票在一个交易日内没有发生任何交易，那么就采用前一天的收盘价。计算方法如下：对于铁路股票价格平均指数而言，将20只股票的收盘价相加，其中宾夕法尼亚铁路和雷丁铁路的股价需要乘以2，然后再除以20。而工业股票平均指数则是将20只工业股票的收盘价相加，其中美国汽车和铸造厂以及美国烟草的股价需要乘以2，然后再除以20。

1897－1925 年平均指数收盘价
1925 年工业股票

日期	1 月	2 月	3 月	4 月	5 月	6 月	7 月	8 月
1	↑	*	*	118.07	121.1	129.69	131.76	134.55
2	121.25	120.46	123.93	117.61	121.96	130.42	131.53	*
3	122.2	120.08	125.25	117.4	*	130.41	131.52	135.81
4		120.56	123.26	118.25	122.86	128.89	↑	136.38
5	119.46	120.83	124.81	*	123.63	128.98	*	135.73
6	121.13	121.48	125.68	119.43	124.32	128.85	132.31	135.71
7	121.18	121.5	124.98	118.78	125.16	*	132.7	137.4
8	121.61	*	*	118.9	124.74	127.12	133.07	137.98
9	122.32	122.37	124.33	119.06	124.64	127.21	131.83	*
10	122.16	121.73	122.62	↑	*	126.75	131.33	137.41
11	1	121.23	123.26	119.33	124.14	127.85	131.43	137.8
12	123.21	↑	124.6	↑	124.45	128.38	*	137.48
13	123.56	121.73	123.25	120.18	124.21	*	131.71	138.6
14	122.97	120.86	124.16	121.54	124.16	128.43	132.95	139.51
15	121.38	*	*	121.11	126	128.43	133.4	140.2
16	121.71	117.96	120.76	120.67	126.5	129.66	133.5	*
17	123.13	118.48	118.53	121.41	*	129.8	134	141.56
18	*	120.07	118.25	122.02	127.09	128.88	134.68	142.6
19	122.35	119.71	119.38	*	128.38	129.26	*	141.82
20	121.74	121.64	120.91	121.23	128.68	129.16	135	141.66
21	122.11	121.85	119.6	119.53	128.7	*	134.93	142.63
22	123.6	*	*	120.52	128.95	128.25	133.87	142.87
23	123.09	↑	116.82	120.82	128.85	127.17	135.33	*
24	122.98	121.48	116.78	119.74	*	127.8	135.58	142.76
25	*	122.15	118.71	119.75	127.78	128.28	135.63	143.18
26	121	122.86	116.78	*	128.43	129.17	*	141.88
27	121.53	122.24	117.48	119.46	129.13	129.73	136.5	141.54
28	121.98	122.71	116.3	120	129.6	*	135.62	141.13
29	122.44		*	120.4	129.95	129.23	134.48	141.26
30	123.49		115	120.01	↑	131.01	134.16	*
31	123.22		116.75		*		133.81	141.18
最高价	123.6	125.86	125.68	122.02	129.95	131.01	136.5	143.18
最低价	119.46	117.96	115	117.4	121.1	126.75	131.33	134.45
↑	星期天							
*	假期							

272

1925 年铁路股票

日期	1 月	2 月	3 月	4 月	5 月	6 月	7 月	8 月
1	↑	*	*	94.29	96.08	99.10	98.85	99.02
2	99.2	99.63	100.76	94.03	97.08	98.81	99.08	*
3	99.3	99.41	100.96	93.84	*	98.80	98.05	99.32
4	*	100.46	100.12	94.71	97.75	98.41	↑	99.56
5	99.14	100.49	100.56	*	97.66	98.41	*	100.02
6	100.27	100.46	100.72	95.81	97.65	98.60	99.02	99.78
7	100.35	100.29	100.24	95.67	97.68	*	99.38	100.63
8	100.19	*	*	94.88	97.36	97.22	98.89	100.63
9	100.78	100.1	99.5	94.79	97.09	97.15	98.60	*
10	100.4	100.15	98.58	↑	*	96.98	98.48	100.58
11	*	99.69	98.87	94.97	96.43	97.38	98.43	100.58
12	100.47	↑	99.65	*	97.11	97.67	*	100.83
13	100.53	99.44	98.96	94.96	97.13	98.26	98.71	101.23
14	99.59	98.88	99.17	95.46	96.85	*	99.15	101.88
15	98.36	*	*	95.91	97.20	97.80	99.16	101.99
16	98.41	97.83	97.63	96.13	97.25	98.09	99.42	*
17	99.3	98.33	96.96	96.59	*	98.14	99.23	103.28
18	*	99.55	96.46	96.64	97.50	97.58	99.19	103.30
19	99.05	99.18	96.68	*	97.93	98.27	*	102.96
20	98.46	99.97	97.81	96.31	98.03	98.33	99.28	102.93
21	98.49	99.89	97.35	95.09	98.27	*	98.91	103
22	98.77	*	*	95.61	99.05	97.77	98.61	103.28
23	98.93	↑	95.66	95.52	99.01	97.50	99.19	*
24	98.86	100.15	94.32	95.26	*	98.06	98.90	103.53
25	*	100.3	95.31	95.75	99.15	98.04	99.03	103.38
26	98.35	100.86	94.51	*	98.83	98.41	*	103.08
27	98.45	99.72	94.7	95.68	99.53	98.57	99.22	102.88
28	99.18	99.88	93.73	96.18	99.26	*	99.75	102.80
29	98.58			95.98	99.98	97.80	99.31	102.36
30	98.96		92.98	96.15	↑	98.41	99.08	*
31	99.26		93.94		*		98.74	101.95
最高价	100.78	100.86	100.96	96.64	99.98	99.10	99.75	103.53
最低价	98.35	97.83	92.98	93.84	96.43	96.98	98.43	99.02
↑	星期天							
*	假期							

1924 年工业股票

日期	1月	2月	3月	4月	5月	6月	7月	8月	9月	10月	11月	12月
1	↑	100.7	97.49	93.50	92.12	*	96.45	102.12	↑	104.08	104.17	110.44
2	95.65	100.84	*	94.50	91.68	90.15	96.38	102.89	104.95	103.63	*	110.71
3	94.88	*	97.10	94.33	91.93	91.23	96.48	*	104.02	102.64	103.89	110.83
4	95.40	101.08	97.50	94.69	*	90.72	↑	103.28	102.77	102.85	↑	111.56
5	96.26	101.08	97.55	94.05	92.23	90.41	96.43	102.52	101.07	*	105.11	111.26
6	*	101.31	98.45	*	92.24	89.18	*	102.57	100.76	102.58	104.06	111.10
7	96.54	100.99	98.61	93.03	92.47	89.52	96.91	102.30	*	102.38	104.86	*
8	96.77	100.2	98.25	92.85	92.04	*	97.56	101.79	101.26	102.06	105.53	111.30
9	97.04	100.88	*	92.24	91.40	90.15	97.40	102.00	101.98	102.60	*	112.11
10	97.23	*	97.21	90.86	90.55	90.53	96.65	*	101.13	101.38	105.91	111.07
11	97.46	100.91	97.81	91.71	*	92.00	97.38	102.20	101.79	101.33	107.58	110.84
12	97.25	↑	97.58	90.78	89.48	92.19	97.60	101.51	101.91	*	108.14	111.96
13	*	99.81	98.25	*	89.69	92.68	*	101.60	101.97	↑	108.58	112.76
14	95.68	100.05	98.86	89.91	88.77	92.85	97.50	102.86	*	99.18	108.96	*
15	96.00	96.63	98.02	90.52	89.18	*	97.40	104.01	101.38	100.11	108.68	113.40
16	96.65	98.06	*	90.78	89.78	93.80	96.85	104.62	101.75	100.16	*	113.73
17	96.42	*	96.60	91.34	89.33	93.57	96.85	*	103.49	100.86	109.51	114.35
18	96.28	96.33	96.69	↑	*	93.52	97.40	104.99	103.42	101.76	110.73	115.17
19	96.60	96.97	96.89	91.13	89.81	93.79	98.09	105.38	103.63	*	110.24	11613
20	*	96.58	95.88	*	88.33	93.48	*	105.57	103.85	101.14	110.50	116.41
21	97.28	97.40	95.87	89.18	89.35	93.53	99.02	104.83	*	101.85	109.63	*
22	97.23	↑	95.72	89.22	90.10	*	99.36	103.89	103.25	101.96	109.55	116.84
23	97.73	97.88	*	90.43	90.04	92.65	99.40	103.51	104.16	102.18	*	115.78
24	98.59	*	95.58	90.44	90.66	93.13	99.36	*	104.68	102.53	109.81	116.74
25	99.81	97.16	94.12	91.51	*	93.67	99.60	103.53	104.13	102.04	110.08	↑
26	100	96.45	93.67	92.02	90.60	94.71	100.36	103.58	103.98	*	110.15	118.59
27	*	96.75	92.90	*	90.15	95.33	*	103.23	103.93	101.73	↑	115.18
28	99.35	97.69	92.54	90.99	89.90	95.55	101.09	102.67	*	102.45	111.10	*
29	99.16	97.22	92.28	90.65	89.90	*	100.87	104.14	102.96	102.41	111.38	118.63
30	99.40		*	90.63	↑	96.37	101.16	105.16	103.16	103	*	118.02
31	100.66		93.01		↑	*	102.14	*		104.06	*	120.51
最高价	100.66	101.31	98.86	94.69	92.47	96.37	102.14	105.57	104.95	104.08	111.38	120.51
最低价	94.88	96.33	92.54	89.18	88.33	89.19	96.38	101.51	100.76	99.18	103.89	110.44

1924 年铁路股票

日期	1 月	2 月	3 月	4 月	5 月	6 月	7 月	8 月	9 月	10 月	11 月	12 月
1	↑	82.15	81.32	81.48	80.63	*	85.83	89.87	↑	90.28	89.36	96.28
2	80.79	82.35	*	82.04	81.48	82.15	85.78	90.02	90.58	90.11	*	96.60
3	80.76	*	80.51	82.83	81.51	82.58	86.00	*	90.13	88.97	89.53	97.21
4	81.01	82.61	80.75	83.43	*	82.78	↑	89.79	89.45	88.90	↑	98.03
5	81.33	82.50	80.90	83.23	81.58	83.22	86.16	89.78	88.90	*	90.80	97.40
6	*	82.48	81.21	*	81.71	82.58	*	89.73	88.76	88.43	91.23	97.25
7	81.78	81.76	81.10	82.80	81.88	82.76	86.66	90.18	*	88.31	93.40	*
8	81.93	81.40	81.09	82.17	81.94	*	87.27	90.20	89.07	88.26	94.10	96.99
9	83.06	81.74	*	81.76	81.83	83.16	87.32	90.74	89.89	88.48	*	96.75
10	82.80	*	80.61	81.00	81.71	83.44	86.83	*	88.92	87.66	93.55	95.78
11	82.59	82.21	80.93	81.51	*	84.30	87.09	92.20	89.06	87.65	94.32	95.76
12	82.63	*	81.03	81.38	81.58	84.60	87.15	91.50	89.45	*	93.63	96.93
13	*	81.62	81.31	*	81.63	85.13	*	91.23	89.56	↑	93.04	97.30
14	81.75	81.65	81.47	80.55	81.59	85.21	87.51	91.38	*	86.12	93.93	*
15	79.98	80.39	81.39	80.74	81.77	*	87.68	91.91	89.34	86.66	93.88	97.93
16	80.81	81.00	*	81.10	82.07	85.01	88.08	92.10	89.40	86.40	*	98.06
17	80.76	*	81.05	81.64	81.85	84.68	88.00	*	89.97	87.20	94.76	99.31
18	80.80	80.23	81.00	↑	*	84.75	88.60	92.65	89.69	88.04	95.60	99.50
19	80.79	80.68	81.50	81.55	81.88	85.13	88.69	92.10	89.60	*	95.26	99.30
20	*	80.63	81.45	*	81.37	85.32	*	91.44	89.81	87.70	96.19	99.24
21	80.85	81.08	81.46	81.13	82.38	85.23	89.15	90.93	*	88.12	95.77	*
22	80.76	*	81.99	81.20	82.58	*	89.37	90.10	89.50	88.72	95.96	98.71
23	80.67	81.33	*	81.41	82.88	84.66	89.60	89.82	90.03	88.91	*	97.88
24	80.80	*	82.01	81.13	82.96	84.94	90.10	*	90.71	89.33	95.80	98.25
25	80.56	80.96	81.38	81.30	*	86.05	90.40	89.88	90.51	89.23	96.53	↑
26	81.89	80.78	81.40	81.25	83.34	86.41	90.41	89.81	90.35	*	96.48	98.89
27	*	80.68	81.29	*	83.02	86.22	*	89.85	90.55	88.71	↑	98.90
28	82.16	81.58	81.05	80.95	82.67	86.11	90.36	89.48	*	89.03	96.25	*
29	81.93	81.00	80.95	80.90	82.29	*	90.04	89.83	89.99	88.86	96.35	98.46
30	81.81		*	81.06	↑	85.80	89.80	90.60	90.20	88.90	*	97.67
31	82.09		81.26		↑	*	90.08	*		89.28		98.33
最高价	83.06	82.61	82.01	83.43	83.34	86.41	90.41	92.65	90.71	90.28	96.53	99.50
最低价	80.67	80.23	80.51	80.55	81.37	82.15	85.78	89.48	88.76	86.12	89.36	95.76
↑	星期天											
*	假期											

275

1923 年工业股票

日期	1月	2月	3月	4月	5月	6月	7月	8月	9月	10月	11月	12月
1	↑	97.71	104.23	*	97.4	95.36	*	87.96	93.22	88.06	88.41	93.15
2	98.77	98.70	104.65	101.51	98.05	95.75	88.95	88.20	*	88.09	88.91	*
3	99.42	99.33	104.51	101.6	96.30	*	87.87	↑	↑	90.45	89.63	92.64
4	98.57	*	*	101.4	96.60	96.14	↑	87.20	92.25	89.93	*	92.68
5	98.88	100.03	104.77	102.36	96.73	96.29	87.9	*	92.98	89.41	89.36	92.81
6	97.77	101.01	104.79	102.70	*	97.24	88.65	88.51	93	89.29	↑	92.94
7	*	101.05	105.23	102.56	95.41	97.17	89.41	89.55	92.84	*	89.48	93.80
8	98.06	101.05	104.70	*	96.54	96.66	*	88.63	92.93	88.56	90.75	93.85
9	97.23	100.82	104.48	102.11	98.19	97.10	89.26	88.67	*	88.06	91.14	*
10	97.29	101.7	103.82	101.86	97.61	*	88.44	↑	93.31	87.54	91.39	93.86
11	98.12	*	*	101.08	96.45	97.22	87.80	89.11	93.61	87.16	*	93.65
12	98.63	↑	104.22	101.71	95.40	95.97	87.64	*	92.05	*	91.08	94.11
13	99.09	102.16	104.79	101.81	*	95.79	89.07	88.95	89.93	87.13	90.75	94.70
14	*	101.85	10528	102.09	96.91	95.44	89.40	89.60	89.63	*	90.44	94.93
15	98.04	102.57	104.74	*	95.95	94.86	*	90.23	89.05	88.06	90.87	95.23
16	96.96	103.23	103.93	101.76	95.53	94.73	89.22	90.86	*	86.91	90.33	*
17	97.05	103.21	104.89	10214	95.41	*	89.50	91.64	89.41	87.56	89.65	95.26
18	98.09	*	*	102.24	95.07	92.64	90.01	92.32	88.49	87.46	*	93.66
19	97.85	102.96	105.36	102.58	94.70	92.76	91.35	↑	89.17	87.51	91.35	93.63
20	97.61	103.56	105.38	101.38	*	90.81	91.72	91.71	88.16	87.83	91.26	94
21	*	103.59	105.23	101.1	92.77	92.26	91.39	92.18	88.07	*	92.17	93.51
22	97.25	*	105.09	*	93.58	93.55	*	92.13	88.54	87.48	91.83	93.63
23	97.43	103.27	103.98	100.73	93.90	93.30	91.58	92.04	*	87.37	92.13	*
24	97.16	102.85	103.28	101.08	96.03	*	90.16	91.92	89.21	87.13	92.60	94.42
25	97.79	*	*	101.36	96.65	91.48	90.87	91.59	87.94	86.43		↑
26	98.15	102.40	102.36	101.37	97.48	90.11	91.06	*	88.53	86.01	92.88	95.61
27	98.00	102.79	103.03	101.16	*	88.66	88.37	92.48	88.53	85.76	92.61	94.98
28	*	103.90	103.45	100.63	97.25	89.38	87.33	93.20	87.97	*	92.41	95.12
29	98.26	*	102.77	*	97.66	88.40	*	93.70	87.89	86.20	↑	95.23
30	97.75	*	↑	98.38	↑	87.85	88.11	93.40	*	88.53	92.34	*
31	97.43	*	102.75	*	97.53	*	86.91	93.46		*	*	95.52
最高价	99.42	103.90	105.38	102.7	98.19	97.24	91.72	93.70	93.61	90.45	92.88	95.61
最低价	96.96	97.71	102.36	98.38	92.77	87.85	86.91	87.20	87.89	85.76	88.41	92.64
↑	星期天											
*	假期											

276

1923 年铁路股票

日期	1 月	2 月	3 月	4 月	5 月	6 月	7 月	8 月	9 月	10 月	11 月	12 月
1	↑	86.08	89.37	*	84.91	81.42	*	77.91	79.88	78.83	80.01	81.18
2	86.10	86.63	89.66	85.84	85.29	81.59	78.4	77.28	*	78.96	79.95	*
3	86.07	87.34	90.63	86.17	84.22	*	77.15	↑	↑	80.13	79.93	80.96
4	85.68	*	*	86.3	83.87	82.15	↑	76.78	78.96	80.00	*	81.28
5	85.96	88.08	90.52	86.08	84.01	82.41	77.64	*	79.66	79.96	80.03	81.80
6	85.46	88.93	90.25	86.55	*	82.71	77.99	78.02	79.55	80.81	↑	82.40
7	*	88.80	89.75	86.53	80.37	83.01	78.70	78.36	79.93	*	79.73	82.43
8	85.41	88.91	89.36	*	81.55	83.31	*	77.86	80.10	80.72	79.92	82.10
9	84.96	89.17	89.19	86.58	82.31	84.92	78.72	77.90	*	80.33	80.28	*
10	84.85	89.56	88.98	86.48	82.15	*	78.38	↑	80.31	79.76	80.58	81.64
11	84.59	*	*	86.28	82.2	84.51	77.73	78.11	80.53	79.23	*	80.81
12	85.09	↑	89.06	86.29	81.68	83.71	78.11	*	79.30	*	80.50	81.17
13	85.29	89.49	89.66	86.34	*	83.75	79.08	78.10	78.53	79.19	81.20	81.15
14	*	89.05	89.73	87.23	82.71	83.46	79.20	78.31	78.42	*	81	80.40
15	85.35	89.14	89.33	*	81.87	83.65	*	78.74	78.03	79.66	80.70	80.65
16	84.60	89.24	88.67	87.09	81.70	83.48	79.16	78.91	*	78.28	80.28	*
17	84.53	89.29	89.11	87.41	80.58	*	79.33	79.17	78.39	78.41	79.80	80.18
18	84.9	*	*	88.56	81.33	82.14	79.25	79.66	78.07	78.42	*	79.42
19	85.33	89.80	89.36	88	81	81.74	80.05	*	78.48	78.67	80.56	79.34
20	85.36	90.17	89.6	87.35	*	80.6	80.51	79.53	78.36	78.95	80.77	79.80
21	*	90.43	89.67	86.75	80.13	81.24	80.75	79.31	78.37	*	81.45	79.74
22	85.10	↑	89.4	*	80.66	82.40	*	78.76	78.76	78.38	81.59	79.67
23	85.77	90.12	88.8	86.47	80.91	82.43	79.98	78.85	*	78.33	81.25	*
24	86.11	90.20	88.78	86.67	82.70	*	79.45	78.92	78.86	78.41	81.20	79.84
25	86.46	*	*	86.76	82.35	81.46	79.64	78.65	78.36	77.78	*	↑
26	86.43	89.76	87.69	86.79	82.58	80.23	80.00	*	78.86	77.65	81.52	80.12
27	86.47	89.53	87.71	86.52	*	78.48	78.12	79.04	79.05	77.65	81.48	79.81
28	*	89.56	87.93	86.60	83.16	78.94	77.40	79.57	78.48	*	81.61	80.10
29	87.20	*	87.26	*	83.09	77.97	*	79.97	78.33	77.84	↑	80.62
30	86.58	*	↑	84.86	↑	76.85	78.13	80.01	*	77.67	81.09	*
31	86.26	*	87.15	*	83.04	*	77.14	80.30		78.82		80.86
最高价	87.20	90.43	90.63	88.56	85.29	84.92	80.75	80.30	80.53	80.81	81.61	82.43
最低价	84.53	86.08	87.15	84.86	80.13	76.85	77.14	77.28	78.03	77.65	79.73	79.34
↑	星期天											
*	假期											

277

1922 年工业股票

日期	1月	2月	3月	4月	5月	6月	7月	8月	9月	10月	11月	12月
1	*	81.68	85.33	89.08	93.35	96.03	92.90	96.25	101.28	*	96.23	95.73
2	↑	82.86	86.03	*	93.64	96.36	*	96.51	101.29	97.67	98.50	95.91
3	78.91	82.93	86.46	90.05	93.81	96.31	92.92	96.81	*	98.90	99.29	*
4	79.61	83.61	85.91	89.30	93.18	*	↑	97.11	↑	99.93	99.06	95.10
5	78.68	*	*	90.67	93.18	95.98	92.97	97.03	101.67	100.34	*	95.03
6	78.96	83.70	86.30	90.80	93.59	95.59	93.97	*	100.60	100.81	98.45	96.75
7	79.12	83.38	86.90	90.80	*	95.15	94.63	97.37	101.05	100.50	↑	96.91
8	*	82.74	86.73	90.63	92.84	95.11	93.53	97.07	101.22	*	99.53	97.88
9	78.87	83.60	86.95	*	92.57	93.60	*	96.93	101.68	102.26	98.98	97.72
10	78.59	83.05	87.18	91.11	91.58	93.20	93.93	96.51	*	101.55	97.50	*
11	80.03	82.96	87.93	91.91	91.50	*	94.17	96.82	102.05	101.72	95.88	97.85
12	79.96	*	*	91.77	92.50	90.73	94.88	97.04	101.88	↑	*	97.75
13	80.82	↑	87.56	92.48	92.93	92.04	94.65	*	101.10	102.60	95.37	98.28
14	81.23	83.81	87.92	↑	*	93.08	94.96	96.21	100.79	103.43	93.61	98.19
15	*	84.09	87.30	93.06	92.08	91.25	95.35	96.90	100.99	*	95.11	98.03
16	81.36	83.98	88.11	*	92.63	91.11	*	97.41	100.43	102.76	94.72	98.13
17	81.90	83.88	88.46	92.75	93.71	91.45	95.26	97.93	*	102.60	95.09	*
18	82.33	84.28	88.47	91.15	93.91	*	96.53	98.60	98.88	102	95.36	97.64
19	81.91	*	*	92.52	94.80	91.95	96.69	99.01	99.93	101.21	*	98.23
20	82.95	84.85	88.28	92.43	94.65	93.51	96.76	*	100.14	102.01	95.82	97.52
21	8253	85.81	88.11	93.21	*	93.02	96.13	99.71	98.37	101.95	95.59	97.88
22	*	*	87.26	93.46	94.86	93.15	95.78	100.75	98.55	*	94.29	98.62
23	82.29	85.36	86.90	*	94.66	93.07	*	100.32	99.10	100.11	94.08	↑
24	82.43	85.18	87.40	93.00	94.70	93.16	94.64	99.71	*	100.10	94.10	*
25	82.57	8333	87.08	92.72	94.36	*	95.69	99.82	98.90	99.55	92.78	↑
26	81.54	*	*	91.96	95.05	93.48	94.84	100.05	98.45	98.00	*	99.04
27	81.34	84.58	86.60	91.10	95.47	92.47	96.36	*	96.81	98.76	92.03	99.22
28	81.75	85.46	87.20	91.93	*	92.24	96.69	99.21	96.58	98.68	93.85	98.14
29	*	*	87.90	92.74	96.41	92.06	96.83	100.70	97.12	*	94.65	98.17
30	81.33	*	88.87	*	↑	92.93	*	100.75	96.30	96.90	*	98.73
31	81.30	*	89.05	*	95.63	*	97.05	100.78	*	96.11	*	*
最高价	82.95	85.81	89.05	93.46	96.41	96.36	97.05	100.78	102.05	103.43	99.53	99.22
最低价	78.59	81.68	85.33	89.08	91.50	90.73	92.90	96.21	96.30	96.11	92.03	95.03
↑	星期天											
*	假期											

278

1922年铁路股票

日期	1月	2月	3月	4月	5月	6月	7月	8月	9月	10月	11月	12月
1	*	74.62	77.99	80.68	84.45	85.23	84.45	88.35	92.41	*	92.8	85.56
2	↑	75.19	78.31	*	84.34	85.14	*	88.46	92.10	90.76	90.86	85.86
3	73.48	75.88	78.10	81.26	84.44	85.01	84.52	88.65	*	91.96	91.11	*
4	73.91	76.23	77.79	80.86	84.40	*	↑	88.55	↑	92.15	90.87	85.16
5	73.56	*	*	81.55	84.68	84.94	84.66	89.18	92.16	92.10	*	84.31
6	73.65	76.70	77.21	82.78	84.65	84.78	87.58	*	91.20	91.95	90.16	84.51
7	73.85	76.33	77.87	83.20	*	84.48	87.16	89.79	92.19	91.90	↑	84.39
8	*	76.60	77.99	83.91	84.30	84.43	86.11	89.43	93.51	*	90.48	84.56
9	73.43	76.81	78.53	*	83.98	83.37	*	89.43	93.88	92.05	90.43	84.60
10	73.53	76.77	78.68	84.01	83.10	83.25	86.14	89.60	*	91.81	89.50	*
11	74.01	76.81	78.83	83.61	83.12	*	86.45	89.58	93.99	92.50	88.20	84.35
12	74.65	*	*	83.08	83.44	81.81	86.95	89.32	93.42	↑	*	84.54
13	74.98	↑	78.71	83.46	83.90	82.76	86.47	*	92.55	92.79	87.53	84.83
14	75.36	77.46	79.56	*	*	83.09	86.24	88.06	93.67	93.26	85.85	84.88
15	*	77.49	79.26	84.32	83.58	82.28	86.56	89.01	93.70	*	86.07	84.58
16	75.76	77.50	79.21	*	83.34	81.91	*	89.84	93.38	93.70	85.59	84.59
17	76.56	77.28	79.28	84.77	84.00	81.95	86.55	90.31	*	93.55	86.15	*
18	76.58	77.33	79.53	83.85	84.41	*	86.50	90.55	91.97	92.85	86.10	83.75
19	76.18	*	*	84.32	85.28	81.88	86.82	91.51	92.70	92.59	*	83.98
20	75.85	77.61	79.92	84.74	86.13	82.85	86.60	*	92.70	93.28	86.11	84.31
21	75.68	78.08	80.07	84.80	*	82.62	86.49	93.05	91.36	93.45	85.83	85.24
22	*	*	79.61	84.84	86.17	83.60	86.41	92.54	91.36	*	84.33	85.87
23	75.50	78.38	79.13	*	86.12	83.73	*	92.03	91.88	92.56	83.70	↑
24	75.58	78.73	79.08	84.84	85.94	84.46	85.63	92.32	*	92.72	83.46	*
25	75.30	79.16	79.19	85.09	85.66	*	86.14	91.76	91.82	93.06	82.58	↑
26	74.83	*	*	84.36	86.33	84.73	85.59	91.54	91.41	91.43	*	85.98
27	78.84	78.52	78.79	83.60	86.66	83.63	87.63	*	89.96	91.90	82.17	85.55
28	74.94	78.66	79.15	84.20	*	83.49	87.70	90.59	89.93	91.71	83.50	84.86
29	*		80.16	84.43	86.83	83.73	88.21	91.92	90.08	*	84.56	85.79
30	74.98		80.86	*	↑	84.45	*	92.68	89.60	89.84	↑	86.11
31	74.76		80.86		85.53		88.93	92.48		89.25		*
最高价	76.58	79.16	80.86	85.09	8683	85.23	88.93	93.05	93.99	93.70	91.11	86.11
最低价	73.43	74.68	77.21	80.68	83.12	81.81	84.45	88.06	89.60	89.25	82.17	83.75
↑	星期天											
*	假期											

1921 年工业股票

日期	1 月	2 月	3 月	4 月	5 月	6 月	7 月	8 月	9 月	10 月	11 月	12 月
1	↑	75.48	74.71	75.72	*	73.51	68.35	69.68	66.83	7168	73.44	78.12
2	*	74.98	75.19	75.27	79.65	73.06	↑	69.95	68.00	*	73.52	78.73
3	72.67	74.34	75.23	*	79.23	72.37	*	69.71	↑	71.61	73.98	79.00
4	72.76	74.74	75.11	75.16	79.61	72.55	↑	69.50	*	70.95	73.94	*
5	73.13	75.05	75.25	76.16	80.03	*	67.71	68.61	↑	70.46	73.91	78.93
6	74.31	*	*	76.58	79.68	71.18	69.86	68.56	69.12	70.42	*	79.36
7	75.21	74.80	75.26	76.16	79.48	71.56	69.72	*	69.49	70.66	74.20	79.19
8	74.80	75.54	74.91	75.61	*	71.03	68.35	68.63	69.15	71.17	↑	78.80
9	*	75.48	74.60	75.73	78.81	69.85	68.54	68.00	70.58	*	75.75	79.60
10	76.00	75.59	73.60	*	78.61	69.92	*	66.71	71.92	70.95	75.61	80.16
11	76.14	75.59	72.25	76.15	77.98	69.70	68.69	66.42	*	71.06	*	*
12	75.88	↑	72.76	76.28	77.60	*	68.70	66.88	70.68	↑	76.46	80.63
13	74.43	*	*	75.93	77.57	70.03	68.65	66.75	71.72	70.90	*	80.69
14	74.48	76.41	72.99	75.06	77.19	70.05	67.85	*	71.68	70.15	75.50	81.04
15	75.14	76.90	73.87	76.18	*	69.00	67.25	66.02	70.68	70.09	75.80	81.50
16	*	77.14	75.20	76.33	77.23	68.16	67.44	65.27	70.95	*	77.13	80.95
17	75.21	76.40	75.44	*	77.65	67.57	*	66.09	70.83	69.46	77.07	80.57
18	75.40	76.28	76.30	76.15	77.51	67.25	67.87	65.96	*	69.81	76.94	*
19	76.76	75.93	76.56	76.10	76.96	*	68.24	65.34	70.06	70.21	77.06	80.31
20	76.08	*	*	76.08	76.07	64.90	68.21	65.09	69.43	70.77	*	80.30
21	74.65	75.10	76.03	76.54	75.65	66.25	68.11	*	69.45	71.00	76.69	79.02
22	74.91	*	76.60	77.63	*	66.23	68.27	64.50	70.25	71.11	76.21	78.76
23	*	75.66	77.78	78.15	75.86	65.36	69.23	64.38	70.90	*	76.34	79.31
24	74.77	74.66	77.39	*	74.43	66.20	*	63.90	70.81	71.81	↑	79.61
25	74.98	75.23	↑	78.55	74.26	67.85	69.80	63.91	*	72.22	77.31	*
26	75.19	75.46	77.13	78.86	74.81	*	69.20	65.54	70.65	72.27	77.85	↑
27	75.71	*	*	78.11	74.31	67.03	69.18	65.56	70.30	72.78	*	80.69
28	76.23	74.98	76.19	78.77	↑	67.63	68.18	*	70.14	73.80	78.01	80.80
29	76.34		77.13	78.57	*	68.73	68.37	66.18	71.19	73.93	77.76	80.34
30	*		76.26	78.84	↑	68.45	68.86	67.80	71.08	*	77.30	80.80
31	76.13		75.76		73.44		*	67.11		73.21		81.10
最高价	76.76	77.14	77.78	78.86	80.03	73.51	69.86	69.95	71.92	73.93	78.01	81.50
最低价	72.67	74.34	72.25	75.06	73.44	64.90	67.25	63.90	66.83	69.46	73.44	78.12
↑	星期天											
*	假期											

1921 年铁路股票

日期	1 月	2 月	3 月	4 月	5 月	6 月	7 月	8 月	9 月	10 月	11 月	12 月
1	↑	75.38	72.41	70.41	*	71.89	70.58	74.03	71.31	74.58	7253	76.22
2	*	75.21	72.83	70.18	71.63	71.75	↑	75.21	71.84	*	7258	75.50
3	75.98	74.41	72.96	*	71.68	71.87	*	74.42	↑	74.38	7270	75.50
4	76.21	74.56	73.23	70.05	72.51	72.38	↑	73.97	*	74.06	72.49	*
5	75.91	74.90	73.42	70.46	73.99	*	70.33	72.85	↑	73.76	72.43	75.01
6	76.49	*	*	70.56	74.11	71.31	72.26	72.66	72.19	73.55	*	75.24
7	77.03	74.58	72.87	69.98	74.31	70.13	72.49	*	72.92	73.67	72.70	74.60
8	77.31	74.92	72.54	69.59	*	70.57	71.35	72.64	72.62	73.90	↑	74.22
9	*	74.66	71.61	69.53	75.38	69.92	71.90	72.61	73.00	*	73.58	74.35
10	77.33	74.42	70.20	*	74.68	69.20	*	72.02	73.41	73.47	73.51	74.18
11	76.99	73.60	69.10	69.36	73.90	68.99	71.65	71.30	*	73.10	↑	*
12	77.30	↑	69.56	69.79	72.90	*	71.70	71.93	73.28	↑	73.51	74.38
13	76.65	*	*	68.88	73.10	68.91	71.10	71.87	74.30	72.46	*	74.21
14	77.15	74.19	69.18	67.86	72.89	69.69	70.96	*	73.92	71.84	72.92	74.08
15	77.56	73.66	70.16	70.28	*	69.64	70.32	71.97	73.28	71.11	73.25	74.20
16	*	74.08	71.62	70.31	73.36	69.31	70.33	71.61	73.39	*	74.08	74.38
17	76.71	73.95	70.76	*	73.26	98.88	*	71.75	73.26	70.00	74.20	74.83
18	76.40	74.15	70.75	69.88	74.16	97.85	70.70	72.28	*	70.60	74.48	*
19	76.45	74.25	70.99	69.33	73.53	*	71.45	72.30	72.78	71.14	74.58	74.95
20	76.22	*	*	69.27	72.02	65.52	70.59	72.16	72.54	71.73	*	74.57
21	75.47	73.87	70.07	69.54	71.36	66.79	71.90	*	72.67	71.53	74.36	73.95
22	75.45	↑	70.31	70.10	*	67.00	72.48	71.17	73.75	71.63	74.20	73.47
23	*	74.11	71.04	71.30	71.83	66.45	73.02	70.73	74.69	*	74.10	73.30
24	75.68	73.75	70.90	*	71.26	67.13	*	69.87	74.66	72.40	↑	73.67
25	75.70	74.08	↑	71.33	71.45	68.80	73.09	70.21	*	71.88	75.17	*
26	76.00	73.75	71.06	71.45	72.38	*	72.93	71.21	74.30	71.46	75.60	↑
27	76.19	*	*	70.54	71.98	68.00	73.08	71.16	73.61	72.20	*	73.71
28	76.67	73.32	70.18	71.26	↑	68.70	73.58	*	73.45	72.94	76.06	73.88
29	76.60		71.71	71.27	*	69.27	73.33	71.43	74.10	72.80	76.66	73.71
30	*		71.10	71.25	↑	71.04	73.68	72.46	74.17	*	76.33	73.86
31	76.17		70.78		71.83		*	72.15		72.56		74.27
最高价	77.56	75.38	73.42	71.45	75.38	72.38	73.68	75.21	74.69	74.58	76.66	76.22
最低价	75.45	73.32	69.10	67.86	71.26	65.52	70.32	69.87	71.31	70.00	72.43	73.30
↑	星期天											
*	假期											

1920 年工业股票

日期	1 月	2 月	3 月	4 月	5 月	6 月	7 月	8 月	9 月	10 月	11 月	12 月
1	↑	*	92.40	102.66	↑	90.20	91.26	*	86.34	84.00	85.48	76.50
2	108.76	103.01	91.68	↑	*	90.65	92.20	84.95	87.22	84.50	*	77.30
3	109.88	99.96	91.95	↑	94.03	90.90	↑	85.54	88.05	*	84.99	77.08
4	*	97.23	94.22	*	94.27	91.90	*	85.58	↑	85.25	84.45	77.63
5	108.85	95.50	94.58	102.98	94.41	92.25	*	84.06	*	85.56	83.45	*
6	107.36	95.75	94.55	104.32	94.17	*	93.00	84.56	↑	85.60	82.86	76.73
7	107.55	96.13	*	105.45	93.45	91.13	94.04	84.10	88.21	85.23	*	76.73
8	107.24	*	97.38	105.65	94.75	91.46	94.51	*	87.13	84.40	81.51	75.49
9	106.59	95.73	97.11	105.38	*	92.20	94.43	83.24	88.33	84.42	79.94	74.22
10	106.33	92.12	99.46	105.23	93.33	91.92	94.20	83.20	87.98	*	80.62	73.29
11	*	90.66	99.80	*	92.52	93.06	*	84.83	86.98	84.00	79.95	72.06
12	104.22	↑	98.55	103.94	91.29	93.20	92.08	84.75	*	↑	77.56	*
13	104.53	92.66	99.31	104.61	90.80	*	91.58	85.89	86.96	84.39	76.90	70.48
14	102	94.21	*	105.18	91.35	91.75	91.20	85.57	87.64	85.22	*	72.29
15	103.62	*	100.55	104.41	91.90	91.68	90.26	*	87.82	85.40	76.63	71.28
16	101.94	92.60	100.39	104.73	*	91.75	89.95	85.07	88.63	84.96	76.65	70.60
17	102.43	93.56	102.11	104.45	91.24	91.37	90.24	83.90	89.95	*	75.21	70.26
18	*	94.44	103.98	*	91.21	92.00	*	84.01	89.81	84.31	74.36	69.55
19	102.72	94.15	103.66	101.87	87.36	91.92	90.21	85.31	*	84.60	73.12	*
20	103.48	95.57	103.56	99.48	88.16	*	90.68	86.22	88.88	85.26	74.03	68.52
21	102.62	95.63	*	95.93	88.20	91.32	90.45	86.86	87.96	84.65	*	66.75
22	102.36	*	104.17	97.15	88.40	90.16	90.74	*	87.45	85.06	77.15	67.02
23	101.90	↑	103.55	95.46	*	90.83	89.63	85.78	86.47	85.57	77.20	69.63
24	102.65	92.98	100.33	95.76	87.57	90.88	89.85	87.29	85.90	*	76.65	68.91
25	*	89.98	101.54	*	90.24	90.95	*	86.93	86.35	85.73	↑	↑
26	103.74	91.37	103.63	97.20	90.01	90.88	87.66	87.22	*	85.61	75.53	*
27	104.15	91.18	103.40	96.41	91.01	*	87.68	86.81	83.82	84.92	75.46	68.01
28	103.96	91.31	*	94.75	91.81	90.45	86.96	86.60	84.53	84.61	*	67.96
29	103.60	*	102.23	93.16	92.06	90.36	87.89	*	83.83	85.08	76.18	69.20
30	104.21		102.45	93.54	*	90.76	86.86	86.43	82.95	84.95	76.04	70.03
31	103.82		102.81		↑		86.85	86.16		*		71.95
最高价	109.88	103.01	104.17	105.65	94.75	93.20	94.51	87.29	89.95	85.73	85.48	77.63
最低价	101.90	89.98	91.68	93.16	87.36	90.16	86.85	83.20	82.95	84.00	73.12	66.75
↑	星期天											
*	假期											

1920 年铁路股票

日期	1 月	2 月	3 月	4 月	5 月	6 月	7 月	8 月	9 月	10 月	11 月	12 月
1	↑	*	75.04	75.98	↑	72.28	70.97	*	78.22	82.76	83.31	77.45
2	75.62	74.68	74.85	↑	*	72.14	71.33	73.07	78.74	84.28	↑	77.47
3	76.48	73.56	74.25	↑	71.80	71.98	↑	74.36	78.88	*	85.37	77.55
4	*	71.97	74.65	*	72.68	72.01	*	74.91	↑	84.30	85.09	77.50
5	76.41	71.51	74.51	75.72	73.33	71.95	↑	74.03	*	83.81	84.98	*
6	75.89	70.83	74.42	76.28	73.54	*	71.77	73.90	↑	84.26	84.08	76.28
7	75.90	71.40	*	76.53	73.11	71.68	72.42	73.90	78.79	84.61	*	76.68
8	75.59	*	76.20	76.35	73.76	71.70	73.06	*	78.05	83.84	83.21	76.75
9	75.56	71.09	76.88	75.90	*	71.14	74.06	72.95	78.07	83.50	81.42	75.78
10	75.62	69.00	78.55	75.64	73.53	70.88	74.43	73.10	77.90	*	82.10	74.73
11	*	67.83	78.46	*	72.80	71.15	*	73.70	77.28	83.31	81.99	73.32
12	74.91	↑	77.46	74.76	72.36	70.71	74.30	73.40	*	↑	78.75	*
13	75.06	69.38	78.73	74.86	71.73	*	73.81	74.05	77.40	84.11	78.10	71.70
14	74.46	70.14	*	75.40	72.29	70.19	73.84	73.93	78.35	84.18	*	73.63
15	74.68	*	78.33	74.86	72.25	70.17	73.20	*	78.31	84.65	78.95	73.10
16	74.61	69.53	77.82	75.16	*	70.78	72.65	73.89	79.01	84.05	79.64	72.89
17	74.96	72.68	77.57	75.30	72.31	70.56	72.84	73.55	79.61	*	77.72	72.53
18	*	73.02	78.51	*	71.70	71.03	*	73.53	80.25	83.44	77.20	71.73
19	74.71	75.46	78.40	74.56	69.99	70.99	72.61	73.90	*	83.85	75.97	*
20	74.68	74.98	78.13	73.26	7023	*	72.88	74.66	80.19	83.90	77.46	71.36
21	74.46	75.55	*	71.64	70.69	70.87	73.08	74.94	80.11	83.27	*	69.80
22	74.28	*	77.75	72.39	70.62	70.31	73.45	*	80.15	83.43	79.73	70.74
23	74.22	*	77.39	71.65	*	70.36	73.03	75.63	80.14	83.64	78.58	72.63
24	74.29	75.25	76.75	72.01	69.95	70.49	73.00	75.81	79.97	*	78.43	72.33
25	*	73.14	76.36	*	71.28	70.86	*	75.66	80.30	83.22	*	↑
26	74.29	74.34	77.30	74.98	71.37	71.08	72.10	76.55	*	83.36	78.83	*
27	74.35	74.67	77.11	73.71	71.72	*	71.98	76.45	79.70	82.83	78.53	72.66
28	74.25	74.77	*	73.38	72.89	70.72	71.80	76.59	80.23	82.10	*	73.05
29	73.90	*	76.61	72.71	73.24	70.85	72.88	*	80.62	82.57	78.52	75.50
30	74.18		76.46	72.21	*	70.91	72.56	77.12	81.33	82.62	77.55	75.56
31	74.68		76.11		↑		73.03	77.50		*		75.96
最高价	76.48	75.55	78.73	76.53	73.76	72.28	74.43	77.50	81.33	84.65	85.37	77.55
最低价	73.90	67.83	74.25	71.64	69.95	70.17	70.97	72.95	77.28	82.10	75.97	6980
↑	星期天											
*	假期											

283

1919 年工业股票

日期	1 月	2 月	3 月	4 月	5 月	6 月	7 月	8 月	9 月	10 月	11 月	12 月
1	↑	80.55	84.04	88.84	93.26	*	108.13	107.99	↑	111.12	118.63	104.03
2	82.60	*	*	89.30	94.30	106.92	108.56	↑	106.26	111.19	*	104.41
3	83.35	80.91	85.58	88.91	94.78	103.83	109.90	*	108.55	108.90	119.62	105.75
4	83.05	81.08	85.10	89.59	*	105.66	↑	102.82	108.27	110.26	↑	107.97
5	*	80.70	84.24	89.65	94.92	107.55	↑	102.40	106.96	*	118.48	107.42
6	82.45	79.68	85.64	*	↑	107.46	*	105.78	106.33	112.04	117.78	107.39
7	82.44	79.35	86.23	90.18	96.16	107.55	109.41	100.80	*	112.55	117.18	*
8	82.60	79.15	87.27	90.59	97.65	*	109.97	101.88	106.51	113.55	115.54	107.88
9	82.76	*	*	91.01	98.61	107.35	110.46	104.33	108.30	113.40	*	106.85
10	82.30	79.65	87.43	90.11	98.19	105.43	110.00	*	↑	114.42	112.93	107.01
11	81.66	80.25	88.10	90.11	*	105.16	109.92	103.94	107.68	114.39	110.75	105.01
12	*	↑	88.30	89.61	98.53	105.05	110.71	105.10	107.10	*	107.15	103.73
13	81.79	81.07	88.18	*	99.23	102.85	*	104.28	108.30	↑	110.69	105.61
14	82.00	81.20	87.87	90.458	100.37	102.78	112.23	102.86	*	112.41	110.49	*
15	82.40	81.96	87.68	91.47	99.45	*	111.66	102.25	108.39	112.88	109.81	105.06
16	82.20	*	*	91.07	99.92	99.56	111.47	↑	108.81	112.51	*	106.61
17	81.35	82.55	88.41	90.88	100.10	103.28	110.65	*	107.55	112.98	109.09	107.26
18	80.93	81.92	87.87	↑	*	105.08	110.69	99.70	106.78	113.20	107.45	103.78
19	*	82.58	88.26	91.67	99.16	104.49	↑	100.58	105.84	*	106.15	104.63
20	80.14	82.93	87.81	*	99.88	106.13	*	98.46	104.99	115.43	108.19	104.55
21	79.88	84.21	89.05	92.21	99.65	106.45	107.24	99.47	*	115.62	107.73	*
22	80.00	↑	88.66	92.24	99.88	*	109.34	100.84	106.30	117.62	108.42	103.55
23	80.20	*	*	92.36	100.47	106.09	110.73	101.44	106.89	114.88	*	103.79
24	81.75	84.62	87.97	91.65	101.60	104.58	109.98	*	106.83	115.57	108.86	103.95
25	81.33	84.61	↑	92.09	*	104.91	110.03	101.63	107.30	112.73	109.02	↑
26	*	85.60	86.83	92.48	103.80	105.63	111.10	103.29	108.66	*	107.50	105.63
27	81.47	85.68	87.65	*	103.58	106.66	*	101.91	110.06	114.88	↑	106.08
28	81.60	84.81	88.86	93.17	104.00	107.17	110.94	103.01	*	116.30	103.72	*
29	80.56		88.88	93.51	105.50		109.72	104.75	110.32	117.43	103.60	105.18
30	80.94		*	92.88	↑	106.98	108.91	↑	111.42	117.33	*	105.46
31	80.61		88.85		↑		107.16	*		118.92		107.23
最高价	83.35	85.68	89.05	93.51	105.50	107.55	112.23	107.99	111.42	118.92	119.62	10797
最低价	79.88	79.15	84.04	88.84	93.26	99.56	107.16	98.46	104.99	108.90	103.60	10355
↑	星期天											
*	假期											

284

1919年铁路股票

日期	1月	2月	3月	4月	5月	6月	7月	8月	9月	10月	11月	12月
1	↑	81.76	84.71	83.73	85.63	*	86.28	86.63	↑	81.97	80.01	74.93
2	84.31	*	*	83.80	85.98	90.78	86.56	↑	81.30	81.51	*	75.27
3	84.84	81.68	84.88	83.71	86.15	89.41	86.89	*	81.48	80.95	79.90	75.65
4	84.48	82.54	83.65	84.79	*	89.63	↑	83.22	81.35	82.06	↑	75.97
5	*	82.70	82.78	84.62	87.28	90.53	↑	81.93	80.60	*	80.23	76.61
6	83.93	82.18	83.33	*	↑	90.05	*	82.41	80.36	82.48	80.66	76.99
7	84.08	81.85	84.13	84.78	87.48	90.19	87.66	80.66	*	82.23	81.18	*
8	84.42	81.61	84.66	84.50	87.48	*	87.76	79.96	80.27	82.04	80.90	76.85
9	84.33	*	*	84.55	87.01	89.91	88.59	81.31	80.43	81.70	*	76.44
10	84.01	81.65	84.96	84.25	86.78	88.68	87.87	*	↑	82.31	79.98	76.02
11	84.06	81.89	85.81	83.76	*	88.35	88.10	81.28	80.15	82.38	79.80	74.29
12	*	↑	85.47	83.66	86.75	88.23	88.22	81.46	79.89	*	78.57	73.63
13	83.90	81.80	85.26	*	87.27	86.92	*	81.01	80.63	*	79.32	74.21
14	83.97	82.08	85.00	83.88	88.53	86.76	88.13	80.16	*	81.61	81.65	*
15	83.85	82.31	84.73	83.79	88.43	*	88.71	80.33	81.08	81.50	81.58	73.96
16	83.31	*	*	83.62	89.72	85.85	90.24	↑	80.63	81.28	*	74.75
17	82.99	82.80	84.73	83.36	90.50	87.08	89.48	*	80.32	81.36	81.86	74.88
18	82.62	83.00	84.61	↑	*	87.33	89.40	78.89	79.53	81.15	80.34	74.53
19	*	83.16	84.61	83.50	90.10	87.08	↑	79.11	79.43	*	79.36	75.56
20	81.69	83.19	84.03	*	90.35	87.79	*	78.60	78.98	81.14	79.65	75.86
21	80.86	83.64	84.26	83.53	89.53	87.90	88.33	78.60	*	80.85	79.40	*
22	81.40	*	84.21	84.51	89.41	*	88.73	79.63	79.40	80.88	79.39	75.35
23	82.08	*	*	84.46	89.87	87.65	88.58	80.05	79.53	81.09	*	74.86
24	82.68	84.18	83.93	84.24	90.33	87.95	88.12	*	79.60	82.15	79.40	74.93
25	82.70	83.69	↑	84.58	*	87.29	88.25	81.29	79.25	80.99	78.87	↑
26	*	84.36	83.00	85.81	91.13	86.83	88.40	81.16	79.69	*	77.97	75.48
27	82.51	84.60	83.10	*	91.13	86.78	*	79.78	80.11	81.07	↑	74.98
28	82.66	84.22	83.53	85.57	90.82	86.76	88.20	80.33	*	80.60	75.33	*
29	82.11		83.41	85.38	91.08	*	87.85	81.21	80.22	80.63	75.86	74.23
30	82.13		*	85.03	↑	86.56	87.26	↑	80.62	80.25	*	73.85
31	81.97		83.59		↑		86.50	*		80.28		75.30
最高价	84.84	84.60	85.81	85.81	91.13	90.78	90.24	86.63	81.48	82.48	81.86	76.99
最低价	80.86	81.61	82.78	83.36	85.63	85.85	86.28	78.60	78.98	80.25	75.33	73.63
↑	星期天											
*	假期											

1918 年工业股票

日期	1月	2月	3月	4月	5月	6月	7月	8月	9月	10月	11月	12月
1	↑	79.28	79.93	77.16	78.16	77.93	81.81	80.71	*	83.95	85.53	*
2	76.68	79.77	78.98	76.69	78.90	*	81.98	80.76	↑	84.45	85.23	81.13
3	76.18	*	*	77.01	78.64	78.55	82.49	80.90	83.84	84.95	*	82.46
4	75.56	↑	79.01	77.42	78.59	79.60	↑	*	83.61	85.31	85.74	82.45
5	73.75	79.28	79.50	77.03	*	79.54	82.96	81.57	83.63	84.87	*	82.89
6	*	78.93	79.20	77.95	79.36	78.95	83.20	81.13	82.56	*	86.62	82.45
7	74.86	77.78	79.53	*	80.51	78.53	*	80.97	82.91	84.35	87.61	82.71
8	74.63	78.44	79.50	77.69	80.32	79.16	82.60	81.13	*	84.30	87.66	*
9	75.61	78.98	79.71	77.40	81.30	*	82.76	81.65	81.80	83.36	88.06	83.41
10	76.33	*	*	76.55	81.29	78.93	82.09	82.04	81.33	84.15	*	84.50
11	75.00	↑	79.78	75.58	81.82	79.10	81.09	*	80.46	84.83	↑	84.27
12	74.48	↑	78.67	76.25	*	79.76	81.23	81.58	↑	↑	86.56	83.53
13	*	78.73	78.68	76.01	82.16	80.53	81.15	81.68	80.29	*	86.12	82.65
14	73.48	78.71	79.13	*	82.21	80.61	*	81.70	81.49	86.35	85.53	82.96
15	73.38	79.96	79.06	77.51	84.04	81.21	80.58	81.58	*	86.21	86.15	*
16	74.60	80.08	78.98	77.21	84.03	*	81.71	81.77	81.48	86.63	85.35	83.23
17	74.48	*	*	76.89	83.50	80.61	81.45	81.51	81.80	88.27	*	83.41
18	74.55	81.53	77.93	78.11	83.35	80.98	82.92	· *	81.92	89.07	85.01	83.01
19	74.89	82.08	78.13	78.60	*	80.93	82.31	81.63	81.64	88.88	84.68	82.40
20	*	81.28	78.14	79.73	82.47	81.83	82.29	81.92	81.96	*	84.33	81.72
21	76.11	80.53	78.71	*	82.87	81.65	*	81.91	82.33	88.15	83.84	81.89
22	75.75	↑	77.71	79.42	82.22	80.95	81.22	81.61	*	87.79	82.60	*
23	75.43	79.88	76.24	7830	82.21	*	80.51	82.15	82.44	87.10	81.83	81.51
24	75.92	*	*	78.01	81.58	82.50	80.93	82.83	82.80	87.10	*	80.59
25	76.50	79.17	76.45	77.88	81.16	82.40	81.28	*	82.64	86.52	79.87	*
26	76.44	80.65	76.49	78.23	*	83.02	81.51	82.93	82.84	87.70	81.43	80.44
27	*	80.50	76.72	77.86	78.65	82.78	81.49	83.01	84.03	*	80.16	81.17
28	↑	80.39	76.41	*	78.42	82.58	*	83.18	83.85	87.28	↑	81.55
29	77.13		↑	77.79	78.44	82.68	81.10	82.73	*	86.39	8093	*
30	76.98		76.72	77.51	↑	*	80.79	82.46	84.68	84.08	81.13	80.78
31	79.80		*		78.08		81.23	82.84		85.51		82.20
最高价	79.80	82.08	79.93	79.73	84.04	83.02	83.20	83.18	84.68	89.07	88.06	84.50
最低价	73.38	77.78	76.24	75.58	78.08	77.93	80.51	80.71	80.29	83.36	79.87	80.44
↑	星期天											
*	假期											

1918 年铁路股票

日期	1月	2月	3月	4月	5月	6月	7月	8月	9月	10月	11月	12月
1	↑	80.92	81.00	80.20	79.24	82.65	82.67	82.46	*	85.17	88.63	*
2	79.46	81.03	80.40	79.53	79.75	*	82.57	82.51	↑	85.25	88.53	87.75
3	80.02	*	*	79.67	79.48	82.26	82.75	82.56	83.48	85.11	*	87.86
4	80.28	↑	80.13	79.81	79.30	83.43	↑	*	83.61	84.87	89.71	87.63
5	79.19	80.59	80.20	79.51	*	83.08	83.16	82.69	83.63	84.95	↑	87.77
6	*	79.98	80.60	80.08	80.11	82.93	83.10	82.56	85.55	*	90.57	87.60
7	79.12	79.33	80.61	*	80.63	82.46	*	82.76	85.67	85.39	92.73	87.66
8	79.33	79.34	82.40	79.53	81.81	82.68	82.83	82.84	*	85.04	92.45	*
9	79.76	79.38	81.71	79.21	82.45	*	83.31	83.08	85.11	85.16	92.91	87.72
10	79.53	*	*	78.90	82.36	82.53	83.31	83.33	84.50	85.33	*	88.25
11	78.96	↑	82.56	78.00	82.31	82.48	82.76	*	83.68	86.17	↑	87.90
12	78.53	↑	81.91	78.45	*	82.95	82.75	84.12	↑	↑	92.14	87.07
13	*	79.06	81.76	78.26	82.75	83.23	82.81	85.00	83.32	*	91.25	86.50
14	77.50	79.87	82.70	*	84.08	83.27	*	84.57	83.70	87.87	90.77	86.45
15	77.21	80.86	82.06	79.15	84.39	83.38	82.19	84.43	*	87.20	90.88	*
16	77.70	80.70	82.23	78.98	84.32	*	82.46	84.65	83.59	87.28	90.39	86.54
17	77.90	*	*	78.60	84.20	83.25	82.30	84.32	83.81	88.18	*	86.58
18	77.91	81.41	81.24	79.28	83.81	83.31	82.99	*	84.13	89.45	89.91	85.88
19	78.14	81.31	81.21	79.38	*	83.26	82.81	84.48	83.76	89.68	89.56	84.79
20	*	80.98	81.25	79.52	83.59	83.50	82.97	84.83	84.20	*	89.45	84.25
21	78.14	80.50	81.55	*	84.00	83.24	*	84.81	84.21	90.34	89.28	84.30
22	77.90	*	80.70	79.55	83.09	83.31	82.80	84.55	*	91.80	88.45	*
23	77.63	80.90	78.73	79.45	82.51	*	82.36	85.45	84.36	90.26	87.51	83.75
24	77.71	*	*	79.26	82.40	83.42	82.58	86.38	84.42	89.58	*	83.63
25	78.68	80.23	79.16	78.99	83.20	83.36	82.80	*	84.21	88.78	85.10	↑
26	79.11	80.95	79.42	79.05	*	83.69	82.82	86.05	84.13	89.55	86.06	83.05
27	*	81.13	79.82	78.84	82.27	83.37	82.86	86.09	84.55	*	85.56	83.10
28	↑	81.13	79.72	*	82.97	83.20	*	85.93	84.43	89.21	*	83.76
29	79.63		↑	78.84	83.50	83.11	83.13	85.90	*	88.85	87.16	*
30	79.36		79.98	78.68	↑	*	82.90	85.88	85.50	87.46	87.08	83.10
31	81.03		*		82.88		82.86	86.36		88.11		84.32
最高价	81.03	81.41	82.70	80.20	84.39	83.69	83.31	86.38	85.67	91.80	92.91	88.05
最低价	77.21	79.06	78.73	78.00	79.24	82.26	82.19	82.46	83.32	84.87	8510	8305
↑	星期天											
*	假期											

1917 年工业股票

日期	1 月	2 月	3 月	4 月	5 月	6 月	7 月	8 月	9 月	10 月	11 月	12 月
1	↑	88.52	91.10	*	93.42	97.89	*	92.26	↑	83.58	71.41	72.86
2	96.15	87.01	92.82	97.06	92.48	97.59	95.23	92.87	*	83.49	72.52	*
3	99.18	89.97	93.63	96.34	90.98	*	95.31	92.96	↑	82.45	72.32	72.55
4	97.15	*	*	95.83	90.45	97.00	↑	↑	81.20	80.62	*	70.72
5	96.16	92.03	95.04	94.61	90.20	↑	93.57	*	83.66	81.75	69.93	71.68
6	96.75	92.81	95.30	↑	*	98.43	93.90	93.85	83.42	81.35	↑	71.01
7	*	92.19	95.30	93.10	91.20	98.16	94.28	93.30	83.49	*	71.54	70.29
8	96.40	90.94	95.28	*	90.22	98.58	*	91.47	83.18	80.48	68.58	70.31
9	97.64	90.20	96.46	92.41	89.08	99.08	93.64	92.23	*	79.26	69.36	*
10	95.70	91.56	96.78	91.20	90.41	*	93.10	91.90	83.88	77.32	70.30	70.49
11	96.02	*	*	92.82	89.77	97.86	94.14	91.81	83.51	77.83	*	68.78
12	95.75	↑	95.03	93.10	89.62	97.52	93.64	*	82.19	↑	70.65	67.30
13	95.13	92.37	95.05	93.18	*	98.31	92.33	92.65	83.14	↑	70.35	66.96
14	*	91.86	95.16	93.76	90.78	97.95	92.57	91.69	83.44	*	69.15	68.65
15	95.59	91.65	95.63	*	90.19	97.22	*	92.10	83.04	75.13	69.10	67.53
16	97.55	91.81	95.65	92.21	92.26	96.95	91.38	91.44	*	77.08	69.75	*
17	96.60	92.70	96.22	91.87	92.75	*	91.95	91.61	81.55	76.11	70.41	67.08
18	97.50	*	*	91.63	91.96	94.89	91.05	91.42	81.63	77.85	*	67.31
19	97.35	93.66	96.97	91.83	92.37	95.36	90.48	*	84.01	78.21	71.51	65.95
20	97.97	94.91	98.20	90.84	*	94.78	91.59	91.27	84.82	79.80	72.80	67.13
21	*	93.97	97.61	90.98	93.47	95.77	92.61	90.75	85.23	*	73.57	68.25
22	96.60	*	96.78	*	94.09	96.63	*	89.16	84.53	79.06	72.95	68.23
23	96.26	92.56	97.27	90.96	94.26	97.60	91.61	89.15	*	78.50	74.23	*
24	96.66	92.22	97.73	90.66	95.20	*	91.26	88.91	85.70	78.30	73.51	69.29
25	97.41	*	*	92.98	96.76	97.57	91.24	89.06	86.02	77.68	*	↑
26	97.36	93.35	96.32	93.06	97.58	96.81	91.42	*	84.61	77.35	74.03	68.33
27	96.71	92.68	96.46	93.10	*	95.98	91.75	88.40	84.60	78.91	73.80	70.49
28	*	91.56	97.01	92.65	97.20	95.41	92.11	86.12	83.46	*	73.25	72.13
29	95.78		96.75	*	97.41	95.38	*	85.95	83.81	76.28	↑	72.45
30	95.83		96.72	93.23	↑	95.87	92.13	84.51	*	75.53	72.65	*
31	95.43		95.41		97.38		91.75	83.40		74.50		74.38
最高价	99.18	94.91	98.20	97.06	97.58	99.08	95.31	93.85	86.02	83.58	74.23	74.38
最低价	95.13	87.01	91.10	90.66	89.08	94.78	90.48	83.40	81.20	74.50	68.58	65.95
↑	星期天											
*	假期											

288

1917 年铁路股票

日期	1月	2月	3月	4月	5月	6月	7月	8月	9月	10月	11月	12月
1	↑	99.32	96.53	*	96.17	94.84	*	93.63	↑	85.66	77.21	76.21
2	105.41	97.50	97.00	100.72	95.35	93.78	92.45	93.84	*	85.20	78.00	*
3	105.76	98.16	97.63	99.25	93.39	*	92.93	91.95	↑	85.03	77.37	75.55
4	105.02	*	*	99.25	92.13	93.56	↑	↑	87.06	84.46	*	74.90
5	104.75	98.59	97.76	98.16	91.74	↑	92.16	*	87.93	85.81	75.35	77.23
6	104.74	97.93	97.36	↑	*	94.20	92.46	93.91	87.88	85.88	↑	76.40
7	*	96.97	97.06	97.11	92.41	94.57	93.08	94.16	87.91	*	76.69	75.86
8	104.88	96.75	96.83	*	91.79	95.06	*	93.28	87.84	85.07	74.54	75.74
9	104.56	96.81	97.40	96.15	90.63	95.27	92.80	93.90	*	84.70	75.88	*
10	103.33	96.11	97.30	96.05	91.88	*	93.55	93.20	87.88	83.51	76.58	75.91
11	103.11	*	*	96.88	91.02	94.79	93.94	93.26	87.60	83.38	*	73.43
12	103.41	↑	97.75	96.96	91.04	95.27	94.12	*	86.05	↑	76.72	72.17
13	103.47	98.08	97.28	97.83	*	95.72	94.02	93.49	86.17	↑	76.48	72.43
14	*	97.15	96.95	97.81	91.35	95.51	95.09	93.46	86.88	*	75.60	73.98
15	103.65	96.90	97.27	*	90.73	95.27		9345	87.10	81.50	75.70	73.18
16	105.01	97.13	97.67	96.71	92.06	95.32	94.96	92.96		83.07	75.01	*
17	104.36	97.61	97.85	96.97	92.89	*	95.05	92.06	85.95	82.51	75.34	72.93
18	105.10	*	*	97.03	92.76	94.66	94.05	92.08	85.58	83.66	*	72.96
19	104.84	98.03	99.55	96.91	92.95	94.68	93.72	*	87.01	83.82	77.05	70.75
20	104.76	98.68	100.18	97.10	*	94.49	93.75	91.41	86.71	84.34	77.58	71.50
21	*	99.05	99.48	96.88	93.21	94.90	94.08	90.96	87.04	*	78.32	72.03
22	104.55	↑	99.48	*	94.18	95.26	*	90.20	87.41	83.57	78.26	71.84
23	104.02	98.60	101.98	96.58	94.11	95.46	93.66	90.31	*	83.17	78.46	*
24	104.87	98.52	102.30	96.27	94.30	*	93.40	91.35	88.03	82.65	78.16	7280
25	104.47	*	*	97.40	93.88	96.28	93.43	91.38	89.08	81.73	*	↑
26	104.40	98.70	100.54	97.90	94.01	96.53	93.36	*	88.23	81.96	78.13	71.61
27	104.16	98.08	100.36	97.61	*	96.01	93.49	91.13	88.12	82.61	77.13	78.02
28	*	97.37	101.27	96.75	95.15	95.60	93.65	90.26	86.30	*	76.42	79.86
29	103.68		100.73	*	95.20	95.09	*	90.53	86.55	81.08	↑	79.63
30	103.66		100.96	96.80	↑	94.20	93.48	89.87	*	80.50	75.80	*
31	102.71		100.33		95.20		93.57	89.45		79.61		79.73
最高价	105.76	99.31	100.30	100.72	96.17	96.53	95.09	94.16	89.08	85.88	78.46	79.86
最低价	102.71	96.11	96.53	96.05	90.63	93.56	92.16	89.45	89.58	79.61	74.54	70.75
↑	星期天											
*	假期											

1916 年工业股票

日期	1 月	2 月	3 月	4 月	5 月	6 月	7 月	8 月	9 月	10 月	11 月	12 月
1	↑	91.93	90.69	93.69	90.30	91.87	88.93	89.05	91.19	*	105.90	106.17
2	*	93.69	90.52	*	89.02	91.22	*	88.34	92.29	103.01	105.70	106.81
3	98.81	94.40	91.71	94.13	88.61	91.53	89.37	88.83	*	103.45	106.28	*
4	97.72	93.19	91.48	93.97	87.71	*	↑	88.41	↑	103.41	105.93	106.20
5	97.41	93.39	*	94.12	88.51	92.19	90.53	88.55	93.36	104.15	*	106.43
6	96.44	*	92.93	94.46	90.51	91.73	90.40	*	94.51	102.85	107.21	106.76
7	97.34	94.96	92.58	93.38	*	91.84	89.71	88.88	94.59	103.40	↑	106.43
8	97.52	94.91	92.58	93.31	90.36	92.01	89.51	88.15	94.63	*	106.83	106.51
9	*	95.86	93.50	*	89.71	92.78	*	90.26	95.53	100.23	107.68	105.68
10	95.69	96.10	93.11	94.22	89.78	92.70	88.60	90.05	*	101.35	107.65	*
11	94.07	96.15	92.90	93.77	90.08	*	87.63	90.32	95.74	99.98	106.72	104.67
12	95.31	↑	*	93.28	90.94	93.61	87.63	90.50	96.65	↑	*	100.35
13	94.71	*	94.75	91.28	91.71	93.19	86.42	*	97.71	98.94	105.63	102.61
14	96.47	95.28	95.40	91.63	*	93.33	86.95	90.75	97.85	98.98	107.04	98.23
15	96.55	95.26	95.76	91.48	92.43	93.33	87.36	91.48	98.39	*	107.72	97.93
16	*	94.50	96.08	*	92.01	92.49	*	91.91	98.00	101.42	108.48	99.11
17	96.63	94.11	96.00	91.08	91.51	91.90	87.15	92.08	*	102.42	109.62	*
18	96.16	94.35	95.76	90.65	92.05	*	87.25	92.08	98.51	102.35	110.13	98.07
19	95.25	94.77	*	88.46	91.76	90.00	88.10	91.93	98.57	102.55	*	97.76
20	93.60	*	93.60	88.11	91.81	90.57	89.00	*	98.47	103.68	110.10	95.26
21	94.78	94.36	93.58	↑	*	90.03	89.03	93.25	99.55	103.88	110.15	90.16
22	94.65	*	93.97	84.96	92.06	89.54	89.75	93.83	100.77	*	108.65	95.09
23	*	94.35	93.76	*	92.10	88.88	*	93.61	101.30	105.17	107.48	94.60
24	93.87	93.37	93.65	87.00	92.37	89.26	89.10	93.66	*	105.15	109.07	*
25	94.24	93.85	93.23	88.12	92.62	*	88.83	92.90	100.89	104.57	109.95	↑
26	93.49	92.78	*	87.23	92.29	87.68	88.13	92.91	101.39	104.56	*	96.10
27	92.99	*	93.57	88.78	91.62	88.43	88.00	*	101.85	105.28	108.23	95.63
28	93.25	90.98	93.81	89.65	*	88.29	88.35	92.49	103.11	104.83	107.01	94.01
29	91.93	91.03	93.36	89.78	91.95	89.51	88.79	91.63	103.73	*	105.97	95.00
30	*		92.73	*	↑	89.58	*	91.32	102.90	104.30	↑	↑
31	90.58		93.25		91.80		89.25	92.25		104.61		*
最高价	98.81	96.15	96.08	94.46	92.62	93.61	90.53	93.83	103.73	105.28	110.15	106.81
最低价	90.58	90.89	90.52	84.96	87.71	87.68	86.42	88.15	91.19	98.94	105.63	90.16
↑	星期天											
*	假期											

1916 年铁路股票

日期	1月	2月	3月	4月	5月	6月	7月	8月	9月	10月	11月	12月
1	↑	102.05	100.65	101.61	102.46	107.06	105.78	103.89	104.01	*	110.07	108.69
2	*	102.56	100.69	*	101.66	106.63	*	103.43	104.62	109.96	110.42	109.10
3	107.76	102.88	101.14	101.96	101.24	106.87	106.62	103.28	*	110.83	110.23	*
4	107.50	101.68	100.86	102.10	100.68	*	↑	103.34	↑	112.28	110.28	108.65
5	107.32	101.84	*	102.73	101.40	106.91	106.91	103.31	104.75	108.88	*	108.92
6	106.75	*	101.35	102.88	102.03	107.29	107.11	*	104.83	111.00	*	108.77
7	107.13	102.26	101.31	102.21	*	108.23	106.60	103.21	105.41	111.30	110.96	108.56
8	107.36	102.16	101.41	102.10	102.69	108.43	106.62	103.59	105.70	*	110.34	108.33
9	*	102.62	101.74	*	103.08	108.80	*	105.51	105.86	109.40	110.00	107.79
10	106.54	103.00	101.72	102.13	102.58	108.53	106.08	104.75	*	110.47	109.61	*
11	106.18	103.32	101.66	101.85	102.75	*	105.41	105.16	105.69	109.26	109.11	106.91
12	106.69	↑	*	101.79	103.70	109.08	105.45	104.93	105.61	*	*	105.09
13	106.48	*	102.20	100.96	103.97	108.63	104.99	*	106.21	108.89	108.17	106.73
14	106.79	102.41	103.37	101.00	*	108.51	105.10	105.28	106.68	109.14	107.76	105.70
15	106.73	102.34	103.73	101.12	104.68	108.26	105.17	105.76	107.59	*	107.23	106.22
16	*	101.45	103.44	*	104.43	107.47	*	106.25	109.16	110.24	108.15	107.53
17	106.56	101.50	103.63	101.08	104.28	107.15	105.21	105.80	*	110.03	108.25	*
18	106.22	101.86	103.70	101.28	106.15	*	105.11	105.44	108.76	110.38	108.26	107.41
19	105.90	101.73	*	100.06	106.97	105.60	105.38	105.27	108.39	110.23	*	107.31
20	105.02	*	102.94	100.17	107.35	106.31	104.96	*	107.59	110.52	109.21	106.53
21	105.55	101.59	102.98	↑	*	105.85	104.73	105.63	108.13	110.34	108.42	103.53
22	105.41	↑	103.03	99.11	108.76	105.71	104.89	107.14	108.43	*	108.03	105.91
23	*	101.46	103.20	*	108.38	105.30	*	106.99	108.43	111.03	107.59	106.08
24	104.07	101.03	103.08	99.78	107.18	105.45	104.43	106.68	*	110.40	108.02	*
25	103.98	101.69	102.96	100.02	106.76	*	104.15	106.00	108.53	110.02	108.02	↑
26	102.74	101.36	*	99.98	106.58	104.04	103.81	106.03	109.33	109.89	*	↑
27	102.42	*	102.81	101.95	106.26	104.53	103.40	*	110.26	110.18	*	106.17
28	102.37	101.00	102.71	101.78	*	104.55	103.54	105.89	109.76	109.96	107.81	106.27
29	101.83	101.13	102.20	101.73	106.89	105.52	103.73	105.13	110.03	*	107.71	105.42
30	*		101.72	*	↑	105.95	*	104.44	110.05	109.95	107.85	105.15
31	100.75		101.63		106.68		103.65	105.05		109.95	↑	↑
最高价	107.76	103.32	103.73	102.88	108.76	109.08	107.11	107.14	110.26	110.28	110.96	109.10
最低价	100.75	101.00	100.65	99.11	100.68	104.04	103.40	103.21	104.01	108.88	107.23	103.53
↑	星期天											
*	假期											

1915 年工业股票

日期	1月	2月	3月	4月	5月	6月	7月	8月	9月	10月	11月	12月
1	↑	55.59	55.29	61.05	71.51	64.86	69.85	*	81.79	90.88	95.16	95.90
2	54.65	57.26	55.66	↑	*	65.72	69.98	76.46	81.03	91.98	↑	94.78
3	*	59.90	55.88	61.49	69.54	67.75	69.56	76.71	80.70	*	94.76	95.91
4	55.44	56.83	56.00	*	69.58	67.71	*	77.33	80.90	90.98	96.06	96.78
5	55.50	56.16	56.51	62.29	67.53	68.56	↑	77.21	*	89.16	94.81	*
6	55.40	56.33	56.41	62.78	68.23	*	69.87	77.21	↑	88.23	94.18	97.86
7	56.08	*	*	62.55	65.13	69.21	68.85	76.71	81.02	90.20	*	97.71
8	56.55	56.31	56.98	63.15	62.77	69.92	68.65	*	81.16	90.50	92.80	98.45
9	56.54	56.85	56.88	65.02	*	67.27	67.88	77.70	81.88	90.63	91.08	97.18
10	*	57.05	56.66	65.15	62.06	69.02	68.38	77.86	80.96	*	92.18	96.13
11	57.37	57.83	56.86	*	64.64	70.55	*	77.45	80.40	92.37	93.64	96.51
12	57.44	↑	56.66	64.66	64.46	71.12	70.05	78.14	*	↑	94.71	*
13	57.35	57.20	56.35	65.54	63.01	*	70.26	78.38	81.40	93.63	95.33	95.96
14	57.51	*	*	66.14	60.38	70.93	70.80	78.82	81.51	92.76	*	98.30
15	57.90	57.02	56.70	67.42	61.93	71.05	71.50	*	81.91	92.56	95.05	98.18
16	57.19	56.64	56.59	69.32	*	71.30	71.78	81.28	81.71	93.34	96.33	96.57
17	*	55.70	56.67	69.60	63.41	71.16	71.85	81.78	82.54	*	96.18	97.40
18	58.12	55.53	56.57	*	62.70	70.98	*	81.86	83.27	94.61	95.48	97.57
19	58.11	55.38	56.98	67.86	63.08	71.16	70.84	80.31	*	93.38	95.27	*
20	58.42	55.20	57.40	68.64	63.68	*	71.00	79.31	84.26	94.64	95.02	97.70
21	58.51	*	*	68.43	64.88	71.83	72.05	76.76	84.83	95.35	*	97.66
22	58.21	↑	58.10	68.20	65.50	71.90	73.82	*	85.88	96.46	95.45	97.98
23	58.52	54.40	59.10	68.65	*	71.28	74.10	76.88	85.55	96.11	95.87	98.25
24	*	54.22	59.26	69.64	65.46	69.78	74.18	79.07	86.48	*	97.18	98.36
25	58.06	54.61	59.25	*	64.79	70.23	*	80.65	86.81	95.88	↑	↑
26	58.24	55.02	59.51	68.97	64.42	70.71	74.60	81.12	*	95.81	97.28	*
27	57.07	55.18	59.60	68.90	64.95	*	74.83	81.88	89.20	94.72	97.07	99.21
28	57.25	*	*	70.22	65.01	70.74	75.53	81.95	89.73	93.34	*	99.16
29	56.54		60.13	70.95	64.67	70.08	75.79	*	89.90	95.34	97.56	97.96
30	57.16		61.30	71.78	*	70.06	75.53	81.70	90.58	96.02	96.71	98.20
31	*		*		↑		75.34	81.20		*		99.15
最高价	58.52	57.83	61.30	71.78	71.51	71.90	7579	81.95	90.58	96.46	97.56	99.21
最低价	54.63	54.22	55.29	61.05	60.38	64.86	67.88	76.46	80.40	88.23	91.08	94.78
↑	星期天											
*	假期											

1915 年铁路股票

日期	1月	2月	3月	4月	5月	6月	7月	8月	9月	10月	11月	12月
1	↑	91.91	87.94	92.84	96.94	91.68	92.55	*	93.91	97.68	107.89	105.87
2	88.46	91.52	88.18	↑	*	92.46	92.03	92.61	93.49	97.55	↑	105.22
3	*	91.21	88.98	93.39	95.97	93.85	91.88	92.88	94.10	*	107.90	105.79
4	89.63	90.89	88.80	*	96.16	93.87	*	92.91	94.95	97.85	108.28	106.09
5	89.95	90.09	89.98	93.91	94.80	93.49	↑	93.13	*	97.70	107.05	*
6	89.43	90.11	89.71	94.05	95.33	*	91.81	93.66	↑	98.87	106.56	107.2
7	89.94	*	*	93.93	93.53	93.06	90.51	93.42	95.01	99.54	*	106.56
8	89.85	90.38	90.47	93.64	93.09	92.87	89.48	*	94.89	101.80	105.91	106.40
9	89.95	89.81	90.02	95.78	*	92.54	88.66	93.53	95.33	103.20	105.26	105.91
10	*	90.22	89.97	96.44	91.75	93.38	89.51	95.70	95.00	*	106.79	105.21
11	90.83	90.92	90.18	*	93.60	94.10	*	95.69	94.61	103.53	106.53	105.58
12	90.78	↑	89.61	95.67	93.26	94.17	90.64	94.93	*	↑	106.82	*
13	90.58	90.28	89.71	95.89	92.55	*	90.50	94.00	95.01	102.55	106.80	104.97
14	90.91	*	*	96.16	90.75	93.95	90.43	94.07	94.87	101.40	*	105.90
15	91.22	89.91	89.95	96.26	92.06	93.26	90.86	*	94.82	101.06	106.55	105.71
16	91.28	89.65	89.59	96.47	*	93.69	90.48	94.20	94.60	101.33	107.20	104.88
17	*	89.14	89.56	97.10	92.79	93.36	90.26	94.24	94.82	*	106.91	105.13
18	92.00	89.26	89.45	*	92.16	93.07	*	94.10	95.73	102.48	107.57	105.30
19	92.91	88.96	89.83	97.72	92.16	93.11	90.68	93.48	*	102.15	107.06	*
20	93.18	88.88	89.90	98.75	92.47	*	90.93	93.00	95.95	101.79	106.81	105.50
21	94.05	*	*	98.45	92.75	93.40	90.87	91.95	95.68	101.54	*	105.45
22	93.51	*	90.09	97.91	93.13	94.01	90.29	*	95.94	102.29	106.55	105.38
23	93.46	87.90	91.30	97.58	*	93.80	90.16	92.28	96.27	102.51	106.76	106.54
24	*	87.85	92.01	98.09	92.98	93.08	90.16	92.76	97.91	*	107.15	106.43
25	93.23	87.91	92.56	*	92.56	93.26	*	93.62	98.94	103.06	↑	↑
26	93.70	88.08	92.88	97.69	92.31	93.77	90.00	93.63	*	103.45	106.80	*
27	92.21	88.21	92.95	97.33	92.50	*	92.50	93.78	98.96	103.35	106.75	107.35
28	92.52	*	*	97.73	92.14	93.47	92.25	93.93	9831	105.00	*	106.63
29	90.80		93.37	97.96	92.06	92.55	92.17	*	9815	106.26	106.40	106.53
30	91.60		92.98	97.35	*	92.96	92.05	94.03	97.93	107.04	106.36	106.88
31	*		92.82		↑		92.02	94.08		*		108.05
最高价	94.05	91.91	93.37	98.75	96.94	94.17	92.55	95.70	98.96	107.04	108.28	108.05
最低价	88.46	87.85	97.94	92.84	90.75	91.68	88.66	91.95	93.49	97.55	105.26	104.88
↑	星期天											
*	假期											

293

1914 年工业股票

日期	1 月	2 月	3 月	4 月	5 月	6 月	7 月	8 月	9 月	10 月	11 月	12 月
1	↑	*	*	82.46	80.11	80.98	80.33	证券交易所休市				↑
2	78.59	82.55	81.66	82.47	79.83	80.50	80.64					78.59
3	78.43	83.19	81.72	82.11	*	80.82	81.27					78.43
4	*	82.90	82.19	82.07	79.89	81.17	↑					*
5	79.00	82.85	81.75	*	79.89	81.19	*					79.00
6	79.26	82.34	81.12	82.18	79.78	81.48	81.40					79.26
7	79.17	82.51	81.28	92.18	79.85	*	81.60					79.17
8	78.81	*	*	81.92	79.16	81.64	81.79					78.81
9	79.06	82.44	81.36	81.56	79.56	81.81	81.61					79.06
10	79.15	82.36	81.94	↑	*	81.84	81.30					79.15
11	*	82.50	81.57	81.30	80.03	81.61	81.25					*
12	79.29	↑	81.20	*	80.10	81.76	*					79.29
13	79.62	82.84	81.64	81.05	80.05	81.57	80.86					79.62
14	80.64	83.09	81.94	80.55	81.05	*	81.11					80.64
15	80.95	*	*	80.00	81.11	8146	80.34					80.95
16	80.81	82.60	81.68	79.90	80.82	81.28	80.43					80.81
17	80.77	82.48	82.32	79.72	*	81.03	80.41					80.77
18	*	82.69	82.32	79.86	81.36	81.25	80.57					*
19	81.21	82.65	82.54	*	81.66	81.33	*					81.21
20	81.01	82.78	83.43	78.88	81.46	81.52	80.41					81.01
21	81.92	82.52	83.02	79.35	80.89	*	80.76					81.92
22	82.66	*	*	79.52	80.85	81.58	80.83					82.66
23	82.70	↑	83.19	78.73	81.40	81.19	80.52					82.70
24	82.18	82.34	83.10	77.52	*	80.23	79.71					82.18
25	*	81.31	82.57	76.97	81.23	79.30	79.67					*
26	82.88	81.47	82.31	*	81.25	80.06	*					82.88
27	82.68	82.00	81.83	77.82	81.56	80.11	79.07					82.68
28	82.12	82.26	81.65	78.79	81.55	*	76.28					82.12
29	81.72		*	78.61	81.57	80.00	76.72					81.72
30	82.80		81.64	79.12	↑	80.66	71.42					82.80
31	82.85		82.39		*		↑					82.85
最高价	82.88	83.19	83.43	82.47	81.66	81.84	81.79					82.88
最低价	78.43	81.31	81.12	76.97	79.16	79.30	71.42					78.43
↑	星期天											
*	假期											

1914 年铁路股票

日期	1 月	2 月	3 月	4 月	5 月	6 月	7 月	8 月	9 月	10 月	11 月	12 月
1	↑	*	*	104.97	102.45	102.53	102.05	证券交易所休市				↑
2	103.72	108.59	104.73	104.98	102.08	101.80	102.24					103.72
3	103.51	109.07	104.80	104.43	*	102.12	102.68					103.51
4	*	108.70	105.51	104.39	102.66	102.37	↑					*
5	104.08	108.39	105.13	*	102.43	102.35	*					104.08
6	104.23	107.70	103.70	104.51	102.31	102.91	102.70					104.23
7	104.25	107.48	103.26	104.65	102.03	*	103.05					104.25
8	104.15	*	*	104.16	101.36	103.01	102.76					104.15
9	104.11	106.84	103.40	103.78	101.50	103.38	102.75					104.11
10	104.35	106.88	103.95	↑	*	103.30	101.85					104.35
11	*	106.93	103.58	103.40	102.01	103.02	101.80					*
12	104.48	↑	103.17	*	102.18	103.28	*					104.48
13	104.60	107.26	103.65	103.13	101.96	103.20	101.06					104.60
14	105.92	107.18	103.79	102.82	102.90	*	101.34					105.92
15	106.65	*	*	102.48	103.06	103.14	100.70					106.65
16	106.52	106.36	103.82	102.41	102.91	102.86	100.63					106.52
17	106.55	106.03	104.25	101.69	*	102.60	100.01					106.55
18	*	106.65	103.94	101.73	103.41	102.78	100.49					*
19	107.25	106.69	104.13	*	103.49	102.94	*					107.25
20	107.25	106.76	104.96	100.63	103.37	103.06	98.30					107.25
21	108.13	106.38	104.87	101.45	102.68	*	98.77					108.13
22	108.75	*	*	101.26	102.68	103.54	98.49					108.75
23	109.31	↑	105.76	100.53	103.24	102.91	97.95					109.31
24	108.77	106.10	105.60	99.48	*	101.73	97.05					108.77
25	*	105.04	104.91	99.24	103.08	100.63	97.16					*
26	108.87	105.17	104.75	*	103.01	10131	*					108.87
27	108.80	105.67	104.00	99.65	103.64	10139	96.58					108.80
28	108.33	105.48	103.85	100.96	103.48	*	93.14					108.33
29	107.75		*	100.38	103.11	101.28	94.12					107.75
30	109.29		104.02	101.23	↑	102.41	89.41					109.29
31	109.43		104.75		*		↑					109.43
最高价	109.43	109.07	105.76	104.98	103.64	103.54	103.05					109.43
最低价	103.51	105.04	103.17	99.24	101.36	100.63	89.41					103.51
↑	星期天											
*	假期											

1913 年工业股票

日期	1月	2月	3月	4月	5月	6月	7月	8月	9月	10月	11月	12月
1	↑	83.64	80.62	81.92	79.62	*	75.43	78.21	↑	80.79	78.42	75.77
2	88.42	*	*	81.76	79.34	77.27	75.84	78.26	80.94	81.43	*	76.23
3	87.45	83.26	81.33	82.16	79.31	76.68	75.83	*	80.30	80.79	77.76	76.83
4	87.76	83.38	80.71	83.19	*	75.67	↑	78.75	80.27	80.59	↑	77.01
5	*	83.05	81.69	82.68	79.95	75.07	↑	79.52	81.13	*	78.11	76.89
6	87.20	82.94	81.33	*	79.21	75.22	*	79.16	81.40	79.82	77.33	76.37
7	88.02	83.46	80.60	82.35	79.52	74.98	75.67	79.51	*	79.89	77.04	*
8	88.01	83.54	79.68	82.92	79.40	*	75.52	79.32	81.39	79.17	76.71	76.87
9	88.57	*	*	82.59	79.23	73.90	75.23	79.16	81.50	79.27	*	75.97
10	88.25	82.93	79.27	82.64	78.97	72.34	75.51	*	82.12	79.07	75.94	76.17
11	87.68	82.17	79.95	82.14	*	72.11	75.40	79.73	82.17	78.29	76.36	76.26
12	*	↑	79.46	82.16	78.58	74.28	75.62	80.68	82.95	*	76.96	75.59
13	85.96	80.34	79.93	*	79.04	74.58	*	80.93	83.43	↑	76.86	75.89
14	84.96	81.79	79.81	82.11	78.72	75.52	75.23	80.46	*	77.64	77.25	*
15	85.47	81.42	79.73	81.09	78.51	*	75.41	79.50	82.81	77.85	77.21	75.27
16	85.75	*	*	81.08	78.83	74.58	76.51	79.85	83.04	77.09	*	75.69
17	85.61	80.57	79.26	81.28	78.71	74.91	76.18	*	82.38	77.37	77.07	75.78
18	85.75	79.82	78.68	81.05	*	75.85	77.10	79.85	82.53	78.00	77.25	75.78
19	*	80.44	78.27	81.00	78.73	75.41	76.94	79.96	82.58	*	76.94	76.71
20	81.55	80.20	78.25	*	79.06	74.91	*	80.37	82.57	78.06	76.48	77.61
21	82.57	79.93	↑	81.73	79.01	74.03	78.16	80.14	*	79.60	76.18	*
22	83.34	↑	↑	81.46	79.50	*	78.09	80.07	83.01	79.02	76.14	78.06
23	80.94	*	*	81.25	79.50	74.33	77.84	80.09	82.72	78.40	*	78.11
24	82.2	79.26	78.61	80.76	79.88	75.21	78.65	*	82.13	78.61	76.11	78.34
25	82.37	78.72	80.20	79.72	*	75.38	78.36	80.30	82.19	78.58	76.86	↑
26	*	80.05	80.31	79.41	79.72	74.93	78.47	80.29	81.96	*	76.68	78.85
27	82.53	80.56	79.78	*	79.22	74.70	*	80.15	81.95	79.38	↑	78.70
28	83.13	80.32	80.51	79.32	78.48	75.28	79.06	81.33	*	78.94	76.21	*
29	82.92		81.11	78.39	78.38	*	78.93	81.81	81.23	79.13	75.94	78.48
30	83.80		*	78.54	↑	74.89	78.59	↑	80.37	78.60	*	78.26
31	83.72		80.92		↑		78.48	*		78.30		78.78
最高价	88.57	83.64	81.69	83.19	7995	77.27	79.06	81.81	83.43	81.43	78.42	78.85
最低价	81.55	78.72	78.25	78.59	7838	72.11	75.23	78.21	80.27	77.09	75.94	75.27
↑	星期天											
*	假期											

1913 年铁路股票

日期	1月	2月	3月	4月	5月	6月	7月	8月	9月	10月	11月	12月
1	↑	115.36	110.95	112.85	108.83	*	104.40	105.29	↑	107.42	104.11	102.84
2	11761	*	*	112.57	108.52	105.55	104.09	105.29	106.43	107.83	*	103.05
3	11708	115.13	111.83	113.16	108.37	104.96	104.10	*	105.73	107.33	103.59	104.10
4	11754	114.93	111.18	113.65	*	103.96	↑	106.02	105.60	107.23	↑	104.19
5	*	114.51	111.59	113.22	109.40	103.56	↑	106.51	106.25	*	103.83	104.11
6	11676	114.46	111.21	*	108.42	104.43	*	106.19	106.25	106.66	103.12	104.15
7	11740	114.63	110.59	112.43	108.78	103.97	103.58	106.72	*	106.78	103.35	*
8	11766	114.75	109.83	113.08	108.65	*	103.42	106.70	105.87	105.96	102.78	104.56
9	11810	*	*	112.58	108.58	102.98	103.11	106.30	106.13	106.01	*	103.63
10	11790	113.75	109.04	112.23	108.26	101.18	103.31	*	107.16	105.50	101.87	103.70
11	11766	113.08	109.70	111.53	*	100.50	103.16	107.10	107.01	104.80	102.29	103.59
12	*	↑	109.80	111.87	108.01	103.18	103.52	107.71	108.27	*	103.11	102.71
13	11625	112.08	110.25	*	108.43	103.30	*	107.76	109.17	↑	103.01	102.90
14	11501	112.30	110.03	111.63	107.93	104.75	103.41	107.28	*	104.19	103.38	*
15	11457	111.98	109.88	111.29	107.70	*	103.96	106.28	108.57	103.99	103.26	102.11
16	11489	*	*	111.58	108.13	103.85	104.86	106.60	109.00	102.90	*	102.20
17	11460	110.95	109.35	111.78	107.90	104.25	104.61	*	108.34	102.95	103.10	102.25
18	11477	110.30	108.94	111.36	*	105.05	105.25	107.03	108.93	103.62	103.27	102.15
19	*	111.15	109.13	111.26	108.04	104.65	104.98	106.73	108.62	*	103.08	103.56
20	11420	110.92	109.01	*	108.41	104.15	*	107.03	108.65	103.46	102.80	104.24
21	11521	110.56	↑	111.91	108.36	102.84	105.83	106.59	*	105.42	102.87	*
22	11593	↑	↑	111.66	108.90	*	105.98	106.74	108.78	104.58	102.84	104.45
23	11543	*	*	111.46	108.88	103.40	105.66	106.91	108.63	104.08	*	103.80
24	11461	110.11	109.65	110.41	109.51	104.48	106.21	*	108.10	104.71	102.93	104.41
25	11490	109.45	110.65	109.80	*	104.35	106.45	106.90	107.72	104.62	103.77	↑
26	*	100.65	110.79	109.40	109.05	104.13	106.61	106.85	108.05	*	103.32	104.23
27	11471	111.35	110.26	*	108.71	103.65	*	106.50	108.02	105.26	↑	103.94
28	11527	110.94	111.09	109.14	107.85	104.38	10699	107.40	*	104.63	103.18	*
29	11534		111.81	108.14	107.41	*	106.86	107.14	107.46	104.90	103.03	103.48
30	11556		*	107.75	↑	103.61	106.11	↑	107.01	104.43	*	103.41
31	11549		111.69		↑		105.77	*		104.05		103.72
最高价	11810	115.36	111.83	113.65	109.51	105.55	106.99	107.76	109.17	107.83	104.11	104.56
最低价	11420	109.45	108.94	107.75	100.35	100.50	103.11	105.29	105.60	102.90	101.87	102.11
↑	星期天											
*	假期											

1912 年工业股票

日期	1 月	2 月	3 月	4 月	5 月	6 月	7 月	8 月	9 月	10 月	11 月	12 月
1	↑	80.50	82.07	89.05	90.33	88.32	91.35	90.47	*	93.90	90.51	*
2	82.36	80.51	81.96	88.82	90.40	*	91.69	90.16	↑	93.50	↑	90.85
3	82.02	80.40	*	88.78	88.96	88.59	91.61	89.93	90.62	94.12	*	90.36
4	82.04	*	82.60	89.52	88.77	89.29	↑	*	90.76	93.70	90.29	89.00
5	81.95	80.33	82.83	↑	*	90.42	89.60	90.03	91.33	93.94	↑	87.88
6	82.14	80.46	82.65	90.01	87.59	90.67	90.33	89.84	91.18	*	91.94	87.80
7	*	80.62	83.38	*	87.68	90.37	*	90.12	91.45	93.93	91.67	87.84
8	82.12	80.80	83.50	90.21	87.86	90.45	89.14	90.00	*	94.12	91.31	*
9	81.28	80.67	83.44	90.70	88.41	*	89.07	90.19	91.21	93.68	90.37	86.03
10	81.88	80.15	*	90.27	88.97	90.55	88.18	90.53	91.13	93.94	*	86.02
11	81.64	*	83.13	89.90	89.58	89.85	88.06	*	90.38	92.62	89.58	85.25
12	82.00	↑	83.47	89.18	*	89.94	87.97	90.72	90.53	↑	90.10	86.05
13	81.76	80.64	83.96	89.12	89.53	89.95	88.06	91.33	90.52	*	89.96	86.18
14	*	80.83	85.12	*	89.83	89.40	*	91.78	90.62	92.40	90.40	85.78
15	81.48	81.06	85.15	89.71	89.58	89.53	88.29	91.30	*	92.73	90.09	*
16	81.63	80.75	84.51	89.22	89.23	*	88.71	91.40	90.67	93.70	90.16	86.22
17	81.68	80.85	*	89.31	89.35	89.79	89.18	91.19	91.55	93.52	*	86.21
18	81.96	*	85.35	89.22	90.32	89.70	89.45	*	91.65	93.61	89.97	85.66
19	82.32	81.05	85.52	89.16	*	90.07	89.77	91.23	91.66	93.46	90.05	86.78
20	*	81.15	86.57	89.19	90.34	90.87	89.70	91.70	92.27	*	90.30	87.85
21	81.98	80.78	86.92	*	90.48	90.76	*	91.62	92.79	92.31	91.43	87.72
22	81.73	*	87.60	88.72	89.97	90.65	89.75	91.11	*	92.41	91.01	*
23	81.84	81.27	88.39	89.58	89.77	*	89.38	91.34	93.08	91.60	90.52	87.22
24	81.80	81.17	*	89.37	90.25	90.06	89.45	91.40	93.43	91.58	*	87.36
25	81.27	*	88.54	90.43	90.37	89.86	90.00	*	93.38	90.91	89.87	↑
26	*	80.98	88.62	90.93	*	91.00	89.50	91.54	93.42	91.14	90.34	87.33
27	81.27	81.04	88.48	90.81	90.01	90.67	89.45	92.06	93.61	*	90.62	87.25
28	81.27	81.57	88.09	*	90.15	91.09	*	91.66	94.00	91.14	↑	87.14
29	80.19	81.40	88.23	90.46	89.53	90.92	88.97	91.63	*	90.35	91.26	*
30	82.36		88.27	90.30	↑	*	89.18	91.57	94.15	90.41	91.40	87.26
31	80.19		*		88.01		89.71	↑		90.71		87.87
最高价	82.36	81.57	88.62	90.93	90.48	91.09	91.69	92.06	94.15	94.12	91.94	90.85
最低价	80.19	80.15	81.96	88.72	87.59	88.32	87.97	89.84	90.38	90.35	89.58	85.25
↑	星期天											
*	假期											

1912年铁路股票

日期	1月	2月	3月	4月	5月	6月	7月	8月	9月	10月	11月	12月
1	↑	115.07	115.98	119.43	121.40	118.71	119.93	121.71	*	124.03	120.45	*
2	117.05	115.06	115.90	119.26	121.74	*	120.14	121.57	↑	123.53	↑	120.09
3	116.80	115.07	*	119.42	119.92	118.75	120.24	121.63	121.03	124.10	*	119.75
4	116.71	*	116.25	120.11	120.04	119.40	*	*	121.02	123.87	120.76	119.21
5	116.53	114.92	116.32	*	*	120.48	119.75	121.90	121.86	124.35	↑	118.65
6	116.74	115.21	116.13	120.66	119.34	120.66	119.90	121.65	121.37	*	122.79	118.55
7	*	115.53	116.80	*	119.93	120.19	*	122.26	121.47	123.98	122.28	118.36
8	116.51	115.61	116.86	120.51	119.80	119.81	119.18	122.06	*	123.95	121.68	*
9	115.22	115.69	116.76	121.21	119.78	*	118.85	122.61	121.08	123.47	120.50	116.65
10	115.85	115.22	*	120.58	120.41	119.78	118.18	123.42	120.87	123.60	*	116.80
11	115.58	*	116.38	120.76	120.97	118.93	119.20	*	120.44	121.91	119.83	115.63
12	115.81	*	116.49	119.93	*	119.11	117.68	123.57	120.50	↑	120.85	116.15
13	115.51	115.61	116.56	119.96	121.06	119.30	117.89	123.65	120.77	*	120.67	116.16
14	*	115.53	117.16	*	121.56	118.65	*	124.16	120.63	121.68	121.11	115.61
15	115.53	115.80	117.28	120.93	121.68	118.70	118.35	123.67	*	122.24	120.77	
16	116.10	115.41	116.44	120.18	120.87	*	118.74	123.68	120.95	122.92	121.01	116.62
17	116.00	115.62	*	120.53	121.15	118.94	119.51	123.15	122.13	122.56	*	116.15
18	115.72	*	116.96	120.37	121.47	118.86	119.50	*	121.89	122.66	120.79	115.86
19	116.73	115.69	117.13	120.24	*	119.05	119.86	123.23	121.84	122.56	120.43	116.58
20	117.03	115.75	118.19	102.09	121.08	119.76	119.68	123.32	123.09	*	120.68	117.55
21		115.26	117.91	*	121.03	119.73	*	123.09	123.21	121.36	121.36	117.06
22	116.83	*	118.02	119.87	120.43	119.58	119.75	122.14	*	121.43	121.03	*
23	116.72	115.62	118.41	121.00	120.43	*	119.27	122.11	123.33	120.54	120.70	116.69
24	116.39	115.52	*	120.70	120.61	119.24	119.12	122.16	123.70	120.51	*	116.83
25	116.60	*	118.56	121.80	120.80	119.32	119.79	*	123.56	120.28	119.91	*
26	116.54	115.16	118.76	122.12	*	120.33	120.02	121.98	123.37	120.68	120.36	116.85
27	115.56	115.16	118.49	121.98	120.48	120.15	119.88	122.88	124.13	*	120.10	116.48
28		115.83	118.74	*	120.31	119.91	*	122.53	124.16	120.96	*	116.25
29	115.50	115.73	119.15	122.09	120.10	119.77	119.56	122.46	*	119.57	120.44	↑
30	116.07		119.26	121.58	*		119.74	122.24	123.95	120.01	120.75	116.07
31	115.06		*		118.37		120.67	↑		120.38	↑	116.84
最高价	117.05	115.83	119.26	122.12	121.74	120.66	120.67	124.16	124.16	124.35	122.79	120.09
最低价	115.06	114.92	115.90	119.26	11837	118.65	117.68	121.57	120.44	119.57	119.83	115.61
↑	星期天											
*	假期											

1911 年工业股票

日期	1月	2月	3月	4月	5月	6月	7月	8月	9月	10月	11月	12月
1	*	85.33	84.53	83.40	84.14	85.79	85.93	85.47	79.17	*	77.69	80.31
2	↑	85.97	82.66	*	83.69	86.17	*	84.80	↑	76.75	78.07	80.68
3	82.11	85.60	82.32	83.33	83.87	86.18	85.64	84.40	*	76.52	78.19	*
4	82.26	86.02	81.80	83.32	86.16	*	↑	82.95	↑	76.15	78.38	80.54
5	82.09	*	*	83.02	83.15	86.35	85.28	82.65	79.77	76.70	*	80.31
6	82.44	85.84	82.47	82.93	83.04	86.25	85.80	*	80.28	76.50	79.00	79.82
7	82.75	85.87	82.81	82.89	*	86.50	86.22	83.15	79.63	76.53	↑	79.34
8	*	85.48	82.46	83.06	82.88	86.31	86.26	82.53	79.09	*	78.14	79.19
9	82.51	85.67	82.37	*	82.85	86.02	*	81.85	78.67	76.52	80.42	79.41
10	81.88	85.42	82.54	83.08	82.60	86.35	86.28	81.43	*	76.85	81.01	*
11	81.70	85.57	82.39	82.82	83.04	*	86.38	80.71	78.79	77.15	80.55	80.33
12	82.05	*	*	82.89	82.92	86.70	86.17	80.40	79.07	↑	*	80.43
13	82.96	↑	83.00	82.81	82.68	86.94	86.22	*	78.21	77.94	79.98	81.51
14	83.07	85.47	83.98	↑	*	87.02	85.98	81.31	78.13	78.66	79.92	81.61
15	*	85.41	84.09	↑	82.71	86.63	86.03	81.28	77.88	*	79.71	81.97
16	82.46	84.51	83.73	*	84.63	86.61	*	80.18	78.87	78.34	79.91	82.48
17	83.38	85.09	83.15	82.56	85.41	86.68	85.72	80.05	*	78.11	81.08	*
18	83.32	85.30	83.35	81.56	86.17	*	86.37	80.86	78.66	77.77	81.12	81.89
19	83.52	*	*	81.91	85.78	87.06	86.44	81.38	77.75	77.64	*	82.27
20	83.80	85.59	84.13	81.86	86.08	86.62	86.33	*	77.01	78.11	80.59	82.30
21	83.53	85.58	81.03	81.84	*	86.61	86.47	80.51	75.53	77.75	81.56	82.22
22	*	↑	83.72	81.32	86.32	86.14	86.45	80.64	74.15	*	81.47	82.11
23	83.37	85.70	83.71	*	86.25	86.33	*	80.55	73.62	77.77	81.86	↑
24	83.78	84.33	83.40	82.12	85.78	86.76	86.22	79.73	*	77.68	81.47	*
25	83.44	84.33	83.43	82.20	85.62	*	86.19	79.13	72.94	77.72	81.53	↑
26	83.67	*	*	82.32	85.94	86.38	86.26	78.93	73.33	77.14	*	82.08
27	84.02	84.51	83.69	82.45	86.01	86.36	85.92	*	73.51	74.82	81.35	81.84
28	83.89	85.02	84.00	83.31	*	86.06	85.73	79.31	75.05	75.36	81.50	81.30
29	*		83.58	83.65	86.40	86.32	85.90	79.13	75.15	*	80.97	81.58
30	84.93		83.86	*	↑	85.98	*	79.00	76.31	75.06	↑	81.68
31	84.93		83.27		85.55		86.02	79.25		75.79		*
最高价	84.93	86.02	84.53	83.65	86.40	87.06	86.47	85.47	80.28	78.66	81.86	82.48
最低价	81.70	84.33	81.80	81.32	82.60	85.79	85.28	78.93	72.94	74.82	77.69	79.19
↑	星期天											
*	假期											

300

1911 年铁路股票

日期	1月	2月	3月	4月	5月	6月	7月	8月	9月	10月	11月	12月
1	*	119.40	117.14	117.80	119.23	121.65	122.76	121.92	113.10	*	115.81	116.54
2	↑	119.65	115.75	*	119.00	122.28	*	120.71	↑	111.24	115.72	117.28
3	115.13	119.14	115.78	117.84	119.45	122.36	122.00	120.30	*	111.35	115.96	*
4	114.89	119.76	115.87	118.20	118.30	*	↑	118.81	↑	111.41	116.60	117.25
5	115.21	*	*	118.13	118.28	122.43	121.09	118.44	113.78	111.75	*	116.79
6	115.38	119.51	116.27	118.11	118.31	122.33	121.98	*	114.11	111.55	117.11	116.12
7	115.93	119.97	116.63	117.72	*	123.01	122.06	119.07	112.83	111.55	↑	115.68
8	*	119.66	116.07	117.72	118.24	122.96	122.05	118.43	111.89	*	116.48	115.47
9	115.59	119.70	116.16	*	118.23	123.10	*	116.92	111.06	111.79	117.79	115.74
10	115.45	119.56	116.34	117.57	118.06	123.23	122.24	116.41	*	112.08	118.53	*
11	114.96	119.67	116.25	117.37	118.55	*	122.81	115.19	111.13	112.49	118.15	116.79
12	115.23	*	*	117.51	118.23	123.21	122.70	114.76	111.28	↑	*	116.86
13	116.55	↑	116.61	117.56	118.15	123.10	122.90	*	110.26	113.23	117.44	117.41
14	116.34	119.62	117.73	↑	*	123.08	122.81	116.09	110.59	114.06	117.13	117.24
15	*	119.60	117.38	↑	118.23	122.59	122.62	115.74	110.64	*	116.75	117.35
16	116.34	118.15	116.83	*	119.96	122.36	*	114.11	111.95	113.75	117.28	117.62
17	117.80	118.68	117.25	117.28	120.70	122.28	122.29	114.48	*	113.80	117.92	*
18	117.51	119.26	83.35	116.05	120.91	*	123.51	115.44	111.77	113.41	117.61	117.16
19	117.68	*	*	116.63	120.71	122.65	123.75	115.88	110.75	113.79	*	117.51
20	117.43	119.45	117.86	116.58	121.00	122.30	123.31	*	110.68	114.13	117.08	117.18
21	117.23	119.23	117.77	116.38	*	122.11	123.86	114.76	110.46	113.66	117.74	116.98
22	*	↑	117.63	116.12	121.09	121.61	123.83	114.70	110.91	*	118.03	117.12
23	116.88	119.36	117.63	*	121.07	122.25	*	114.61	111.00	113.79	119.21	↑
24	117.13	117.20	117.50	116.48	120.43	123.31	123.42	113.64	*	113.98	118.43	*
25	116.68	117.07	117.43	116.73	120.20	*	123.25	113.05	110.32	114.03	118.36	↑
26	117.10	*	*	117.11	120.25	123.09	123.15	112.92	110.70	113.87	*	117.11
27	117.85	116.90	118.06	117.15	120.43	123.31	122.40	*	109.80	112.97	118.03	116.79
28	117.98	117.34	118.73	117.66	*	122.71	122.29	113.09	110.90	113.56	118.06	116.15
29	*		118.33	118.25	120.71	123.06	122.62	112.66	110.51	*	117.24	116.57
30	118.36		118.53	*	↑	122.77	*	112.60	111.28	113.85	↑	116.83
31	118.82		117.71		120.55		123.00	112.91		114.46		*
最高价	118.82	119.97	118.73	118.25	121.09	123.31	123.86	121.92	114.11	114.46	119.21	117.62
最低价	114.89	116.90	115.75	116.05	118.06	121.61	121.09	112.60	109.80	111.24	115.72	115.47
↑	星期天											
*	假期											

1910 年工业股票

日期	1月	2月	3月	4月	5月	6月	7月	8月	9月	10月	11月	12月
1	↑	91.33	91.77	89.71	*	85.69	81.64	76.14	78.58	79.95	85.10	81.43
2	*	90.40	92.62	89.71	85.51	85.25	↑	77.69	78.68	*	85.45	80.60
3	98.34	87.50	92.62	*	84.72	82.70	*	77.14	↑	80.68	85.85	80.77
4	98.30	87.77	92.83	89.75	86.41	83.06	↑	77.04	*	81.34	85.64	*
5	97.06	88.39	92.98	90.96	87.32	*	80.23	77.58	↑	80.76	85.82	81.00
6	97.62	*	*	91.16	86.51	82.05	80.27	78.19	78.35	81.46	*	79.68
7	97.67	85.35	94.35	90.89	86.72	84.50	80.66	*	78.43	81.48	85.70	80.46
8	97.87	85.03	94.56	89.53	*	84.55	80.83	78.13	78.39	81.51	↑	80.50
9	*	87.32	94.30	89.36	88.03	84.89	81.19	79.30	78.44	*	84.29	81.00
10	97.10	87.85	93.92	*	88.63	83.46	*	79.20	78.57	81.91	83.50	81.54
11	96.64	89.07	92.63	91.10	88.73	83.39	81.07	78.78	*	82.38	83.53	*
12	95.85	↑	92.78	90.92	88.52	*	80.14	79.65	79.13	↑	83.55	80.96
13	96.16	*	*	92.10	88.72	83.88	80.79	80.05	79.71	84.06	*	80.77
14	93.69	89.65	93.10	92.36	89.13	84.28	81.41	*	79.40	84.63	84.40	81.47
15	94.45	89.23	91.92	92.04	*	83.84	81.29	79.77	78.38	85.27	84.88	81.28
16	*	90.09	91.35	92.62	88.78	84.12	81.08	81.04	78.55	*	85.21	81.20
17	93.75	90.65	92.14	*	88.62	84.26	*	81.41	78.65	85.63	84.57	81.43
18	93.92	90.92	92.71	97.67	88.26	84.43	80.89	80.85	*	86.02	85.12	*
19	92.35	91.14	92.14	91.78	88.71	*	81.22	80.31	78.48	85.11	85.40	82.16
20	93.29	*	*	90.37	89.34	85.08	81.53	80.44	78.37	86.00	*	81.80
21	94.41	90.70	92.33	90.52	89.66	85.29	79.21	*	79.17	85.35	84.90	81.94
22	94.52	*	92.36	89.97	*	86.28	77.78	79.47	79.08	85.94	84.84	81.42
23	*	90.62	91.30	90.09	88.77	86.01	77.16	79.68	78.65	*	85.05	81.33
24	93.08	91.22	91.31	*	89.06	84.93	*	78.96	78.51	85.01	↑	↑
25	90.66	91.31	↑	88.73	88.67	85.25	75.87	78.59	*	84.61	85.32	*
26	92.69	90.64	↑	88.83	88.14	*	73.62	79.28	79.19	84.59	85.30	↑
27	91.62	*	*	88.18	87.86	83.14	75.81	79.19	79.01	85.51	*	80.45
28	91.91	91.34	89.72	86.29	↑	83.14	78.09	*	78.96	85.45	83.28	80.65
29	92.42		90.21	87.17	*	81.60	77.57	79.67	79.07	84.46	83.62	81.76
30	*		89.47	86.20	↑	81.18	76.48	79.59	79.72	*	82.52	81.41
31	91.91		89.71		86.32		*	79.68		84.77		81.36
最高价	98.34	91.34	94.56	92.62	89.66	86.28	81.64	81.41	79.72	86.02	85.85	82.16
最低价	90.66	85.03	8947	86.20	84.72	81.18	73.62	76.14	78.35	79.95	82.52	79.68
↑	星期天											
*	假期											

302

1910 年铁路股票

日期	1月	2月	3月	4月	5月	6月	7月	8月	9月	10月	11月	12月
1	↑	122.11	123.62	121.73	*	118.32	112.09	108.38	111.08	114.69	117.06	112.59
2	*	121.36	124.40	121.80	117.47	118.01	↑	110.43	111.01	*	117.21	112.01
3	129.48	119.80	124.22	*	117.25	115.64	*	110.04	↑	115.21	117.69	112.30
4	129.90	120.33	124.09	121.69	119.18	115.68	↑	109.96	*	115.18	117.13	*
5	128.53	121.11	124.22	122.87	120.28	*	110.63	110.33	↑	114.33	117.31	112.62
6	128.85	*	*	123.17	119.20	114.59	111.22	110.83	110.57	115.01	*	111.33
7	129.05	119.06	125.41	122.71	119.66	117.38	111.75	*	111.11	115.06	117.43	111.95
8	129.19	118.95	125.64	121.43	*	117.10	111.54	110.94	110.92	115.06	↑	112.30
9	*	121.10	125.59	121.22	120.73	117.73	112.33	112.50	111.27	*	115.76	112.97
10	127.47	121.11	125.43	*	121.59	116.85	*	112.01	111.29	115.60	115.19	113.20
11	126.85	121.85	124.48	123.23	121.55	116.28	112.66	112.13	*	115.81	115.09	
12	125.98	↑	124.75	122.73	121.51	*	111.69	113.38	111.71	↑	115.02	112.65
13	126.57	*	*	124.00	121.73	117.08	112.70	113.75	112.88	116.68	*	112.63
14	123.90	122.56	124.79	124.36	121.66	117.44	113.65	*	112.63	117.36	115.82	113.07
15	124.74	122.06	123.54	124.14	*	117.30	113.02	113.27	111.41	117.66	116.36	113.18
16	*	122.98	122.96	124.35	121.82	117.46	112.66	114.83	111.65	*	116.56	113.36
17	123.53	123.28	123.50	*	121.50	117.67	*	115.47	111.90	118.00	115.73	113.63
18	123.35	124.06	124.16	123.61	121.33	118.15	112.48	113.96	*	118.44	116.45	*
19	122.51	123.43	123.33	123.81	122.01	*	112.64	113.74	111.96	117.67	116.79	114.46
20	123.71		*	122.59	123.10	118.78	112.33	113.51	112.08	118.43	*	114.10
21	124.46	123.33	123.66	122.67	123.32	118.38	111.73	*	113.45	117.88	116.11	113.91
22	124.27	↑	123.88	122.06	*	119.40	110.51	112.20	112.99	118.11	116.11	113.46
23	*	123.27	123.33	122.06	122.43	118.83	109.57	112.46	112.60	*	116.28	113.34
24	122.78	124.41	123.34	*	122.79	117.73	*	111.49	112.59	117.07	↑	↑
25	120.91	123.80	↑	120.49	121.50	117.73	108.24	110.88	*	116.80	116.48	*
26	122.70	123.10	↑	120.58	122.30	*	105.59	111.86	113.59	116.50	116.50	↑
27	121.85		*	119.66	121.96	115.49	108.02	111.71	113.61	117.32	*	112.98
28	122.38	123.55	121.98	118.16	↑	115.17	110.70	*	113.58	117.13	114.25	113.08
29	122.98		122.45	119.61	*	112.96	110.18	112.28	113.95	116.70	114.68	114.04
30	*		121.63	118.29	↑	111.63	109.19	112.26	114.45	*	113.19	114.11
31	122.73		121.83		119.62		*	112.10		116.76		114.06
最高价	129.90	124.41	125.64	124.36	123.32	119.40	113.65	115.47	114.45	118.44	117.69	114.46
最低价	120.91	118.95	121.63	118.16	117.25	111.63	105.59	108.38	110.57	114.33	113.19	111.33
↑	星期天											
*	假期											

1909 年工业股票

日期	1月	2月	3月	4月	5月	6月	7月	8月	9月	10月	11月	12月
1	↑	84.44	82.72	85.37	88.32	92.38	92.95	*	97.50	100.36	99.44	96.88
2	86.27	85.03	83.28	85.37	*	92.64	93.14	97.52	98.12	100.50	↑	96.66
3	*	84.67	82.58	85.94	88.76	94.06	↑	98.14	98.47	*	100.23	97.46
4	85.26	84.69	81.79	*	89.22	94.16	*	98.00	↑	100.19	100.44	98.08
5	84.85	84.86	82.10	86.92	89.32	94.46	↑	97.07	*	99.02	99.80	*
6	85.14	84.64	82.21	86.81	90.13	*	93.13	98.30	↑	98.73	99.33	97.52
7	86.95	*	*	86.90	91.40	93.97	93.16	98.48	97.41	98.88	*	98.28
8	86.22	85.61	82.20	87.78	91.56	93.98	93.04	*	97.05	98.07	99.41	98.13
9	85.36	85.60	81.64	↑	*	93.78	92.90	98.37	95.86	98.00	98.67	98.69
10	*	85.76	81.78	↑	90.94	93.85	92.98	98.37	97.22	*	98.78	98.41
11	85.28	86.22	81.90	*	91.25	93.98	*	99.02	96.19	96.95	98.77	98.47
12	85.05	↑	82.03	88.11	91.08	94.05	93.40	99.11	*	↑	98.77	*
13	84.60	↑	82.03	87.56	90.79	*	92.82	98.85	96.17	96.79	99.16	99.00
14	84.77	*	*	87.43	90.93	94.19	93.06	99.26	96.93	98.06	*	98.58
15	84.48	86.72	81.88	87.16	90.82	92.62	93.45	*	98.29	98.57	99.31	98.67
16	85.31	86.42	82.65	86.56	*	92.32	94.09	98.35	99.06	98.64	99.21	98.61
17	*	85.93	83.06	87.65	90.84	91.16	94.19	98.91	99.16	*	99.53	98.86
18	84.79	84.76	82.81	*	91.36	91.34	*	98.14	99.08	98.78	100.34	99.04
19	85.11	84.33	82.40	87.81	91.41	91.18	94.33	97.71	*	98.15	100.53	*
20	84.76	82.82	82.33	87.86	90.88	*	94.68	97.50	99.73	98.02	100.02	98.84
21	85.72	*	*	87.65	91.15	89.66	94.03	98.23	99.92	98.11	*	98.87
22	85.72	*	83.28	88.10	91.51	90.03	94.19	*	99.13	96.82	98.98	98.85
23	85.83	79.91	82.94	87.66	*	91.29	93.39	98.89	99.08	95.70	98.35	98.56
24	*	81.44	83.32	88.12	91.76	91.86	94.32	99.06	99.17	*	98.03	98.61
25	85.86	80.57	83.22	*	91.58	91.51	*	98.51	↑	96.83	↑	↑
26	85.69	81.34	83.60	87.63	91.18	91.38	94.02	96.30	*	96.21	98.73	*
27	85.77	81.85	84.73	87.44	91.65	*	94.51	97.18	99.32	97.04	97.81	98.28
28	85.10	*	*	88.13	92.18	91.59	94.90	96.78	100.12	98.03	*	98.63
29	84.62		85.31	88.03	↑	92.82	95.31	*	99.94	98.97	95.89	99.28
30	84.09		85.29	88.29	*	92.28	96.17	98.32	99.55	99.07	96.02	99.18
31	*		86.12		↑		96.79	97.90		*		99.05
最高价	86.05	86.72	86.12	88.29	92.18	94.46	96.79	99.26	100.12	10050	100.53	99.28
最低价	84.09	79.91	81.64	8537	88.32	89.66	92.82	96.30	95.86	9570	95.89	96.66
↑	星期天											
*	假期											

1909 年铁路股票

日期	1月	2月	3月	4月	5月	6月	7月	8月	9月	10月	11月	12月
1	↑	117.00	116.90	122.22	123.57	126.11	127.56	*	130.16	132.55	129.91	126.51
2	120.93	117.87	117.18	121.11	*	125.96	127.93	131.55	130.94	132.61	↑	125.92
3	*	117.91	11651	121.70	124.18	227.14	↑	131.58	131.10	*	129.96	127.05
4	119.76	117.94	115.96	*	124.44	128.23	*	131.54	↑	132.64	129.79	127.78
5	118.76	117.94	116.26	122.80	123.90	128.21	↑	131.08	*	131.58	129.56	*
6	118.67	117.65	116.06	121.94	123.88	*	128.08	132.35	↑	131.45	128.98	127.43
7	119.95	*	*	122.29	124.66	127.79	128.20	132.48	129.35	131.69	*	128.10
8	119.59	118.03	116.44	122.68	124.76	128.21	127.67	*	128.99	130.60	128.69	128.08
9	118.50	117.88	115.99	↑	*	127.95	127.53	132.61	127.48	130.48	128.08	128.88
10	*	118.10	116.19	↑	124.35	128.15	127.66	132.60	130.30	*	128.36	128.38
11	118.16	118.61	115.86	*	125.40	128.28	*	133.61	129.68	129.20	127.86	128.58
12	117.63	↑	116.35	122.96	125.68	128.23	128.15	134.08	*	*	128.20	*
13	117.67	↑	116.16	122.17	126.13	*	127.78	133.76	129.10	129.64	128.44	129.13
14	118.26	*	*	122.66	125.78	128.11	128.00	134.46	130.10	130.48	*	128.78
15	118.28	119.90	115.95	122.46	125.70	126.97	128.08	*	131.25	131.05	128.03	129.08
16	119.38	119.78	116.68	121.21	*	127.28	128.21	133.87	131.96	130.83	127.76	129.28
17	*	119.33	117.41	122.00	125.18	126.18	128.90	134.31	132.73	*	128.10	129.71
18	119.05	118.08	117.33	*	125.61	126.50	*	133.03	132.76	130.83	128.67	130.03
19	119.72	117.98	116.99	123.00	125.75	126.50	128.93	131.41	*	130.40	128.93	*
20	119.35	117.15	116.93	123.25	125.09	*	129.36	131.36	132.88	129.93	128.08	129.58
21	119.97	*	*	122.75	125.23	124.92	128.59	132.56	132.58	130.20	*	129.34
22	119.32	↑	118.15	123.48	125.80	125.03	128.65	*	131.16	128.71	127.61	129.30
23	119.32	113.90	117.66	122.85	*	126.30	128.85	132.72	130.97	127.29	127.46	129.18
24	*	115.56	118.40	123.05	125.79	127.05	128.95	132.70	130.77	*	127.35	129.41
25	119.25	114.92	118.55	*	125.43	126.93	*	131.28	↑	128.23	↑	↑
26	119.15	116.21	118.56	122.39	123.93	126.75	128.78	128.71	*	127.46	128.38	*
27	119.30	116.36	119.51	122.33	125.37	*	129.35	129.66	131.09	128.36	127.73	129.06
28	118.33	*	*	123.25	125.51	127.15	129.60	128.85	132.48	128.63	*	129.18
29	117.81		120.72	123.13	↑	127.60	130.35	*	132.69	129.84	126.30	129.99
30	116.93		120.55	123.45	*	127.15	130.95	130.79	132.31	129.61	126.05	130.04
31	*		121.64		↑		131.24	130.70		*		130.41
最高价	120.93	119.90	121.64	123.48	126.13	128.28	131.24	134.46	132.88	132.64	129.96	130.41
最低价	116.93	11390	115.86	121.11	123.57	124.92	127.53	128.71	127.48	127.29	126.05	125.92
↑	星期天											
*	假期											

1908 年工业股票

日期	1 月	2 月	3 月	4 月	5 月	6 月	7 月	8 月	9 月	10 月	11 月	12 月
1	↑	61.83	*	67.84	69.92	74.38	72.76	80.57	84.55	79.50	*	87.63
2	59.61	*	61.09	67.82	70.05	74.03	72.87	*	83.76	80.53	82.90	87.67
3	60.62	61.82	60.97	67.22	*	73.89	73.12	81.07	82.57	81.20	↑	86.58
4	60.87	62.14	61.19	67.15	69.78	72.66	↑	82.13	83.55	*	84.87	87.26
5	*	61.02	61.29	*	70.62	73.16	*	82.07	↑	80.56	85.81	86.68
6	61.75	61.15	61.68	67.04	71.09	73.67	74.50	83.80	*	80.93	87.28	*
7	61.42	60.77	63.23	67.48	70.91	*	74.84	84.46	↑	81.33	87.77	86.38
8	61.75	59.90	*	67.81	71.26	73.38	75.83	84.89	83.67	80.68	*	87.02
9	63.50	*	63.66	68.64	71.78	72.91	76.37	*	83.61	80.64	87.47	87.42
10	63.01	58.80	63.50	68.76	*	73.40	75.63	85.40	82.95	80.75	87.54	87.35
11	64.27	59.11	63.87	68.47	72.47	73.42	75.34	84.43	82.00	*	87.09	86.61
12	*	↑	64.13	*	72.30	72.82	*	84.69	82.43	81.49	87.62	86.47
13	64.98	58.62	65.15	68.17	73.09	72.90	76.06	83.71	*	81.21	88.38	*
14	65.84	59.73	66.11	68.52	73.95	*	76.87	82.08	82.48	81.54	88.09	85.31
15	65.44	59.17	*	68.01	74.38	72.93	76.72	81.61	81.42	81.65	*	85.15
16	64.19	*	65.23	68.44	74.56	73.48	76.81	*	80.21	81.81	87.68	85.88
17	64.53	58.88	65.78	↑	*	73.12	77.08	82.61	79.00	81.35	87.69	83.99
18	64.45	58.84	65.07	↑	75.12	73.55	78.28	83.00	79.85	*	86.87	83.91
19	*	59.08	65.77	*	73.78	72.65	*	82.51	78.66	81.26	86.70	83.71
20	63.19	59.68	66.41	67.94	73.83	72.71	78.75	82.57	*	82.21	86.69	*
21	63.21	60.20	67.26	68.32	74.21	*	78.65	82.15	77.68	82.82	86.19	83.46
22	62.10	↑	*	68.38	73.73	71.71	79.13	82.29	77.07	82.83	*	84.57
23	61.44	*	68.32	69.10	72.43	71.70	79.56	*	78.87	82.44	86.17	85.48
24	61.31	60.00	69.08	70.01	*	71.90	78.55	81.91	79.59	82.48	87.61	85.68
25	61.76	59.92	69.92	69.93	73.04	72.33	79.64	82.03	80.19	*	87.15	↑
26	*	59.98	69.43	*	72.40	72.34	*	82.65	79.25	82.22	↑	↑
27	62.06	60.16	69.78	69.80	72.64	72.22	79.10	83.84	*	83.55	87.61	*
28	62.53	61.07	68.69	70.23	72.15	*	79.36	84.10	79.58	82.72	87.63	86.97
29	62.08	60.54	*	70.29	72.76	72.91	79.46	84.56	79.23	83.15	*	86.22
30	62.32		68.64	69.55	↑	72.59	79.61	*	79.93	82.92	87.30	85.91
31	62.70		67.51		*		80.34	84.66		82.53		86.15
最高价	65.84	62.14	69.92	70.29	75.12	74.38	80.34	85.40	84.55	83.55	88.38	87.67
最低价	59.61	58.62	60.97	67.04	69.18	71.70	72.76	80.57	77.07	79.50	82.90	83.46
↑	星期天											
*	假期											

1908 年铁路股票

日期	1 月	2 月	3 月	4 月	5 月	6 月	7 月	8 月	9 月	10 月	11 月	12 月
1	↑	91.26	*	92.38	98.35	102.05	99.92	106.90	109.13	105.91	*	117.13
2	89.81	*	86.87	92.45	98.72	102.35	99.74	*	109.19	107.26	110.46	116.21
3	90.38	90.90	86.80	91.78	*	101.90	99.96	106.41	108.03	108.05	↑	116.35
4	90.37	91.49	87.15	92.43	98.11	100.30	↑	106.99	109.13	*	112.48	117.20
5	*	90.52	87.26	*	98.65	100.65	*	109.78	↑	107.45	111.93	116.70
6	91.12	90.45	87.79	92.23	99.42	101.34	101.24	107.45	*	107.69	113.63	*
7	91.15	89.60	89.45	92.20	99.02	*	101.58	107.58	↑	107.90	114.53	116.54
8	90.82	88.34	*	93.51	99.90	101.21	102.73	108.01	109.50	106.52	*	117.39
9	92.86	*	90.71	94.30	100.58	100.70	102.95	*	110.33	106.35	114.45	117.80
10	92.03	86.21	90.03	94.18	*	101.03	101.91	109.12	110.14	106.28	115.47	118.05
11	93.75	86.46	91.10	93.77	101.37	100.95	101.65	107.97	109.14	*	115.08	117.81
12	*	↑	91.18	*	100.55	99.65	*	108.71	109.50	107.79	115.46	118.18
13	94.27	86.18	91.88	93.53	101.54	99.85	102.36	107.73	*	108.00	116.73	*
14	95.06	87.53	92.84	93.94	102.24	*	103.15	106.05	110.14	107.96	116.53	118.00
15	95.10	86.55	*	93.69	102.56	99.90	103.23	106.17	108.87	108.46	*	117.36
16	94.68	*	91.93	94.06	103.10	100.76	103.12		107.55	108.19	116.94	117.98
17	95.27	86.04	92.60	↑	*	100.44	103.13	106.76	106.00	107.54	117.51	116.43
18	95.75	86.60	91.11	↑	104.45	100.65	104.17	106.77	107.41	*	116.80	116.58
19	*	86.95	91.50	*	103.16	99.08	*	106.09	105.77	107.92	115.78	116.03
20	94.67	87.43	91.98	93.51	102.71	99.25	105.25	106.41	*	109.03	115.95	*
21	93.09	87.61	92.25	93.93	103.42	*	104.23	106.20	103.78	109.73	114.77	115.20
22	92.76	↑	*	93.88	102.50	97.96	105.65	106.22	103.43	109.78	*	117.19
23	92.46	*	93.10	94.96	100.26	97.97	106.74		104.18	109.26	114.94	118.14
24	91.66	87.29	93.83	96.41	*	98.19	105.09	106.21	105.97	109.40	116.58	118.15
25	92.22	86.79	94.06	96.22	101.32	98.89	106.15	106.08	106.38	*	116.01	↑
26	*	86.66	93.16	*	99.65	99.47	*	107.31	105.68	109.88	↑	↑
27	92.73	86.77	94.40	96.95	99.15	99.16	105.25	108.83	*	110.15	117.23	*
28	93.40	87.36	93.46	97.68	98.53	*	105.80	108.67	105.45	109.51	117.01	119.80
29	92.40	86.52	*	97.86	99.14	100.06	105.63	109.11	105.43	109.95	*	119.28
30	92.44		93.21	96.95	↑	99.88	105.77		105.95	110.16	117.10	119.43
31	92.19		92.00		*		106.76	109.10		109.57		120.05
最高价	95.75	91.49	94.40	97.86	104.45	102.35	106.76	109.12	110.33	110.16	117.51	120.05
最低价	89.81	86.04	86.80	91.78	98.11	97.96	99.74	106.05	103.43	105.91	110.46	115.20
↑	星期天											
*	假期											

1907 年工业股票

日期	1月	2月	3月	4月	5月	6月	7月	8月	9月	10月	11月	12月
1	↑	90.59	90.12	82.30	83.87	77.93	81.27	78.36	*	67.95	57.56	*
2	94.25	90.48	89.62	81.84	84.57	*	80.90	78.87	↑	67.62	57.39	60.14
3	94.35	*	*	81.94	85.02	77.40	81.38	78.43	73.51	67.94	*	59.47
4	95.98	90.50	88.00	83.13	84.50	79.11	↑	*	72.74	67.76	58.48	60.11
5	96.17	91.60	86.44	83.96	*	78.62	81.85	77.41	73.59	67.31	↑	61.16
6	*	91.45	87.28	84.22	84.31	78.83	82.52	76.55	73.89	*	57.75	61.77
7	96.37	92.35	86.52	*	83.54	79.35	*	74.91	73.56	67.56	56.39	61.01
8	95.65	92.46	85.21	84.36	83.48	79.92	82.52	75.29	*	67.05	56.68	*
9	96.07	92.13	84.89	84.70	83.28	*	81.57	74.72	73.44	65.51	56.48	59.72
10	95.89	*	*	84.78	83.06	79.95	80.64	73.31	71.68	65.50	*	58.51
11	95.53	92.94	85.70	84.19	82.85	79.15	80.61	*	70.96	63.51	56.88	58.22
12	95.78	↑	86.53	83.85	*	79.07	80.71	71.18	69.86	62.34	55.87	58.17
13	*	93.39	83.12	82.23	83.56	78.62	81.46	72.37	69.69	*	55.37	57.29
14	95.58	92.73	76.23	*	83.42	78.01	*	69.63	68.30	62.14	54.36	57.33
15	95.36	93.07	81.33	81.40	83.84	77.66	81.20	70.32	*	62.09	53.00	*
16	94.41	93.19	83.69	82.84	83.42	*	81.51	69.29	68.14	60.46	53.89	57.03
17	94.34	*	*	82.89	83.10	77.90	80.40	69.36	69.17	60.53	*	56.85
18	92.62	92.81	82.13	83.07	82.71	78.11	80.77	*	69.05	59.13	55.05	57.71
19	92.58	92.28	81.55	83.11	*	78.09	81.16	69.50	69.80	58.65	53.45	58.08
20	*	92.11	80.94	83.10	80.79	77.86	81.33	70.01	70.10	*	53.18	58.98
21	93.28	91.87	81.97	*	78.77	77.43	*	69.25	70.45	60.81	53.27	59.46
22	93.66	↑	80.40	84.80	79.33	77.44	81.11	70.37	*	59.11	53.08	*
23	93.90	↑	78.76	84.63	79.04		80.98	69.27	69.53	58.21	55.02	58.21
24	94.03	*	*	83.94	79.45	77.93	81.32	69.25	69.82	58.18	*	58.00
25	93.00	90.33	75.39	83.88	79.00	79.53	81.11	*	69.43	58.30	53.63	↑
26	92.72	90.61	77.78	83.51	*	79.44	81.25	70.43	69.01	58.31	55.05	57.60
27	*	89.75	77.39	83.95	77.30	80.22	81.21	70.27	67.72	*	55.55	58.65
28	91.89	90.54	78.21	*	77.32	80.00	*	70.97	67.16	58.13	↑	58.83
29	91.76		80.15	84.37	78.27	80.36	80.10	71.18	*	57.23	57.51	*
30	90.77		↑	84.30	↑		79.86	72.28	67.72	58.42	58.41	59.47
31	91.70		*		78.10		78.87	↑		57.70		58.75
最高价	96.37	93.39	90.12	84.80	85.02	80.36	82.52	78.87	73.89	67.95	58.48	61.77
最低价	90.77	89.75	78.39	81.40	77.30	77.40	78.87	69.25	67.16	57.23	53.00	56.85
↑	星期天											
*	假期											

1907 年铁路股票

日期	1 月	2 月	3 月	4 月	5 月	6 月	7 月	8 月	9 月	10 月	11 月	12 月
1	↑	120.21	117.98	107.70	109.28	100.42	105.72	104.96	*	98.73	84.36	*
2	12990	120.20	116.96	107.16	110.41	*	104.78	105.37	↑	98.08	84.14	88.28
3	129.71	*	*	106.88	110.36	99.50	105.70	105.27	99.44	97.81	*	87.32
4	131.60	119.58	114.77	109.05	109.64	100.78	↑	*	98.68	97.81	85.05	89.11
5	131.95	120.76	112.56	110.48		100.45	106.34	103.71	100.11	97.56	↑	90.30
6	*	120.67	114.31	109.83	108.87	101.03	107.23	102.34	100.45	*	85.72	90.56
7	131.63	122.00	112.51	*	108.14	102.06	*	100.90	100.26	98.11	84.27	90.12
8	130.38	121.59	110.86	109.77	108.23	102.96	106.84	101.35	*	97.31	85.09	*
9	129.74	120.82	111.09	109.30	107.58	*	105.48	100.36	100.38	95.56	85.07	89.19
10	129.65	*	*	109.32	106.76	102.81	103.90	98.51	98.91	95.77	*	87.88
11	128.78	121.70	111.83	108.69	107.08	101.76	103.99	*	99.02	94.50	85.91	87.85
12	129.56	↑	112.53	108.36	*	101.95	104.48	95.87	98.30	93.34	85.41	87.85
13	*	122.81	107.52	106.72	108.04	101.65	105.66	97.66	99.10	*	84.80	86.94
14	128.53	121.90	99.71	*	107.25	100.73	*	95.25	98.44	92.83	84.15	87.76
15	128.58	122.13	105.95	105.26	106.52	100.36	105.68	96.16	*	93.18	82.50	*
16	127.18	122.94	108.71	107.29	106.06	*	106.38	95.31	98.88	92.03	82.97	86.73
17	126.80	*	*	106.57	105.72	100.90	105.60	95.22	99.91	92.48	*	
18	124.55	122.14	106.71	107.16	105.16	100.75	106.00	*	99.78	90.88	8460	87.23
19	124.25	121.25	105.51	107.20	*	100.96	106.94	95.52	100.36	90.30	82.93	87.39
20	*	120.78	105.73	107.51	103.57	100.83	107.20	96.49	100.36	*	82.38	88.78
21	125.22	120.30	106.21	*	102.45	100.44		95.88	101.03	92.33	81.41	89.35
22	125.25	↑	103.15	109.65	103.38	100.42	106.91	96.63	*	88.73	81.49	*
23	125.75	↑	100.77	109.70	102.70		106.68	95.14	100.19	86.69	83.40	88.11
24	125.68	*	*	108.65	103.40	101.18	107.68	94.93	100.38	84.82	*	87.61
25	124.08	117.71	98.27	108.83	102.50	103.11	107.37	*	100.01	85.90	81.72	↑
26	123.68	118.26	101.94	108.45	*	102.86	107.36	96.39	99.28	85.88	83.51	87.01
27	*	117.15	102.56	108.93	99.98	103.75	107.51	96.41	98.27		84.09	88.41
28	122.34	118.68	103.23	*	99.95	103.77	*	97.41	97.21	86.13	↑	88.35
29	122.18		105.85	109.73	101.33	105.06	106.23	97.11	*	83.49	85.80	*
30	121.52		↑	109.97	↑	*	106.41	97.83	98.35	84.85	87.13	89.50
31	122.25		*		100.92		105.26	↑		84.02		88.77
最高价	131.95	122.94	117.98	110.48	110.41	105.06	107.68	105.37	101.03	98.73	87.13	90.56
最低价	121.52	117.15	98.27	105.56	9995	99.50	103.90	94.93	97.21	83.49	81.41	86.61
↑	星期天											
*	假期											

1906 年工业股票

日期	1 月	2 月	3 月	4 月	5 月	6 月	7 月	8 月	9 月	10 月	11 月	12 月
1	↑	101.55	93.83	*	88.03	94.01	*	93.72	94.42	95.77	93.80	95.16
2	95.00	101.71	93.86	97.84	87.16	94.38	86.12	93.37	*	95.42	94.28	*
3	95.63	99.77	93.85	98.19	86.45	*	86.64	92.44	↑	95.22	94.17	95.35
4	94.44	*	*	97.48	89.08	95.19	*	91.67	93.31	94.66	*	95.23
5	96.09	100.05	92.90	97.00	89.75	95.04	86.58	*	93.77	95.48	94.60	95.27
6	97.09	100.39	94.00	97.09	*	95.21	87.79	92.85	94.63	95.88	↑	94.82
7		99.60	94.09	96.56	90.78	95.12	87.97	92.97	94.22	*	93.93	95.30
8	98.03	99.50	94.69	*	92.08	94.50	*	92.10	94.50	96.53	93.58	95.19
9	97.85	99.93	96.43	95.93	92.86	93.99	87.87	91.70	*	96.75	93.37	*
10	98.09	99.76	96.33	95.05	93.21	*	87.26	91.92	94.55	96.51	93.32	95.58
11	99.06	*	*	96.44	93.41	94.38	86.37	92.03	93.53	96.65	*	95.89
12	100.25	↑	96.40	96.02	93.13	94.10	85.70	*	95.38	96.58	92.38	95.36
13	99.79	100.08	96.96	96.51	*	93.63	85.18	92.53	95.27	96.04	93.06	94.10
14		99.27	96.44	97.02	92.80	92.91	85.40	92.70	95.89	*	94.01	94.82
15	100.80	97.88	95.79	*	93.06	92.25	*	92.94	95.53	95.78	94.25	95.46
16	100.81	97.31	95.33	97.01	93.77	91.02	86.45	92.59	*	96.14	94.76	*
17	101.67	96.51	95.10	96.84	93.05	*	86.91	93.38	95.63	95.78	9.520	94.50
18	102.26	*	*	95.67	92.75	90.66	86.54	95.34	95.84	95.65	*	93.54
19	103.00	97.31	93.05	94.23	92.68	91.43	87.21	*	95.47	94.77	94.92	93.11
20	102.72	97.07	94.35	95.29	*	92.00	88.12	95.96	96.07	9276	95.04	93.81
21		96.25	94.38	95.25	92.20	90.55	88.51	95.60	96.00	*	95.32	94.59
22	102.37	↑	94.96	*	92.15	90.95	*	95.09	95.50	94.58	95.25	93.45
23	102.50	96.76	95.06	93.46	92.16	89.95	88.59	95.36	*	94.47	95.33	*
24	102.53	96.87	94.77	93.60	92.76	*	88.12	96.07	95.92	93.85	94.57	92.94
25	102.66	*	*	93.02	93.42	89.02	89.59	96.08	94.68	93.12	*	↑
26	102.90	97.38	96.25	92.44	93.15	89.38	90.03	*	94.82	93.16	94.77	93.13
27	101.86	96.44	95.82	89.92	*	87.71	91.41	95.19	94.77	93.47	95.05	94.34
28		93.94	96.64	88.70	93.29	88.70	91.80	94.01	94.98	*	95.27	94.28
29	99.32		96.43	*	93.69	87.29	*	94.89	94.84	93.85	↑	93.63
30	98.31		96.60	90.53	↑	87.01	91.72	94.31	*	93.68	95.12	*
31	100.69		96.95		93.75		92.41	94.01		92.91		94.35
最高价	103.00	101.71	96.96	98.19	93.77	95.21	92.41	96.08	96.07	96.75	95.33	95.89
最低价	94.44	93.94	92.90	88.70	86.45	87.01	85.18	91.67	93.31	92.76	92.38	92.94
↑	星期天											
*	假期											

1906 年铁路股票

日期	1月	2月	3月	4月	5月	6月	7月	8月	9月	10月	11月	12月
1	↑	135.93	129.98	*	120.70	128.82	*	130.45	136.10	136.86	132.93	136.30
2	133.12	135.70	130.13	133.13	120.61	129.35	121.76	131.11	*	136.57	133.49	*
3	133.23	133.69	130.00	132.60	120.30	*	122.41	130.40	↑	136.24	133.70	136.86
4	132.36	*	*	132.68	123.29	129.98	↑	129.70	136.09	135.98	*	136.60
5	133.73	133.73	128.54	132.05	124.01	129.44	122.88	*	136.41	136.87	133.91	136.11
6	124.48	134.50	129.48	132.34	*	129.93	124.73	130.99	137.16	136.53	↑	135.37
7		133.73	129.22	131.76	124.25	130.55	124.96	131.21	136.62	*	133.55	136.65
8	134.76	133.83	130.46	*	126.10	130.56	*	131.08	137.05	136.68	132.88	136.28
9	134.73	135.34	131.40	130.45	126.14	129.71	124.81	130.18		136.78	132.67	*
10	134.65	134.87	130.88	130.07	126.91	*	124.24	130.62	137.09	137.65	132.24	136.61
11	135.58	*	*	131.85	128.16	131.05	123.54	131.07	135.77	137.68	*	137.56
12	136.65	↑	130.53	131.45	127.60	130.82	122.43	*	137.72	137.60	131.45	136.63
13	136.80	135.23	131.46	132.13	*	129.96	122.45	131.71	136.61	136.78	132.28	134.93
14		134.66	130.85	132.56	127.23	129.25	122.71	131.93	137.68	*	134.08	136.73
15	136.86	13355	130.40	*	127.05	128.40	*	132.10	137.82	136.84	134.35	136.78
16	137.12	132.28	130.59	132.66	127.83	127.21	124.03	131.39	*	136.76	135.42	*
17	137.06	13110	130.41	132.66	127.46	*	124.33	133.63	137.84	135.98	136.13	135.36
18	137.07	*	*	131.14	126.90	126.77	123.55	135.41	137.75	135.86	*	133.14
19	138.29	132.60	128.96	128.36	126.91	128.48	124.47	*	137.03	134.12	136.44	130.84
20	138.25	132.41	130.16	129.01	*	129.53	125.46	136.98	137.83	131.62	136.06	131.23
21		131.47	129.63	128.96	126.93	128.23	125.82	135.60	137.70	*	136.83	131.31
22	138.86	↑	130.50	*	126.75	128.76	*	134.83	136.92	133.87	136.68	129.65
23	138.11	132.06	130.87	126.56	126.29	127.64	126.01	135.15	*	133.43	136.31	*
24	137.20	131.79	130.75	126.76	127.78	*	125.27	136.95	137.26	133.27	135.01	138.37
25	137.45	*	*	126.18	128.31	126.72	126.83	137.06	135.71	132.05	*	↑
26	137.79	132.58	132.03	125.73	128.03	127.10	127.71	*	135.69	132.17	134.90	128.51
27	136.36	131.24	131.32	122.95	*	124.89	128.08	136.04	135.25	131.34	135.96	130.34
28		129.56	132.53	121.89	127.89	125.93	129.02	135.04	135.89	*	135.90	130.02
29	133.98		132.17	*	128.41	123.91	*	135.96	135.92	132.70	↑	128.95
30	133.55		132.70	124.06	↑	123.31	128.31	135.34	*	132.60	136.01	*
31	135.34		132.73		128.61		129.11	135.20		131.37		129.80
最高价	138.36	135.93	132.73	133.13	128.61	131.05	129.11	137.06	137.84	137.68	136.83	137.56
最低价	132.36	129.56	12854	121.89	120.30	123.31	121.76	129.70	135.25	131.37	131.45	128.37
↑	星期天											
*	假期											

1905 年工业股票

日期	1月	2月	3月	4月	5月	6月	7月	8月	9月	10月	11月	12月
1	*	70.91	76.06	80.67	76.90	73.17	77.48	81.35	79.66	*	84.14	89.62
2	↑	71.19	76.81	*	77.77	73.31	*	81.31	79.71	82.17	83.92	89.50
3	70.39	70.47	75.92	81.13	76.51	73.43	78.70	81.63	*	82.62	83.78	*
4	70.22	71.53	76.14	81.31	74.68	*	↑	81.90	↑	82.38	82.93	89.56
5	70.23	*	*	82.17	76.82	73.51	78.65	81.75	80.73	82.78	*	90.82
6	69.46	71.80	76.33	82.76	76.17	72.53	79.33	*	78.92	82.55	83.32	90.91
7	69.23	72.63	76.02	83.12	*	72.94	79.54	82.20	78.60	82.02	↑	92.37
8	*	72.54	76.29	82.45	74.52	73.05	79.47	81.90	79.78	*	82.17	93.20
9	69.52	72.26	77.36	*	75.78	73.27	*	81.83	79.02	81.65	81.56	92.84
10	70.10	73.27	77.88	82.20	76.34	74.68	79.47	82.03	*	82.02	82.57	*
11	70.03	73.34	77.72	81.93	77.15	*	78.02	82.20	79.06	80.83	82.25	93.59
12	69.61	*	*	82.64	78.05	74.61	79.09	82.01	80.13	80.96	*	95.13
13	70.31	↑	78.22	83.23	77.45	73.95	78.93	*	79.43	81.54	80.83	95.68
14	70.70	73.48	78.17	83.75	*	74.11	78.56	82.12	80.11	81.47	81.67	95.47
15	*	73.57	77.89	83.12	77.46	73.76	78.68	82.35	80.52	81.48	82.77	96.05
16	70.94	73.63	77.81	*	76.89	73.96	*	82.45	81.11	81.43	82.47	96.09
17	70.67	73.92	77.18	83.41	76.65	73.36	79.10	82.73	*	80.96	84.19	*
18	70.98	74.23	77.27	82.60	74.63	*	79.10	82.03	81.38	81.41	84.53	95.71
19	70.67	*	*	83.44	73.87	73.68	79.26	82.14	80.77	82.27	*	95.64
20	70.63	74.94	78.02	80.95	73.22	74.43	79.60	*	81.45	82.83	85.22	94.61
21	70.14	75.51	77.51	↑	*	75.19	79.30	82.26	81.77	*	85.84	94.20
22	*	↑	76.44	↑	71.37	75.70	78.05	82.10	81.91	82.86	86.11	94.43
23	68.45	75.34	77.42	*	71.57	75.78	*	82.82	81.78	82.84	85.93	95.05
24	60.39	76.11	79.27	79.97	73.75	75.69	78.69	82.61	*	82.66	85.81	*
25	68.76	76.16	78.89	80.85	72.91	*	78.36	82.37	81.05	82.08	86.94	↑
26	70.07	*	*	81.26	73.01	77.45	78.66	82.61	81.30	81.97	*	95.84
27	70.43	75.75	78.58	78.53	72.91	77.45	79.27	*	81.13	*	89.43	94.04
28	70.82	75.15	78.13	77.87	*	77.78	80.46	82.22	80.92	81.51	89.77	95.37
29	*		78.70	76.08	74.12	77.19	80.64	82.79	81.39	*	89.89	96.56
30	70.77		79.23	*	↑	76.87	*	82.05	81.90	82.33	↑	96.20
31	71.33		80.02		74.32		81.70	80.63		83.77		*
最高价	7133	76.16	80.02	83.75	78.05	77.78	81.70	82.82	81.91	83.77	89.89	96.56
最低价	68.76	70.91	75.92	76.08	71.37	72.53	77.48	80.63	78.60	80.83	80.83	89.50
↑	星期天											
*	假期											

1905 年铁路股票

日期	1 月	2 月	3 月	4 月	5 月	6 月	7 月	8 月	9 月	10 月	11 月	12 月
1	*	120.70	124.95	124.48	119.81	117.00	123.38	125.63	127.91	*	132.37	130.00
2	↑	121.30	125.20	*	120.63	117.19	*	125.58	129.08	131.99	132.23	129.93
3	118.50	122.03	124.51	125.43	119.44	117.16	124.65	126.35	*	132.42	132.47	*
4	118.16	121.63	125.05	125.03	117.35	*	↑	126.84	↑	131.47	131.45	129.65
5	118.12	*	*	12543	118.96	117.58	124.05	126.80	130.32	13140	*	130.81
6	117.38	121.30	125.25	126.21	118.35	116.59	124.58	*	128.19	131.53	131.99	130.64
7	117.03	121.95	124.65	125.88	*	117.30	124.93	127.78	127.27	130.92	↑	130.98
8	*	122.36	125.19	125.41	117.61	117.42	124.90	127.88	128.92	*	130.51	131.04
9	117.35	122.20	125.90	*	118.47	117.55	*	127.83	128.33	130.35	129.00	131.33
10	117.55	122.40	126.46	125.62	118.23	119.42	124.58	127.47	*	131.26	129.83	*
11	117.74	122.25	126.70	125.41	119.36	*	123.17	130.11	128.76	130.04	128.91	131.95
12	117.21	*	*	125.90	120.02	119.13	125.17	130.07	129.83	130.10	*	132.03
13	117.96	↑	127.16	126.24	119.42	118.35	124.82	*	129.45	131.01	127.91	132.81
14	118.49	122.42	126.78	127.01	*	118.93	124.92	130.83	130.50	130.73	129.34	132.23
15	*	122.75	126.75	126.28	119.85	118.56	125.19	130.36	130.00		130.08	132.08
16	118.31	122.36	126.45	*	119.33	118.78	*	131.10	130.93	130.80	129.37	131.90
17	118.16	122.23	125.21	126.39	119.24	118.35	125.25	131.28	*	130.49	130.69	*
18	118.63	122.43	124.87	124.70	117.44	*	125.01	130.25	131.43	130.13	130.95	131.28
19	118.60	*	*	125.66	116.91	118.86	125.38	130.53	130.54	130.51	*	131.71
20	119.40	122.86	126.00	123.40	115.88	119.69	125.04	*	131.60	131.82	131.97	131.93
21	119.24	123.50	125.14	↑	*	120.67	124.16	131.54	131.91	132.62	132.13	132.26
22	*	↑	123.91	↑	114.52	121.27	122.95	131.58	132.33		131.98	133.05
23	118.18	122.94	124.65	*	114.76	121.50	*	132.17	132.19	132.65	132.00	133.14
24	117.59	124.63	125.26	122.57	117.36	120.91	123.73	132.06	*	132.61	131.26	*
25	117.26	125.48	125.51	123.80	116.47	*	123.79	131.75	130.97	132.49	131.65	↑
26	118.97	*	*	124.04	116.70	122.07	123.95	131.83	131.27	131.95	*	133.17
27	119.14	125.08	124.48	120.88	116.90	122.01	124.92	*	131.38	131.36	132.26	131.08
28	120.30	123.78	123.46	120.48	*	123.37	126.03	131.31	13093	130.70	131.63	132.30
29	*		124.69	117.81	118.57	122.46	126.06	132.19	131.38	*	131.34	133.54
30	120.58		124.45	*	↑	122.57	*	131.30	131.86	131.25	↑	133.26
31	121.05		124.89		119.30		126.28	126.57		132.33		*
最高价	121.05	125.48	127.16	126.39	120.63	123.37	126.28	13219	132.33	132.65	132.47	133.54
最低价	117.03	120.70	123.46	117.81	114.52	116.59	122.95	125.58	127.37	130.04	127.91	129.65
↑	星期天											
*	假期											

1904 年工业股票

日期	1 月	2 月	3 月	4 月	5 月	6 月	7 月	8 月	9 月	10 月	11 月	12 月
1	↑	49.03	47.86	↑	*	48.26	49.31	52.73	54.94	58.05	63.72	72.05
2	47.38	48.69	47.87	49.08	48.42	48.10	↑	52.68	55.15	*	64.76	72.46
3	*	48.40	48.00	*	48.33	48.17	*	52.75	↑	58.65	64.87	72.86
4	47.77	48.35	47.90	48.68	48.60	48.17	↑	52.70	*	58.27	65.31	*
5	48.09	47.87	47.28	48.89	48.56	*	49.62	52.85	↑	58.18	65.25	73.23
6	47.07	47.65	*	49.30	48.71	48.08	50.09	52.90	55.38	57.59	*	72.57
7	47.16	*	47.18	49.98	48.59	48.27	49.96	*	55.68	57.96	66.21	68.97
8	47.92	48.10	47.72	49.59	*	48.60	50.44	52.73	55.94	58.22	↑	68.00
9	48.02	46.98	47.04	49.65	48.71	48.66	50.84	53.03	56.54	*	67.07	69.22
10	*	47.76	46.93	*	48.42	49.06	*	53.13	57.43	58.75	67.58	70.01
11	47.82	48.16	46.46	49.98	48.30	49.12	80.67	53.28	*	59.03	68.03	*
12	47.63	↑	46.41	49.58	47.93	*	51.37	53.39	56.46	59.23	68.19	65.77
13	47.77	48.11	*	49.73	47.72	48.88	51.73	54.03	56.32	60.16	*	66.42
14	47.85	*	46.50	49.41	47.72	49.05	51.87	*	57.10	61.42	68.78	66.17
15	47.97	48.86	47.73	49.35	*	48.86	52.06	53.98	56.66	62.01	69.17	66.62
16	48.08	48.39	47.77	49.38	47.56	48.83	52.50	53.54	57.19	*	69.11	68.73
17	*	48.16	48.30	*	47.67	48.73	*	54.08	56.58	62.06	70.08	68.47
18	48.82	47.90	47.91	49.33	47.43	48.89	52.50	54.25	*	62.16	69.69	*
19	48.65	47.51	48.76	48.92	47.45	*	52.96	53.76	56.55	61.72	70.01	68.48
20	48.58	47.31	*	48.62	47.53	48.97	52.80	53.35	55.67	62.12	*	69.09
21	49.38	*	48.26	49.10	48.06	49.03	52.47	*	56.00	62.35	70.62	68.38
22	49.94	↑	48.50	49.09	*	49.46	52.65	53.13	55.72	62.97	69.80	67.87
23	49.91	46.86	48.62	49.12	48.53	49.47	53.14	53.91	56.31	*	69.89	68.47
24	*	46.71	48.16	*	48.01	49.32	*	54.13	56.50	63.17	↑	↑
25	49.61	47.47	48.15	48.65	48.14	49.12	52.98	54.41	*	62.68	70.83	*
26	50.18	47.14	48.21	48.81	48.23	*	52.27	54.44	56.91	62.63	71.56	↑
27	50.50	47.08	*	48.95	48.26	49.29	52.43	54.47	57.14	61.97	*	69.13
28	49.42	*	48.68	48.86	↑	49.12	52.39	*	57.44	63.39	72.36	70.20
29	49.11	47.53	48.60	48.90	*	49.08	52.12	54.61	57.11	94.54	72.35	71.07
30	48.91		48.77	48.80	↑	49.25	52.13	54.44	57.59	*	72.02	70.05
31	*		49.12		48.18		*	54.57		63.03		69.61
最高价	50.50	49.03	49.12	49.98	48.71	49.47	53.14	54.61	57.59	64.54	72.36	73.23
最低价	47.07	46.71	46.41	48.62	47.43	48.08	49.31	52.68	54.94	57.59	63.72	65.77
↑	星期天											
*	假期											

1904 年铁路股票

日期	1 月	2 月	3 月	4 月	5 月	6 月	7 月	8 月	9 月	10 月	11 月	12 月
1	↑	97.70	92.61	↑	*	94.33	94.53	101.20	105.31	109.11	113.30	118.68
2	96.30	97.55	92.80	95.96	95.22	94.15	↑	100.85	106.31	*	114.06	119.33
3	*	96.96	92.90	*	95.37	94.41	*	101.29	↑	109.19	113.95	119.46
4	96.55	96.61	93.09	96.04	95.60	94.41	↑	101.30	*	109.56	113.78	*
5	97.08	95.50	92.40	96.25	95.17	*	98.63	101.51	↑	110.00	113.47	119.36
6	95.61	95.50	*	96.93	95.36	94.54	99.55	101.60	107.12	109.23	*	118.67
7	95.88	*	92.77	97.15	95.23	94.80	98.72	*	106.81	109.68	114.37	116.82
8	96.65	93.90	92.36	96.81	*	95.13	99.47	101.50	107.28	110.31	↑	116.26
9	97.23	94.75	92.33	96.98	95.23	95.43	99.63	101.98	107.83	*	115.28	116.94
10	*	94.05	92.31	*	94.87	95.77	*	102.25	108.12	110.32	115.32	117.31
11	97.33	94.06	91.66	97.58	94.93	96.04	99.26	102.99	*	110.85	116.72	*
12	96.39	↑	91.53	96.75	94.45	*	100.40	103.13	106.91	110.92	116.92	113.53
13	96.67	94.11	*	97.13	94.10	95.66	100.79	103.56	106.81	110.95	*	114.00
14	96.85	*	91.31	96.57	93.83	96.48	100.50	*	107.86	112.31	116.31	113.78
15	96.81	94.54	93.10	96.57	*	96.04	100.89	104.02	107.67	113.06	117.21	114.60
16	96.80	94.61	93.33	96.35	93.55	96.26	101.11	103.83	107.89	*	116.82	116.07
17	*	94.23	94.35	*	93.90	95.86	*	104.15	107.38	113.22	117.46	116.15
18	97.73	93.76	93.81	96.22	93.88	96.16	101.62	104.48	*	113.58	116.85	*
19	98.21	93.51	95.08	95.96	93.75	*	102.24	103.98	106.90	113.40	117.00	116.16
20	98.45	93.18	*	95.96	94.11	96.45	102.21	103.31	106.30	113.69	*	116.91
21	99.43	*	94.51	96.65	94.74	96.85	101.85	*	107.05	114.60	117.27	115.94
22	99.76	↑	95.86	96.85	*	97.17	102.01	104.50	106.43	114.78	116.41	115.30
23	99.78	92.17	95.88	96.90	95.20	97.23	102.06	104.40	106.96	*	116.54	115.92
24	*	91.83	94.90	*	94.90	97.25	*	104.71	107.01	114.72	*	↑
25	98.73	92.65	94.65	96.37	94.39	97.17	101.60	105.30	*	114.63	117.01	*
26	99.26	92.18	94.80	96.45	94.43	*	100.80	105.32	107.53	114.04	117.54	↑
27	99.50	92.13	*	96.68	94.41	97.05	99.75	105.50	107.97	113.01	↑	116.85
28	98.21	*	95.92	96.57	↑	97.00	101.21	*	108.32	114.42	118.22	117.68
29	98.06	92.28	96.50	96.14	*	97.30	100.81	106.10	108.00	115.20	118.27	118.55
30	97.90		96.35	96.04	↑	97.32	100.52	105.83	108.78	*	118.93	117.90
31	*		96.49		94.36		*	105.22		113.36		117.43
最高价	99.78	97.70	96.50	97.58	95.60	97.32	102.24	106.10	108.78	115.20	118.93	119.46
最低价	95.61	91.83	91.31	95.96	93.55	94.15	97.53	100.85	105.31	109.11	113.30	113.53
↑	星期天											
*	假期											

315

1903 年工业股票

日期	1月	2月	3月	4月	5月	6月	7月	8月	9月	10月	11月	12月
1	↑	*	*	63.47	63.84	59.59	58.81	50.75	52.75	47.06	*	44.35
2	64.60	65.53	66.01	62.63	63.86	59.87	58.08	*	52.60	47.62	45.46	45.50
3	64.65	66.06	65.68	62.55	*		58.21	50.57	51.85	47.53	↑	46.23
4	*	66.40	65.81	62.28	64.06	5886	↑	49.22	51.93	*	44.90	46.50
5	65.38	66.55	64.70	*	94.01	58.53	*	47.98	↑	47.05	43.60	46.06
6	65.88	66.38	64.82	62.40	63.89	58.50	58.08	49.36	*	47.23	43.94	*
7	65.73	66.47	64.13	62.09	63.55	*	57.84	48.64	↑	46.96	43.71	47.40
8	66.33	*	*	62.28	63.70	57.97	57.95	47.38	51.53	45.51	*	47.34
9	66.21	67.10	64.42	62.32	63.55	57.37	56.97	*	51.39	45.34	42.15	47.34
10	65.85	67.22	63.90	↑	*	56.78	56.61	48.06	51.00	44.71	43.34	46.35
11	*	67.19	64.28	↑	63.76	58.28	55.89	48.67	50.93	*	42.83	46.12
12	65.65	↑	63.92	*	63.50	59.38	*	50.31	50.80	43.67	42.93	46.03
13	64.98	66.93	64.11	60.79	63.63	58.94	56.12	51.36	*	43.20	43.14	*
14	64.89	67.05	64.31	62.12	63.15	*	54.92	52.80	50.16	42.42	43.13	46.70
15	64.50	*	*	62.14	63.01	57.75	54.37	52.97	50.30	42.25	*	46.83
16	64.80	67.70	64.19	62.87	62.69	57.84	54.10	*	49.82	44.41	43.36	46.86
17	65.07	67.69	64.51	63.84	*	57.55	54.73	53.88	49.44	45.07	43.50	48.70
18	*	67.32	64.86	64.14	62.12	56.89	54.10	53.61	48.73	*	44.20	47.16
19	64.52	66.69	65.40	*	62.28	57.48	*	51.43	48.50	43.19	44.53	47.33
20	64.19	67.26	65.75	64.43	61.25	57.12	52.76	51.76	*	44.75	44.19	*
21	65.00	↑	65.69	64.56	61.95	*	51.45	51.45	48.45	45.10	44.15	46.95
22	64.83	*	*	*	62.56	56.65	52.01	51.63	48.43	44.77	*	46.63
23	64.30	↑	65.39	64.21	61.40	57.61	50.83	*	47.75	44.59	44.55	47.55
24	64.31	67.43	64.43	64.07	*	57.60	49.84	51.36	46.62	44.48	43.64	47.75
25	*	67.09	63.96	63.79	60.67	57.31	49.08	52.27	46.64	*	43.91	↑
26	64.90	66.52	64.15	*	61.53	57.27	*	52.32	46.19	45.33	↑	↑
27	65.36	66.16	63.45	63.48	61.16	57.64	50.11	52.38	*	45.41	44.25	*
28	65.37	66.19	63.44	63.77	60.52	*	51.52	53.02	45.09	45.46	44.14	48.64
29	65.55		*	64.09	60.27	58.77	51.02	53.17	46.67	45.21	*	49.35
30	64.96		62.86	63.78	↑	59.08	50.72	*	45.80	44.82	44.33	49.06
31	65.18		63.64		*		50.76	53.19		45.13		49.11
最高价	66.33	67.70	66.01	64.56	64.06	59.90	58.81	53.88	52.75	47.62	45.46	49.35
最低价	64.19	65.53	62.86	60.79	60.27	56.65	49.08	47.38	45.09	42.25	42.15	44.35
↑	星期天											
*	假期											

316

1903 年铁路股票

日期	1月	2月	3月	4月	5月	6月	7月	8月	9月	10月	11月	12月
1	↑	*	*	110.01	109.56	103.35	104.01	96.37	97.46	91.45	*	94.41
2	119.17	119.33	114.58	109.15	109.55	104.20	102.91		97.67	92.77	93.23	94.36
3	119.05	119.26	113.91	109.60	*	104.23	103.05	95.90	96.99	91.99	*	95.60
4	*	119.86	114.34	109.16	110.82	102.69	↑	93.84	97.90	*	92.68	95.79
5	119.56	120.00	112.22	*	110.62	102.45	*	91.93	↑	91.19	91.41	95.42
6	121.02	119.55	113.20	109.42	110.73	102.44	103.06	93.32	*	91.01	91.75	*
7	120.20	119.58	111.38	109.14	110.03	*	103.07	92.89	↑	91.31	92.18	96.23
8	121.00	*	*	109.34	109.93	101.41	103.20	90.70	97.20	90.13	*	96.10
9	121.28	120.19	111.82	108.91	109.23	100.46	101.83	*	97.41	90.21	92.15	96.56
10	121.00	120.00	110.51	↑	*	99.40	100.53	91.79	97.05	89.90	91.76	95.60
11	*	119.89	111.82	↑	109.61	102.18	99.56	92.54	97.37	*	90.98	95.48
12	120.43	↑	111.54	*	109.47	103.88	*	94.66	96.83	89.63	90.10	95.20
13	120.44	119.92	111.60	105.75	109.24	103.58	99.58	96.13	*	89.65	91.05	*
14	120.33	119.50	111.77	107.36	108.55	*	97.89	98.26	95.20	89.36	90.71	96.23
15	119.89	*	*	107.20	107.98	101.93	97.10	97.96	95.50	89.76	*	96.41
16	120.30	119.80	110.93	108.36	107.75	102.48	97.77	*	9509	91.85	91.26	96.40
17	120.45	119.35	111.26	108.86	*	102.26	99.20	98.60	94.81	91.88	91.45	95.90
18	*	117.81	112.06	109.11	106.68	101.81	98.50	98.84	94.33	*	92.54	96.55
19	119.63	117.04	112.86	*	10705	10245	*	9688	9391	8981	9343	96.57
20	119.12	117.80	113.62	109.84	105.68	102.25	97.28	96.88	*	91.45	93.00	
21	120.10	↑	113.48	110.42	106.59	*	96.99	96.86	94.01	91.96	92.53	96.58
22	119.77	*	*	*	106.93	101.70	97.81	96.53	93.80	92.01	*	96.59
23	118.83	↑	112.58	109.98	105.12	102.18	96.92	*	92.80	91.52	93.12	97.58
24	118.81	117.26	111.23	110.06	*	101.83	96.40	96.52	91.26	91.58	92.61	97.78
25	*	116.82	110.48	109.68	103.77	101.63	95.00	97.41	91.95	*	92.91	↑
26	119.78	115.86	110.59	*	105.10	101.43	*	97.28	90.51	92.84	*	↑
27	119.43	115.19	109.11	108.77	104.96	102.03	97.00	96.93	*	93.25	93.07	*
28	119.29	115.19	109.38	108.65	104.20	*	97.08	97.41	88.80	93.10	93.06	98.88
29	119.53		*	109.53	103.78	103.63	97.01	97.56	91.27	92.63	*	98.94
30	118.86		108.76	108.86	↑	103.67	96.72	*	89.75	92.66	93.80	98.36
31	119.06		109.98		*		96.48	98.05		92.81		98.33
最高价	121.28	120.19	114.58	110.42	110.82	104.23	104.01	98.84	97.90	93.25	93.80	98.94
最低价	118.81	115.19	108.76	105.75	103.77	99.40	95.00	90.70	88.80	89.36	90.10	94.36
↑	星期天											
*	假期											

1902 年工业股票

日期	1月	2月	3月	4月	5月	6月	7月	8月	9月	10月	11月	12月
1	↑	65.04	65.13	67.20	67.11	*	64.25	65.91	*	66.45	65.80	62.53
2	64.32	*	*	67.17	65.89	66.26	64.76	65.83	66.55	66.44	*	62.22
3	65.25	64.77	65.30	67.01	66.25	66.17	64.89	*	66.64	66.58	65.55	62.00
4	64.59	64.62	64.77	66.82	*	65.96	↑	65.96	66.60	65.71	↑	61.90
5	*	64.96	64.97	66.84	66.06	65.32	↑	66.12	66.80	*	64.55	61.76
6	64.90	64.92	66.16	*	67.01	65.46	*	66.47	66.56	64.21	64.37	61.73
7	64.22	65.31	65.56	66.60	66.36	65.49	65.09	66.52	*	63.84	94.19	*
8	64.87	64.94	65.60	66.60	66.66	*	64.51	66.53	67.12	64.28	62.90	62.14
9	64.08	*	*	66.76	66.40	65.68	64.27	↑	67.03	65.06	*	62.19
10	63.85	64.82	65.11	65.95	65.95	66.11	64.65	*	66.89	64.76	62.35	60.71
11	64.02	65.16	65.32	66.18	*	66.20	64.50	66.19	66.67	63.84	60.96	59.97
12	*	*	64.88	66.33	65.51	65.94	64.45	66.07	66.05	*	61.61	60.19
13	63.31	64.58	65.26	*	65.90	65.94	*	66.48	66.30	64.17	61.81	60.71
14	62.57	64.61	65.38	66.03	65.95	66.05	64.64	66.78	*	65.02	60.62	
15	63.16	64.67	65.59	66.46	66.06	*	64.79	66.59	66.11	65.37	61.60	59.57
16	63.59	*	*	66.86	65.35	65.90	65.55	66.50	66.40	66.10	*	59.71
17	64.02	65.30	65.59	67.44	64.85	65.89	65.90	*	66.89	66.57	62.19	60.10
18	63.54	64.81	65.96	67.75	*	65.43	66.03	66.38	67.25	66.50	61.61	61.18
19	*	65.53	66.50	67.61	64.73	64.91	66.04	66.46	67.77	*	61.69	61.36
20	63.45	64.68	67.25	*	65.33	64.76	*	66.28	67.40	66.58	62.04	61.87
21	63.44	64.98	67.52	67.10	65.86	64.78	66.01	65.33	*	65.81	62.94	*
22	63.54	↑	67.31	66.20	65.88	*	66.44	65.80	66.91	65.89	62.87	62.67
23	64.01	*	*	66.84	66.44	64.20	66.50	65.80	65.45	65.78	*	62.00
24	64.13	65.30	67.30	68.44	66.82	63.67	66.37	*	65.42	66.37	62.79	62.61
25	63.90	65.58	67.01	67.62	*	63.82	66.59	65.87	64.81	66.44	62.15	↑
26	*	65.20	67.25	67.63	66.46	64.04	66.59	65.79	66.34	*	61.41	63.21
27	64.17	65.27	67.21	*	66.25	63.73	*	66.19	66.28	66.06	↑	63.69
28	65.17	64.81	↑	67.31	66.21	63.87	67.28	66.28	*	65.92	62.14	*
29	64.76		↑	67.37	66.42	*	66.51	66.28	64.07	65.13	62.05	63.30
30	64.87		*	67.01	↑	64.31	66.56	↑	66.15	65.43	*	63.96
31	64.95		67.19		↑		65.82	*		66.06		64.29
最高价	65.17	65.58	6752	68.44	67.11	66.26	67.28	66.78	67.77	66.58	65.80	64.29
最低价	62.57	64.58	64.77	65.95	64.73	63.67	64.25	65.33	64.07	63.84	60.62	59.57
↑	星期天											
*	假期											

1902 年铁路股票

日期	1月	2月	3月	4月	5月	6月	7月	8月	9月	10月	11月	12月
1	↑	11.406	113.65	115.78	121.86	*	120.67	125.78	↑	124.61	121.29	118.51
2	115.85	*	*	115.84	119.75	119.19	120.90	125.33	127.96	124.19	*	117.57
3	115.08	113.69	114.25	117.13	120.32	119.00	121.66	*	128.55	123.93	120.75	117.47
4	114.95	114.03	11369	117.56	*	118.99	↑	125.43	127.87	122.51	↑	11676
5	*	114.78	114.23	117.48	119.52	118.35	↑	125.73	128.28	*	11.913	11659
6	115.40	115.73	114.98	*	121.28	118.38	*	126.04	127.93	120.99	11939	11645
7	114.34	115.72	114.55	116.58	120.66	118.47	122.21	126.60	*	119.98	11941	*
8	114.58	115.60	114.45	117.18	120.86	*	122.53	126.51	128.68	102.58	117.26	116.94
9	114.06	*	*	117.65	120.36	118.53	122.39	↑	129.36	121.88	*	116.59
10	113.63	115.88	113.71	116.95	119.51	119.31	122.52	*	129.07	120.98	116.79	114.60
11	113.89	115.80	113.70	117.03	*	119.56	122.98	125.38	128.82	119.33	115.25	113.08
12	*	*	114.07	117.36	118.31	119.46	123.17	125.42	127.50	*	115.86	114.01
13	112.92	115.13	114.19	*	119.23	120.21		125.73	127.91	118.97	115.76	113.08
14	111.73	115.35	114.65	118.12	119.53	120.40	123.98	126.29	*	120.56	113.70	
15	112.41	115.21	115.07	118.80	119.94	*	124.06	125.75	127.49	120.95	115.21	113.21
16	112.40	*	*	118.93	118.28	120.61	124.78	125.59	127.77	122.70	*	113.59
17	113.51	115.55	115.44	119.74	117.76	120.76	125.02	*	128.16	123.93	115.68	114.03
18	113.18	115.27	115.64	120.18	*	121.45	125.59	125.31	128.80	123.43	114.81	116.13
19	*	115.50	115.66	120.38	117.46	120.58	125.91	125.93	128.68	*	116.00	115.91
20	112.68	113.63	115.71	*	118.46	120.71	*	126.48	128.31	123.38	116.66	116.06
21	112.68	113.96	116.41	119.67	119.00	120.60	125.06	125.53	*	122.21	118.39	↑
22	112.71	↑	116.32	118.96	119.25	*	125.52	126.22	117.68	122.33	118.32	117.33
23	118.18	*		118.85	119.57	120.31	126.17	126.31	125.23	121.94	↑	116.47
24	112.93	113.99	116.48	119.80	119.58	119.63	126.33	*	124.70	122.25	118.50	117.19
25	112.45	114.43	115.98	120.17	*	119.72	127.08	127.10	125.01	122.28	117.30	*
26	*	113.97	115.87	120.24	118.88	120.11	127.16	126.98	125.78	*	116.45	117.92
27	112.60	114.05	115.66	*	118.91	120.22	*	126.91	124.98	121.10	*	118.05
28	113.82	113.65	↑	120.80	118.91	120.58	126.45	126.70	*	121.13	117.78	*
29	113.38		↑	121.63	119.32	*	125.56	127.23	120.40	120.10	117.48	117.12
30	113.99		*	121.26	↑	120.38	126.03	↑	124.78	120.68	*	118.42
31	114.19		116.08	*	↑		125.85	*		121.68		118.98
最高价	115.85	115.88	116.48	121.63	121.86	121.45	127.16	127.23	129.36	124.61	121.29	118.98
最低价	11.173	113.63	113.65	115.78	117.46	118.35	120.67	125.31	120.41	118.97	113.70	113.08
↑	星期天											
*	假期											

1901 年工业股票

日期	1 月	2 月	3 月	4 月	5 月	6 月	7 月	8 月	9 月	10 月	11 月	12 月
1	↑	67.71	67.76	70.91	75.93	76.59	77.08	71.71	*	66.07	64.67	*
2	70.44	↑	67.67	71.01	75.19	*	77.07	71.28	↑	65.94	64.83	64.02
3	6797	*	*	71.35	74.37	77.73	76.60	71.22	72.65	66.48	*	64.44
4	69.33	68.46	67.58	72.01	74.90	77.07	↑	*	73.27	64.57	64.48	64.87
5	67.68	69.27	67.35	↑	*	76.37	↑	69.21	73.06	63.48	↑	64.84
6	*	69.89	67.39	↑	75.55	76.45	↑	69.05	72.23	*	64.56	63.82
7	67.12	69.33	67.72	*	75.02	76.31	*	69.53	69.03	*	64.78	62.96
8	67.65	69.80	67.55	71.47	71.72	76.07	74.04	70.42	*	63.72	65.10	*
9	67.53	70.16	67.30	72.51	67.38	*	74.66	63.66	70.69	63.84	65.66	63.68
10	67.89	*	*	73.11	71.67	76.27	72.78	69.36	7145	64.13	*	63.27
11	67.85	70.48	67.48	72.62	↑	76.11	72.22	*	71.01	65.36	66.52	62.75
12	67.36	↑	67.28	72.88	*	76.55	70.77	69.91	70.25	65.91	66.35	61.61
13	*	69.45	67.18	73.65	71.92	77.31	71.05	70.33	67.25	65.52	66.03	61.84
14	67.26	70.62	67.54	*	69.59	77.07	*	70.71	↑	65.79	65.36	62.22
15	66.50	70.78	67.33	75.35	70.06	77.43	69.46	71.71	*	65.30	66.10	*
16	65.71	70.18	67.47	75.42	70.84	*	69.67	71.58	70.01	64.91	66.12	61.95
17	65.30	*	*	74.88	73.09	78.26	71.55	71.01	69.87	65.23	*	62.27
18	65.21	68.92	68.42	75.10	73.86	77.82	71.91	*	70.25	65.48	65.87	62.79
19	64.77	68.37	68.73	75.89	*	77.56	71.97	71.01	*	65.81	65.62	62.86
20	*	67.96	68.82	75.66	72.76	77.22	71.32	71.08	70.47	*	65.15	63.17
21	64.92	68.55	68.93	*	73.44	77.94	*	71.40	71.40	65.42	65.45	63.12
22	95.53	↑	68.92	74.56	73.51	77.71	70.43	72.10	*	65.66	65.88	*
23	66.37	↑	68.82	73.80	72.83	*	71.39	73.03	67.57	65.66	65.68	62.11
24	65.65	*	*	73.21	73.73	77.71	70.91	73.70	67.43	65.44	*	61.52
25	66.16	68.27	68.59	73.63	73.62	76.93	71.69	*	66.22	65.29	65.15	↑
26	66.68	67.36	68.52	74.35	*	76.87	72.13	73.83	66.89	65.09	65.18	62.62
27	*	68.11	69.27	↑	73.67	76.82	72.70	72.81	67.69	*	65.78	63.31
28	66.29	67.00	69.39	*	74.04	76.47	*	72.71	67.40	64.01	↑	63.76
29	66.56		69.43	75.23	74.51	77.94	72.94	72.82	*	64.46	65.68	*
30	66.72		69.92	75.80	↑	*	72.65	73.47	66.66	64.86	65.01	63.33
31	66.81		*		75.77		71.63	↑		64.45		64.56
最高价	70.44	70.78	69.92	75.89	75.93	78.26	77.08	73.83	73.27	66.07	66.52	64.87
最低价	64.77	67.00	67.18	70.91	67.38	76.07	69.46	69.05	66.22	63.48	64.48	61.52
↑	星期天											
*	假期											

1901 年铁路股票

日期	1月	2月	3月	4月	5月	6月	7月	8月	9月	10月	11月	12月
1	↑	97.61	97.80	105.48	117.86	114.58	115.35	107.74	*	108.18	111.65	*
2	94.79	↑	97.90	106.20	117.73	*	115.16	107.08	↑	107.69	111.76	113.08
3	92.66	*	*	107.69	116.25	115.69	114.76	106.78	110.12	107.19	*	113.53
4	95.70	98.90	98.58	107.75	116.60	115.69	↑	*	110.92	107.19	111.38	114.52
5	95.50	99.48	99.01	↑	*	115.43	↑	104.86	110.56	106.63	↑	114.56
6	*	99.77	99.37	↑	117.68	115.23	*	105.36	110.56	*	113.05	112.91
7	96.48	99.11	99.30	*	117.05	115.24	*	105.80	106.17	106.20	113.34	112.00
8	96.45	99.28	99.34	105.65	111.62	114.53	112.61	106.68	*	106.77	113.05	*
9	96.84	99.02	99.55	107.13	103.37	*	112.16	106.38	108.36	106.96	114.23	112.23
10	96.24	*	*	108.39	110.06	114.45	109.64	106.05	109.58	108.38	*	111.91
11	97.18	99.06	99.55	107.68	↑	114.39	108.23	*	108.52	109.48	114.56	111.00
12	97.85	↑	99.78	108.43	*	114.91	106.43	106.42	108.60	108.62	113.90	110.08
13	*	97.98	100.09	109.25	109.63	116.52	106.80	107.73	105.30		113.93	110.58
14	96.86	98.29	100.25	*	104.54	116.73	*	108.13	↑	108.93	112.35	110.75
15	96.45	99.33	100.61	109.02	106.74	117.55	106.35	10915	*	108.63	113.47	*
16	96.03	98.86	101.50	109.49	107.85	*	107.11	108.61	109.01	108.59	113.55	110.96
17	9552	*	*	109.36	110.25	117.65	110.13	107.83	108.92	108.87	*	111.82
18	9465	97.95	102.53	110.35	110.09	116.73	111.50	*	110.10	109.05	113.01	112.18
19	9356	97.64	102.88	111.83	*	116.46	109.68	108.40	↑	109.15	112.86	111.96
20	*	97.11	102.66	112.68	108.79	116.30	108.08	109.13	110.30	*	113.00	112.81
21	9416	97.39	102.95	*	109.54	117.18	*	109.19	110.82	108.98	114.38	112.93
22	94.90	↑	103.00	111.71	109.36	116.83	105.81	109.86	*	110.00	115.21	*
23	95.00	↑	103.25	111.05	108.65	*	107.65	110.52	109.90	110.83	114.94	112.45
24	93.90	*	*	111.89	108.99	117.08	106.68	111.35	109.86	110.70	*	112.27
25	94.83	97.36	105.58	112.89	108.71	116.20	107.15	*	107.96	110.67	114.70	↑
26	95.79	97.71	102.85	113.70	*	115.78	107.68	111.69	108.48	110.88	114.83	113.28
27	*	97.76	103.45	↑	108.53	115.46	107.93	110.66	109.29	*	114.98	113.97
28	95.75	97.34	103.70	*	109.31	116.39	*	110.68	109.22	109.60	↑	114.28
29	95.75		104.54	115.66	110.16	117.21	108.33	111.00	*	110.61	114.57	*
30	96.08		105.03	116.35	↑	*	107.76	111.54	108.21	111.03	114.20	114.21
31	97.16		*		112.15		107.39	↑		110.79		114.85
最高价	97.85	99.77	10.503	116.35	117.86	117.65	115.35	111.69	110.92	111.03	115.21	114.85
最低价	92.66	97.11	97.80	105.48	103.37	114.39	105.81	104.86	105.30	106.20	111.38	110.08
↑	星期天											
*	假期											

1900 年工业股票

日期	1月	2月	3月	4月	5月	6月	7月	8月	9月	10月	11月	12月
1	*	67.34	63.59	*	61.32	59.38	*	57.06	↑	54.96	59.18	66.35
2	68.13	67.86	61.95	65.55	61.05	58.80	55.48	57.21	*	54.52	59.39	*
3	66.61	67.88	62.76	65.17	61.02	*	55.67	57.29	↑	54.72	59.80	66.43
4	67.15	*	*	65.11	61.18	57.97	↑	57.70	58.55	55.29	*	65.42
5	66.71	68.36	62.12	65.47	61.36	57.48	56.51	*	58.58	55.70	60.87	66.05
6	66.02	68.03	61.87	66.15	*	56.98	56.13	57.57	58.50	55.51	↑	65.07
7	*	67.94	61.83	66.15	60.62	57.56	56.03	57.71	58.32	*	62.90	64.17
8	66.41	67.46	61.39	*	59.26	56.62	*	57.88	57.88	55.38	63.76	63.98
9	64.99	66.86	61.11	65.46	59.94	56.41	55.76	57.74	*	55.51	65.15	*
10	64.14	66.66	61.68	64.55	60.10	*	56.91	58.00	58.07	54.90	66.48	64.65
11	63.27	*	*	64.78	58.62	56.03	56.77	58.09	58.10	55.34	*	65.54
12	64.93	↑	63.31	64.40	58.12	56.15	56.71	*	58.25	56.09	67.33	65.45
13	64.80	67.39	62.88	↑	*	57.12	55.98	58.50	58.20	56.58	65.73	64.89
14	*	66.90	62.03	↑	5755	5651	5588	5877	5747	*	6623	6554
15	64.22	67.08	61.81	*	5662	5717	*	5890	5656	5790	6681	6594
16	64.29	66.40	61.91	6155	5712	5542	5622	5886	*	5782	6819	*
17	64.56	65.81	62.50	61.80	56.76	*	56.75	58.84	56.67	57.89	68.70	65.70
18	64.28	*	*	61.82	57.76	54.96	56.61	58.69	56.63	58.46	*	66.52
19	65.29	66.25	62.91	62.38	58.18	55.08	57.27	*	55.63	58.73	68.88	67.19
20	64.83	66.16	63.45	62.20	*	54.39	58.35	58.80	54.37	59.54	69.07	67.38
21	*	65.59	64.08	60.47	57.49	54.65	58.41	58.55	54.37	*	68.97	68.63
22	65.37	↑	64.06	*	58.10	54.11	*	58.65	53.43	60.63	68.41	70.03
23	64.38	64.52	63.67	61.19	58.35	53.68	59.02	58.42	*	60.79	66.92	*
24	64.72	64.12	64.26	61.69	57.51	*	58.35	58.30	52.96	60.79	66.75	↑
25	65.05	*	*	61.89	57.26	53.68	58.18	58.17	53.13	60.64	*	↑
26	64.23	63.56	64.06	63.05	57.55	54.00	57.93	*	53.25	60.50	67.23	70.85
27	64.27	63.35	64.71	62.25	*	54.11	58.03	58.22	54.53	60.08	67.01	71.04
28	*	63.96	65.12	61.79	57.67	54.75	57.70	57.79	54.14	*	66.59	69.79
29	64.45		64.07	*	58.01	54.83	*	58.43	54.27	59.31	*	70.20
30	66.06		65.39	61.33	59.10	54.93	57.13	58.39	*	59.53	66.59	*
31	66.13		66.02		↑		56.80	57.81		59.04	↑	70.71
最高价	68.13	68.36	66.02	66.15	61.36	59.38	58.01	58.90	58.58	60.79	69.07	71.04
最低价	63.27	63.35	61.11	60.47	56.62	53.68	55.48	57.06	52.06	54.53	59.18	63.98
↑	星期天											
*	假期											

1900 年铁路股票

日期	1月	2月	3月	4月	5月	6月	7月	8月	9月	10月	11月	12月
1	↑	78.17	78.58	*	79.77	7998	*	76.33	↑	76.00	79.73	88.63
2	78.86	78.84	77.86	82.19	79.17	79.71	75.28	76.45	*	75.85	79.71	*
3	77.43	78.86	78.05	82.35	79.51	*	75.23	76.76	↑	79.84	80.01	88.59
4	77.95	*	*	82.65	79.68	78.76	↑	76.83	77.03	76.79	*	87.58
5	77.94	79.83	78.11	82.23	79.68	78.65	75.77	*	77.33	77.00	81.16	87.87
6	77.51	80.51	78.02	82.30	*	77.99	75.14	76.66	77.45	76.71	↑	87.90
7	*	80.11	77.97	82.91	79.21	78.03	74.93	76.51	77.34	*	82.83	87.26
8	77.06	79.61	77.69	*	77.71	77.34	*	76.41	77.13	76.11	83.64	87.21
9	76.17	79.28	77.70	82.59	77.55	77.12	74.96	76.56	*	76.33	84.27	*
10	76.42	78.84	78.32	81.88	78.09	*	75.91	76.77	77.38	76.16	84.34	87.63
11	75.95	*	*	81.96	76.95	76.85	76.50	76.82	77.38	76.04	*	88.53
12	77.10	↑	79.05	82.47	76.56	77.06	76.36	*	77.48	76.68	84.64	88.65
13	77.03	79.60	79.14	↑	*	77.58	75.47	77.34	77.08	76.88	84.10	88.31
14	*	79.63	78.69	↑	76.91	76.98	75.45	77.81	7646	*	8469	89.40
15	76.50	79.58	78.63	*	77.30	76.66	*	78.06	7538	7825	8553	90.15
16	76.83	79.16	78.48	81.45	78.13	75.36	75.60	77.65	*	7838	8688	*
17	77.06	78.72	78.69	80.99	77.91	*	76.24	77.74	7565	7831	8735	90.78
18	77.08	*	*	80.97	78.63	75.03	75.95	77.51	75.89	78.61	*	90.47
19	77.89	79.28	78.82	80.98	79.12	74.87	76.01	*	75.00	79.32	86.76	91.10
20	77.79	79.22	79.58	81.58	*	74.36	76.51	77.31	74.23	79.96	87.80	91.51
21	*	79.10	80.03	80.40	78.15	74.61	76.63	77.35	74.45	*	88.23	92.38
22	78.00	*	80.71	*	78.18	73.90	*	77.48	73.91	80.21	88.42	93.01
23	77.03	78.60	80.17	80.08	78.30	72.99	77.55	77.38	*	80.10	86.84	↑
24	77.41	78.13	81.00	79.89	77.90	*	76.75	77.21	73.77	80.40	87.39	↑
25	77.85	*	*	80.02	77.77	73.28	76.61	76.94	74.35	80.22	*	*
26	77.13	78.23	81.50	80.88	77.80	73.89	76.25	*	74.42	80.50	88.26	93.72
27	76.95	78.08	81.65	80.38	*	73.55	76.65	76.80	75.70	80.08	88.28	93.88
28	*	78.78	82.20	80.11	77.70	74.60	76.49	76.60	74.83	*	88.18	94.02
29	76.96		81.99	*	78.30	74.36	*	77.18	75.35	79.46	↑	94.55
30	77.86		82.08	79.51	79.15	74.49	75.75	77.18	*	79.85	88.88	*
31	78.08		82.40	*	↑		75.95	77.13		79.55		94.99
最高价	78.86	80.51	82.40	82.91	79.77	79.98	77.55	78.06	77.48	80.50	88.88	94.99
最低价	75.95	78.08	77.69	7951	76.56	72.99	74.93	76.38	73.77	75.85	79.71	87.21
↑	星期天											
*	假期											

1899 年工业股票

日期	1 月	2 月	3 月	4 月	5 月	6 月	7 月	8 月	9 月	10 月	11 月	12 月
1	*	64.44	66.64	75.15	74.59	68.40	70.67	73.89	75.57	*	75.17	75.47
2	↑	63.93	65.90	*	76.04	70.11	*	74.29	75.76	70.95	75.72	75.68
3	60.41	63.61	67.02	76.02	76.00	70.13	↑	74.61	*	70.97	75.34	
4	60.69	63.39	66.73	76.04	75.39	*	↑	74.68	↑	71.73	74.93	74.26
5	6086	*	*	75.87	74.48	69.73	71.48	74.08	77.61	72.03	*	73.57
6	6135	63.05	65.95	74.17	73.83	70.09	71.92	*	76.97	72.30	75.13	73.53
7	*	61.95	66.40	73.08	*	70.71	72.25	73.68	76.61	72.68	↑	73.03
8	6198	62.23	67.29	73.14	82.18	71.03	71.69	74.23	76.56	*	75.13	70.27
9	6145	62.10	67.66	*	69.98	72.29	*	74.59	77.01	72.67	74.38	69.26
10	*	62.11	68.14	72.60	72.47	72.42	70.55	75.37	*	73.47	73.67	
11	6131	↑	68.16	74.49	71.88	*	71.35	75.19	75.59	73.00	73.06	67.43
12	6123	*	*	75.10	72.18	73.08	71.55	75.79	74.68	72.45	*	67.54
13	61.71	↑	68.89	75.33	69.36	71.88	71.67	*	76.11	71.81	74.08	64.03
14	61.43	62.55	68.98	76.04	*	71.92	71.02	76.23	75.65	71.85	74.16	65.26
15	*	62.50	68.90	76.30	69.77	71.71	71.14	75.63	64.55	*	74.67	66.21
16	61.28	62.70	70.71	*	70.96	71.62	*	75.15	72.54	72.47	75.48	63.84
17	61.41	63.13	71.26	75.96	72.75	71.30	70.90	75.62	*	72.22	75.80	
18	61.93	64.76	72.02	76.36	71.84	*	71.37	75.64	72.39	72.93	75.93	58.27
19	62.30	*	*	76.29	71.81	70.43	71.07	76.06	73.10	72.86	*	61.02
20	62.40	66.76	71.19	76.05	71.77	70.30	71.57	*	72.55	73.11	75.63	61.19
21	62.18	66.89	71.28	76.71	*	69.39	72.08	75.73	73.10	73.39	75.05	59.97
22	*	↑	71.83	77.01	71.71	68.84	71.69	75.10	74.22	*	75.20	58.69
23	62.37	76.32	71.56	*	71.01	69.83	*	76.00	73.86	74.61	75.50	60.57
24	61.80	67.35	71.98	76.33	70.27	69.96	71.75	75.61	*	74.31	75.80	*
25	63.05	67.52	72.40	77.28	70.76	*	72.19	75.59	72.76	74.41	↑	↑
26	63.83	*	*	77.14	70.29	69.85	71.99	75.61	72.40	74.52	*	62.00
27	64.64	66.98	73.73	77.03	69.51	70.44	72.48	*	72.64	74.42	75.69	64.47
28	64.87	66.78	74.70	77.10	*	70.54	72.45	75.64	72.87	74.83	75.48	64.39
29	*		74.17	76.71	↑	70.18	73.00	75.26	↑	*	75.55	65.73
30	65.02		74.33	*	↑	70.38	*	76.04	↑	74.37	↑	66.08
31	64.35		↑		67.51		73.73	75.66		73.97		*
最高价	65.02	67.53	74.70	77.28	76.04	7308	73.73	76.23	77.61	74.97	75.93	75.68
最低价	60.41	61.95	65.90	72.60	67.51	6840	70.55	77.68	72.39	70.95	73.06	58.27
↑	星期天											
*	假期											

1899 年铁路股票

日期	1 月	2 月	3 月	4 月	5 月	6 月	7 月	8 月	9 月	10 月	11 月	12 月
1	*	82.01	82.78	87.01	83.18	77.38	83.83	84.52	84.73	*	83.68	82.93
2	↑	81.65	81.60	*	84.30	79.00	*	84.35	84.89	79.48	84.49	83.07
3	75.08	82.00	82.44	87.04	84.01	78.74	↑	84.17	*	79.38	83.92	
4	74.96	82.03	82.46	86.52	83.61	*	↑	83.90	↑	80.13	83.53	82.15
5	75.18	*	*	86.66	82.27	78.45	83.96	83.51	85.55	80.15	*	81.58
6	74.70	82.08	81.55	85.13	81.59	79.17	83.41	*	85.37	80.68	83.60	81.85
7	74.13	80.98	81.91	84.56	*	79.97	84.05	83.56	84.49	80.76	↑	81.87
8	*	81.31	82.74	84.63	80.38	80.04	83.55	83.91	84.22	*	83.25	80.68
9	75.64	81.53	82.78	*	78.88	78.88	*	83.98	84.26	80.50	82.31	80.33
10	76.10	81.94	82.96	84.63	80.88	81.16	82.38	84.18	*	81.05	81.75	
11	76.55	↑	82.85	86.01	80.37	*	83.35	83.95	83.08	80.85	81.19	79.89
12	76.64	*	*	86.01	80.53	81.26	83.88	84.18	82.63	80.18	*	79.61
13	77.43	↑	82.83	86.00	78.65	80.48	83.77	*	83.71	79.68	82.37	77.70
14	77.83	82.52	82.41	86.11	*	8025	8305	8421	82.90	79.75	81.75	78.47
15	*	82.46	82.31	86.53	79.06	7995	8323	8353	81.99	*	82.16	79.23
16	77.46	83.43	83.07	*	79.65	80.02	*	83.66	81.07	80.31	83.22	76.90
17	77.28	84.12	82.63	85.89	80.79	79.87	82.85	84.36	*	80.75	82.73	
18	77.98	84.24	82.60	86.38	80.47	*	83.01	84.63	80.13	81.54	83.33	73.60
19	79.00	*	*	86.27	80.21	79.50	82.62	85.05	80.67	81.10	*	74.98
20	79.70	84.92	83.13	86.15	80.00	80.00	83.24	*	80.48	81.70	82.55	74.57
21	80.90	84.81	83.11	86.23	*	79.83	83.66	84.72	81.40	81.80	83.57	73.28
22	*	↑	83.49	86.38	79.28	79.85	83.57	84.31	82.17	*	82.81	72.48
23	81.31	84.26	83.61	*	78.97	80.39	*	84.79	81.69	82.73	82.86	73.87
24	79.60	84.00	84.14	85.66	78.52	80.89	83.70	84.95	*	82.38	83.02	*
25	81.96	83.56	84.87	86.03	79.22	*	83.62	84.81	80.83	83.15	↑	*
26	82.10	*	*	86.16	79.16	81.54	83.39	84.85	80.48	83.03	*	74.65
27	82.23	83.88	85.60	85.87	79.23	82.42	83.74	*	81.11	83.11	82.93	76.40
28	82.36	82.90	86.41	85.68	*	82.92	84.37	85.06	80.93	83.66	83.13	76.63
29	*		86.31	85.06	↑	82.76	84.51	84.48	↑	*	83.35	77.36
30	82.10		86.26	*	↑	83.27	*	84.96	↑	83.49	↑	77.73
31	81.63		↑		77.51		84.83	84.93		83.38		*
最高价	82.36	84.92	86.41	87.04	84.30	83.27	84.83	85.06	85.55	83.66	84.48	83.07
最低价	74.70	80.98	81.55	84.56	77.51	77.38	82.38	83.51	80.13	79.38	81.19	72.48
↑	星期天											
*	假期											

1898 年工业股票

日期	1月	2月	3月	4月	5月	6月	7月	8月	9月	10月	11月	12月
1	↑	49.76	47.47	44.14	*	52.87	53.00	54.60	60.50	52.52	54.94	58.16
2	*	49.54	46.58	44.60	48.60	53.36	↑	55.26	60.38	*	54.51	58.14
3	49.31	49.54	46.55	*	48.30	52.77	*	55.46	↑	53.62	54.95	58.45
4	48.91	49.82	46.16	45.58	↑	53.13	↑	55.26	*	53.80	54.75	*
5	49.53	50.23	45.73	45.06	49.43	*	52.99	55.85	↑	53.76	54.93	58.30
6	50.18	*	*	46.02	49.16	53.33	52.78	55.93	60.16	53.36	*	58.30
7	50.67	50.11	44.86	45.98	50.40	53.30	53.09	*	58.92	53.08	55.57	58.52
8	50.62	49.62	45.30	45.48	*	53.15	53.25	56.31	58.54	53.27	↑	59.04
9	*	49.86	45.51	45.54	50.05	53.12	53.48	56.30	57.77	*	55.30	59.75
10	50.53	50.16	45.38	*	50.46	53.71	*	56.61	58.38	52.51	56.02	60.11
11	50.33	50.14	44.44	45.95	51.63	53.26	53.35	56.55	*	51.85	56.40	*
12	50.19	*	43.29	46.32	51.09	*	53.16	56.21	58.08	51.81	57.14	60.28
13	49.85	*	*	45.19	50.82	52.61	52.61	56.83	57.55	52.87	*	59.53
14	49.63	4949	44.73	46.06	50.68	52.20	53.15	*	5742	52.28	57.08	59.38
15	49.15	50.04	44.41	45.37	*	50.87	52.53	57.50	5838	51.90	56.90	58.97
16	*	48.97	45.58	44.53	50.33	51.77	52.37	58.45	58.04	*	56.77	58.81
17	49.36	49.20	44.55	*	51.26	52.13	*	58.89	58.16	52.18	56.79	58.74
18	48.81	48.59	44.86	44.92	50.55	51.53	52.27	58.08	*	51.76	56.58	*
19	49.28	47.79	44.84	44.48	51.04	*	52.54	59.09	57.61	51.56	56.82	58.78
20	49.06	*	*	44.56	50.74	51.90	52.64	↑	57.23	51.80	*	59.11
21	48.92	47.11	44.50	43.27	51.40	51.73	53.13	*	58.33	52.21	56.75	59.19
22	48.88	↑	43.45	43.87	*	51.38	53.01	59.39	57.73	53.01	56.97	59.43
23	*	46.16	43.22	44.55	51.73	51.74	53.21	59.63	57.63	*	56.71	60.09
24	48.00	44.67	42.73	*	52.29	52.01	*	59.72	57.53	52.85	↑	↑
25	48.60	45.31	42.00	44.02	51.87	52.36	53.67	60.52	*	53.64	56.27	*
26	49.53	45.17	42.95	44.36	51.90	*	54.17	60.97	56.55	54.23	56.50	↑
27	49.78	*	*	44.40	52.08	52.66	53.78	60.68	55.22	54.24	*	60.42
28	49.32	46.17	45.34	45.01	52.14	52.44	53.85	*	54.52	54.89	56.79	59.00
29	49.56		44.49	45.75	*	52.79	54.02	58.57	54.88	54.75	56.89	60.16
30	*		46.15	46.00	↑	52.62	54.20	59.92	53.44	*	57.20	60.52
31	50.01		45.42		52.74		*	60.35		55.43		
最高价	50.67	50.23	47.47	46.32	52.74	53.71	54.20	60.97	60.50	55.43	57.20	60.52
最低价	48.00	44.67	42.00	43.27	48.30	50.87	52.27	54.60	53.44	51.56	54.51	58.14
↑	星期天											
*	假期											

326

1898 年铁路股票

日期	1 月	2 月	3 月	4 月	5 月	6 月	7 月	8 月	9 月	10 月	11 月	12 月
1	↑	66.00	63.01	57.90	*	66.53	65.47	66.00	68.59	65.96	66.58	71.59
2	*	65.76	62.05	58.34	60.61	66.56	↑	66.29	68.65	*	66.26	71.42
3	61.86	65.70	62.24	*	60.54	65.97	*	66.60	↑	66.30	66.71	71.53
4	61.24	66.15	61.51	59.16	↑	66.95	↑	66.85	*	66.80	66.90	*
5	62.15	66.32	60.97	58.66	62.27	*	65.55	67.35	↑	67.11	67.05	71.21
6	63.03	*	*	59.49	61.90	67.23	65.31	67.88	68.78	66.91	*	71.80
7	63.53	66.08	59.56	59.19	63.22	66.93	65.71	*	68.20	66.57	67.63	71.97
8	63.73	65.65	59.98	58.91	*	66.52	65.93	68.19	67.98	66.60	↑	72.05
9	*	65.64	60.09	59.00	63.65	66.40	66.31	68.00	67.58	*	67.83	72.70
10	63.51	66.32	59.36	*	63.13	66.90	*	68.60	67.73	66.12	68.87	73.16
11	63.82	65.95	58.46	59.62	64.40	66.48	66.46	68.43	*	65.98	68.86	*
12	64.00	↑	56.46	59.32	63.73	*	66.15	67.89	67.04	66.27	69.26	73.85
13	64.26	*	*	57.94	63.82	66.10	65.34	68.14	66.50	66.76	*	73.70
14	63.74	65.06	58.51	58.31	63.48	65.75	65.96	*	67.14	66.39	69.60	73.96
15	63.01	65.86	58.47	58.38	*	65.13	64.93	68.81	67.83	66.25	69.10	74.15
16	*	64.68	59.75	57.97	62.81	66.11	64.68	69.10	67.61	*	69.78	73.78
17	63.78	65.11	58.70	*	63.52	65.85	*	68.51	68.06	66.14	69.96	73.46
18	63.07	64.74	58.99	58.00	63.26	65.52	64.61	68.77	*	66.11	69.60	*
19	63.58	64.10	59.15	57.38	63.76	*	64.30	69.61	67.38	65.85	69.83	73.40
20	63.28	*	*	57.46	63.70	65.87	64.73	↑	67.03	66.01	*	73.73
21	62.98	62.99	58.80	58.98	63.95	65.68	64.83	*	67.65	66.35	70.10	73.85
22	62.98	↑	57.45	56.63	*	65.56	64.78	69.84	67.03	66.47	70.66	73.96
23	*	62.03	57.27	57.12	64.50	66.10	65.12	69.60	67.23		70.94	74.01
24	62.38	60.46	56.76	*	65.71	66.18	*	69.26	67.19	65.66	↑	↑
25	63.53	61.18	56.08	56.35	65.43	66.24	65.12	69.64	*	66.29	70.83	*
26	64.65	61.20	56.90	56.84	65.49	*	65.90	70.16	67.01	66.65	71.08	↑
27	65.13	*	*	56.89	65.57	65.98	65.71	69.95	66.52	67.01	*	74.65
28	65.18	61.93	59.99	57.30	65.73	65.60	65.55	*	66.27	67.24	71.59	74.13
29	65.90		58.69	58.26	*	65.21	65.73	69.16	66.60	66.68	71.20	74.76
30	*		60.61	58.56	↑	65.14	65.98	69.30	66.20	*	71.20	74.99
31	66.17		59.67	*	66.33		*	68.59		66.74		
最高价	66.17	66.32	63.01	59.62	66.33	67.23	66.46	70.16	68.78	67.24	71.59	74.99
最低价	61.24	60.46	56.08	55.89	60.54	65.13	64.30	66.00	66.20	65.85	66.26	71.21
↑	星期天											
*	假期											

1897 年工业股票

日期	1月	2月	3月	4月	5月	6月	7月	8月	9月	10月	11月	12月
1	↑	42.38	41.69	39.77	38.73	40.01	44.21	*	55.44	51.54	49.11	48.41
2	40.74	42.02	41.88	39.81	*	40.22	44.18	43.84	55.77	52.59	↑	48.31
3	*	41.93	42.13	39.89	38.78	40.28	43.88	50.10	55.64	*	47.67	48.31
4	40.37	41.30	41.34	*	39.48	40.52	*	50.74	55.65	52.66	47.31	48.23
5	40.87	41.23	41.45	39.74	39.18	41.04	↑	51.25	*	52.26	45.73	*
6	40.95	41.42	41.31	39.57	39.54	*	43.60	51.72	↑	51.79	46.32	48.79
7	40.87	*	*	39.73	39.59	41.32	44.07	51.80	55.75	51.37	*	49.46
8	40.97	41.11	41.90	40.37	39.62	41.74	43.92	*	55.60	51.64	45.65	49.39
9	40.90	40.57	41.62	40.21	*	42.21	44.16	51.32	55.81	50.88	46.53	49.60
10	*	40.57	41.79	40.29	39.95	42.38	44.37	51.73	55.82	*	47.12	49.18
11	40.75	40.27	41.94	*	39.90	42.54	*	51.80	55.71	50.64	46.19	49.48
12	41.40	↑	42.05	39.95	39.69	42.57	45.05	51.97	*	48.64	46.44	*
13	41.45	39.72	42.29	40.43	39.27	*	45.61	51.50	54.61	49.35	47.12	49.81
14	41.79	*	*	39.76	38.94	42.96	45.71	5197	5535	4879	*	4967
15	42.27	39.74	42.08	39.41	38.67	42.80	45.27	*	5562	4842	4647	4902
16	42.82	40.30	41.93	↑	*	42.39	45.48	52.19	55.27	4859	4705	4854
17	*	40.30	41.50	39.07	38.67	42.69	45.52	51.55	55.46	*	46.83	48.14
18	42.76	40.32	41.60	*	39.20	43.07	*	51.79	55.35	49.20	46.99	48.84
19	43.25	40.28	41.12	38.49	38.80	42.89	46.45	51.80	*	49.84	47.27	*
20	42.78	40.59	41.25	38.69	38.67	*	46.76	51.65	54.66	50.39	47.23	48.45
21	42.52	*	*	38.91	38.83	42.62	46.95	51.84	52.53	49.82	*	48.25
22	42.42	↑	41.39	38.57	38.98	42.80	47.73	*	53.45	50.00	46.89	48.54
23	42.02	40.69	40.86	38.49	*	43.18	47.88	52.39	53.60	49.66	46.63	48.84
24	*	40.76	40.60	38.54	39.33	43.39	47.92	52.53	52.48	*	46.21	49.39
25	42.92	40.21	40.58	*	39.20	43.28	*	52.13	52.30	48.76	↑	↑
26	42.22	41.29	40.07	39.22	39.55	43.70	47.71	52.56	*	49.10	46.70	*
27	42.21	41.71	39.52	↑	39.21	*	47.11	52.92	52.93	48.60	47.19	49.29
28	41.88	*	*	39.02	39.64	44.61	47.86	53.10	52.38	48.46	*	49.34
29	42.06		39.13	39.01	39.91	44.27	47.70	*	51.90	48.81	46.80	49.33
30	42.56		39.86	38.96	*	44.10	47.95	53.23	50.98	49.03	47.46	49.21
31	*		39.47		↑		47.88	54.81		*		49.21
最高价	43.25	42.38	42.29	40.43	39.95	44.61	47.95	54.81	55.82	52.66	49.11	49.81
最低价	4037	3972	3913	3849	3867	4001	43.60	48.84	50.98	48.42	45.65	48.14
↑	星期天											
*	假期											

1897 年铁路股票

日期	1月	2月	3月	4月	5月	6月	7月	8月	9月	10月	11月	12月
1	↑	53.46	53.15	50.21	49.05	51.22	55.04	*	63.91	62.70	60.94	61.11
2	51.71	53.09	53.40	50.58	*	51.55	55.01	58.44	64.33	63.91	↑	60.78
3	*	53.22	54.07	50.46	49.44	51.35	54.68	59.21	64.83	*	59.63	60.88
4	51.24	52.92	53.32	*	49.95	51.86	*	59.46	65.04	63.94	59.20	60.76
5	51.77	52.81	53.38	49.87	49.35	52.35	↑	59.73	*	63.61	57.90	*
6	51.85	52.77	53.19	50.10	49.79	*	54.30	60.34	↑	63.00	58.14	60.96
7	52.16	*	*	50.12	49.75	52.46	54.68	61.40	65.30	62.90	*	61.64
8	51.94	52.53	53.36	50.71	49.78	52.16	54.33	*	65.32	63.13	57.45	61.96
9	52.07	52.61	53.07	50.34	*	52.39	54.51	60.79	65.60	62.15	58.55	62.28
10	*	52.66	53.11	50.15	50.07	52.73	54.50	61.26	66.17	*	59.50	61.68
11	51.67	52.40	53.51	*	50.16	53.06	*	61.94	66.18	62.06	58.57	61.90
12	52.13	↑	53.82	49.78	50.20	53.10	54.45	62.08	*	60.37	59.25	*
13	52.08	52.06	53.96	50.52	49.77	*	54.83	61.69	65.88	61.23	59.59	62.50
14	52.39	*	*	50.18	49.49	53.64	55.18	62.16	66.30	60.38	*	62.35
15	52.99	51.93	54.00	49.62	49.22	53.50	55.02	*	66.83	60.30	59.15	62.26
16	53.48	52.62	54.21	↑	*	53.17	55.35	62.20	66.65	60.43	59.56	62.00
17	*	52.38	53.99	49.28	49.51	53.53	55.55	61.53	67.23	*	59.06	61.68
18	53.57	52.06	53.95	*	49.96	53.60	*	61.67	67.03	61.41	59.25	62.58
19	53.91	52.13	53.44	48.12	49.80	53.51	56.06	61.53	*	62.01	59.40	*
20	53.46	52.25	53.40	49.15	49.35	*	55.92	61.13	66.10	62.38	59.15	62.33
21	53.01	*	*	49.81	48.57	51.58	56.07	61.20	64.15	62.00	*	61.93
22	52.80	↑	53.16	49.59	49.60	54.21	56.78	*	65.51	61.83	59.03	62.04
23	52.48	52.38	52.25	49.64	*	54.57	57.15	62.45	65.68	61.53	59.30	62.40
24		52.18	51.88	49.38	50.11	54.82	57.28	62.35	64.31	*	59.08	62.75
25	52.22	51.97	51.40	*	50.08	54.61		62.32	63.93	60.11	↑	↑
26	52.81	52.83	51.21	50.10	50.47	55.12	57.12	62.68	*	60.73	59.42	*
27	52.67	53.18	50.58	↑	50.46	*	57.15	63.24	64.61	60.13	60.06	62.64
28	52.63	*	*	49.78	50.74	55.58	57.71	63.71	63.87	60.11	*	62.49
29	52.77		49.75	49.62	50.79	55.02	57.89	*	63.38	60.71	59.61	62.20
30	53.57		50.58	49.21	*	54.61	57.92	63.78	62.30	60.84	60.22	62.23
31			49.77		↑		58.05	63.81		*		62.29
最高价	53.57	53.46	54.21	50.71	50.79	55.58	58.05	63.81	67.23	63.94	60.94	62.75
最低价	40.37	51.93	49.75	48.12	49.05	51.22	54.30	58.44	62.30	60.11	57.45	60.76
↑	星期天											
*	假期											